U0961873

涨停先锋

廖丁霖 / 著

中国经济出版社
CHINA ECONOMIC PUBLISHING HOUSE
北 京

图书在版编目（CIP）数据

涨停先锋／廖丁霖著．--北京：中国经济出版社，
2020.3（2020.9重印）
ISBN 978-7-5136-6101-0

Ⅰ.①涨… Ⅱ.①廖… Ⅲ.①股票交易-基本知识
Ⅳ.①F830.91

中国版本图书馆CIP数据核字（2020）第045716号

责任编辑　贺　静
责任印制　巢新强
封面设计　华子设计

出版发行　中国经济出版社
印 刷 者　北京柏力行彩印有限公司
经 销 者　各地新华书店
开　　本　710mm×1000mm　1/16
印　　张　16.5
字　　数　237千字
版　　次　2020年3月第1版
印　　次　2020年9月第2次
定　　价　48.00元
广告经营许可证　京西工商广字第8179号

中国经济出版社 **网址** www.economyph.com **社址** 北京市东城区安定门外大街58号 **邮编** 100011
本版图书如存在印装质量问题，请与本社销售中心联系调换（联系电话：010-57512564）

版权所有　盗版必究（举报电话：010-57512600）
国家版权局反盗版举报中心（举报电话：12390）　　服务热线：010-57512564

前　言

买卖股票最典型的就是基本面派、技术面派两种派别，基本面派认为他们买股票的依据才是正道，技术面派却认为技术可以战胜一切，两者孰优孰劣在A股市场一直没有定论。本书则是将两者相结合，更多地侧重于市场逻辑和市场情绪。因为无论是基本面派还是技术面派，在当前的市场条件下都有一定的局限性。基本面派的可以为买到贵州茅台而津津乐道，技术面派的可以说买到某只股票后一个星期就赚了5个涨停板。但这都有一个前提：买到的一定是贵州茅台或某只一星期5个涨停板的个股，而不是即将退市的某只个股或连续5个跌停的个股。股市中不确定的因素太多了，唯一确定的因素就是一直在“变”。

本书是笔者第一次呕心沥血之作，一切只为实战！书中不一定有华丽的语言，但全都是实战的结晶。本书的核心内容都是围绕市场的最强势逻辑——涨停板，来分析市场，笔者有12年以上的操盘经验，经历过散户与机构之间角色的多次转换。

本书将从一个全新的视角看市场。首先，站在机构的高度看散户，也站在散户的立场去阻击机构启动时的大牛股；其次，将人性的弱点在市场中被无限放大的作用与笔者在实战中的案例结合起来，使读者在股市操作中能透过现象看本质。

只有经过实战的深刻体会，才能有书中这些领悟。本书的特点就是，笔者将实战经验总结后，通过“量化+执行条件+逻辑”的表述，使读者在操作时，真正能够做到有法可依、有章可循。这些不同的操作方法只要在合适的行情中去练习运用，成功率都是有一定保障的。书中部分内容是笔者在游资营业部时代表机构的一些操作理念。当然，任何战法都不可能做到百分之百的胜率，连机构都有可能遭遇“滑铁卢”，出现大幅亏损，更别说靠一种战法就能穿越牛熊。投资就是在实战中不断纠错，将战法作一定的变通而自成一派，少赔多赚而将成功率不断提高，自然就会成为投资高手。

本书一共分为八章：分别从基础、交易逻辑、市场、交易、买卖点、涨停战法、风控、未来机会、A股展望、心得方面进行全方位的解析。如果你是一个初入股市的“菜鸟”，可以看一些基础知识的书籍加以辅助；如果你已经炒股多年却不得要领，本书可以帮你摆脱“一买就跌、一卖就涨”的烦恼，透过层层迷雾看清市场的本质，好与不好，用市场去检验，实战才能出真知！

现在的股票类书籍，实战的不多，有的作者不一定做过股票！笔者曾经供职于游资营业部，经历过真金白银的实战，工作就是实战买卖，涨停跌停是太平常的事，而且经常表演着“天地板”！因为资本市场本来就是残酷无情的，看着一批又一批的投资者倒下，笔者内心经常有一种莫名的悲伤。

本书主要是从量价演变、市场人气（市场情绪）、趋势性判断、人性等多维度，对股市的规律进行全方位的分析，从而表达一种全新的操作理念：量价和人气是根本，有人气才能产生量能，有量能才能产生价格的变动；趋势是方向，大盘也好，个股也罢，就算有主力或庄家极端操作某只个股可以影响短期走势，但长期趋势谁也操纵不了，最后还是得由市场说了算；人性的弱点是贪婪与恐惧，这才是容易导致大喜大悲的关键因素。书中的战法虽然都是笔者经过无数次实战和真金白银的锤炼而得出的，但同一种战法不同的人使用也可能产生不同的结果，具体原因就在于：人性难以把控。

当然，简单的事情重复做，而且每一次都做到位，形成良好的操作纪律，做到独立、客观地看待市场。同时，不以涨喜，不以跌悲，按照量化的逻辑简单重复地执行即可。笔者希望每一位读者通过将本书内容不断地练习和总结，保持良好的盘感，努力做到不踏空、不套牢。

所谓“不积跬步，无以至千里；不积小流，无以成江海”，没有谁的成功是偶然的，成功的背后是不断付出的努力和艰辛，只要做到每天前进一小步，长年累月地坚持，就会有巨大的进步！在股市里要做到成功，要比做别的事情付出更多的努力。希望每一位有缘的读者都能够获得股市投资的成功！

廖丁霖

2019 年 12 月于深圳

目 录

第一章 基 础

第一节 股市的本质 3
第二节 软件应用与设置 6
第三节 常用股市术语 10
第四节 黑马股与白马股 13

第二章 涨停理念与逻辑

第一节 为什么要做涨停股 25
第二节 股市“倚天剑”与“屠龙刀” 28
第三节 涨停板战法的资金管理 32
第四节 什么才是顺势而为 37

第三章 市 场

第一节 大盘环境 43
第二节 信息解读 50
第三节 捕捉热点 52
第四节 涨停选股黄金法则 55

第四章 交 易

第一节 如何判断大盘的顶、底部 75
第二节 大盘分时级别高低点 84
第三节 高低点的分级 93
第四节 建立自己的股票池 96
第五节 建立股票池的要点 98

第六节　周期性共振　100
第七节　股性分类　103

第五章　买卖点

第一节　中线股的买卖点和止损点　117
第二节　波段股的买卖点和止损点　124
第三节　短线龙回头股的买卖点和止损点　129
第四节　通过分时图寻找买卖点　137

第六章　涨停战法

第一节　涨停模式一：倒锤子线伏击涨停　154
第二节　涨停模式二："双响炮"开启涨停　161
第三节　涨停模式三：底部反转涨停战法　167
第四节　涨停模式四：龙头股涨停战法　184
第五节　涨停陷阱　201
第六节　涨停板战法的风险控制　210

第七章　A 股展望

第一节　下一波牛市具备的条件　217
第二节　设立科创板的意义　223
第三节　A 股发展历程及展望　228
第四节　投资觉悟　232

第八章　心　得

第一节　股票交易精髓　237
第二节　股票交易心理　239
第三节　警惕高位唱多与低位唱空　244

后　记　253

第一章 基础

第一节　股市的本质

很多人进入股市的目的都再简单不过，那就是赚钱！如果问他要买什么股、想持有多久、想赚多少钱或能承受多少亏损，全都是不知道或者说很模糊，根本没有明确的目标和计划。如果人人都能在股市赚钱，那股市还正常吗？岂不是成了自家的印钞机？想法很美好，但现实很残酷，进入股市的多数人都是含恨而归！因为他们连最起码的准备都没有，来也匆匆，去也匆匆。为了让投资者不再盲目，而是有计划、有目标地做股票，笔者将建立框架，构建经典的涨停战法体系，让你对炒股投资变得更有信心。在读本书之前，无论你是新股民还是老股民，先要了解股市的本质结构。

股市的本质是什么呢？股票市场首先是为上市公司提供融资渠道的，有了资本的助力，上市公司才能实现快速发展和壮大，实现跨越式的发展。所以，当前在我国的A股市场上各种类型的公司都在变着法地挤着上市。上市成功后就会得到大笔投资，至于是不是真的去发展自己的主业或快速壮大公司，我们股民基本上是没有办法控制的，这就导致有些公司上市之前都认为自己是行业里的佼佼者，上市后却连年亏损，最后还是一亏再亏，逃不过退市的命运。很多公司高管因为公司成功上市后得到了巨额财富，根本无心经营公司业务，而是套现过起了花天酒地的生活；有的上市公司把钱放在银行买理财产品，对股东却根本不谈回报，年年无分红。

华为为什么不上市？华为总裁任正非曾说过，华为如果上市，会让公司高管很快得到巨额财富，有了这些巨额财富，他们就会变得懒惰、不思进取，正所谓“生于忧患，死于安乐”。因此，华为的员工达到一定的级别后都有自己公司的股份，年终可以享受公司收益的分红，这样每个人都是股东，每个人都享受权益。但是我们很多上市公司的高管却不这么认为，公司上市后从来不考虑股东权益，只考虑他们自己的利益。因此，A股市场上的上市公司良莠不齐，“垃圾公司”不少，频繁暴雷，让投资者防不胜防。当然，也不是每家上市公司都是以圈钱跑路为目的的，上市公司中的确有一些真正做事业的公司，其融资目的就是发展公司的主营业务和核心技术，这些公司只要能坚持下去，最终会有很好的回报。

当前A股投资最大的难点就是鱼龙混杂。由于券商的过度包装，很多公司上市之后业绩就“变脸”，各种造假不断。不过，随着管理的进步，这些行为会得到进一步的规范，让各种“暗箱操作”、造假等行为付出更高的代价。总体而言，惩罚力度还远远不够。所以，投资者想要有好的回报，必须要对市场有敬畏之心，远离“垃圾股”“地雷股”。要知道，股市是为上市公司提供融资服务的，融资是股市的第一个基本功能。

股票二级市场的本质就是多空博弈。A股市场受政策面的影响更多，也可以说是一个“政策市”。比如我们的涨跌停板制度、“T+1”制度等，表面上是对投资者的保护，实际上对于一个不稳定的市场来说，不但起不到保护的作用，还会造成更深的伤害。当然，这个制度设计的初衷是打击市场上的投机行为，鼓励资金长期投资而享受上市公司发展带来的红利。从上证的技术走势图就可以看出A股大起大落，经历了很多的风雨。

市场的多空力量代表的是一种资本的对决，无论是个股还是大势、多头还是空头，我们只有跟着胜利的一方，才能在股市里生存得更久。技术走势无外乎三种，即上涨、横向震荡、下跌，上涨代表多头战胜空头，横向震荡代表多空力量处于势均力敌的状态，下跌则是空头战胜多头。以下从两个方面来阐述：

（1）资金流动性。多空博弈离不开资金面的支持，所以，宏观面必须要关注的源头就是资金面是否充足，资金面充足时股市上涨，顺理成章。普涨时，也就是人们常说的牛市；反之，资金面紧张时，就像一个水池，水是有限的，但用水的地方很多，此时只有一部分能得到活水救急，也就是说，结构性的个股牛而大势弱的行情走势增加了股票操作的难度。

（2）供求关系。当市场供不应求时，各种个股都会轮番上涨，让人眼花缭乱；当市场供大于求时，鱼龙混杂，很容易迷惑投资者的双眼，当选择变得很多时，重视的是质量。但作为普通的投资者，要做到真正对一家上市公司了解透彻是很难的，特别是在这种造假非常多而处罚力度又不大、犯罪成本低的情况下，个人投资者要想了解一家上市公司真正的情况实在是太难。那是不是就没有办法了呢？当然不是！要做到不吃亏或少吃亏，只要做到市场的主流就够了，也就是“跟主流”！具体如何“跟主流”，会在下文详细介绍。

股市的基本本质和特征不是本书的重点，只是作为一名投资人，必须要有所了解，对市场有一个基本的认知，本质的东西是不能忽略的，不然后来会走入误区，或者说，可能会在胜利后因为看不清事物的本质而盲目自信，产生一些不必要的损失。

第二节　软件应用与设置

做股票之前我们首先得学会最基本的看图知识，并了解基本的软件功能和用途，简单的基本分析就像我们吃饭时要有碗筷、上战场之前必须要带上武器装备一样。

一、K 线图的设置

以普通的通达信软件为例：

打开软件，把 K 线图设置成前复权状态。可以通过鼠标右键在菜单中找复权处理，然后选择前复权。当然，使用快捷键更为简单，即快捷键“CTRL + V”，选择前复权的好处就在于，经过复权处理后的 K 线图有一只股票的各个周期的表现特征，看上去也非常协调。不复权处理的个股 K 线

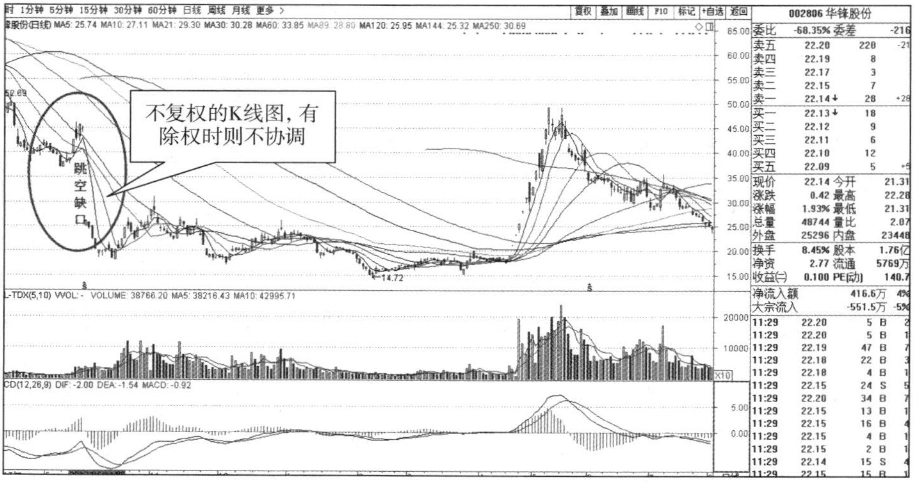

图 1－1　华锋股份不复权日线

图会因这种表现周期出现各种跳空缺口而失真，不利于我们对个股历史上主力资金介入和撤退过程作出整体的判断。

如图 1 –1 所示，华锋股份跳空缺口处为 10 送 7 股派现 1 元。K 线图显现出跳空下跌的走势，实际上并非如此，对比一下除权处理后的 K 线图就会一目了然。在这种情况下 MACD 都会失真，在操作中虽然不强调指标的运用，但无论是 MACD 还是其他指标，均可以作为辅助指标来使用，任何指标都不要过度排斥，但也不要全部都用在实战中，实战的目的就是化繁为简。如果关注的点和面太多，在快速变化的动态型的股市中，不但用不上，反而会顾此失彼、得不偿失。只有把注意力集中在最关键的点和面上，才能发挥出最佳效果，这也是本书为什么只讲市场的核心——涨停板战法，而不讲过多的理论知识的主要原因，因为涨停板在目前的 A 股市场才能给我们带来最大利润，也只有坚持最强势的原则才能立于不败之地。

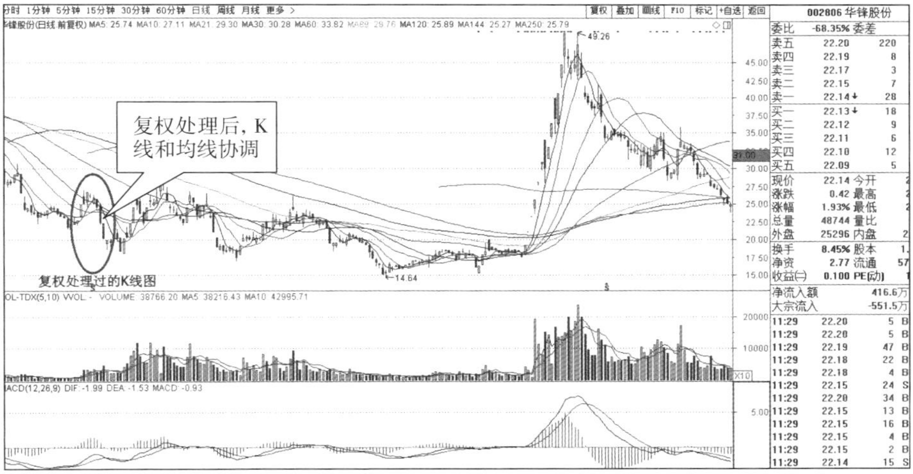

图 1 –2　华锋股份前复权日线

图 1 –2 为设置前复权后的 K 线图，经过复权处理后，真实地表现出了各个周期的整体走势，而且后期的高度早就超过了除权高度，后期的拉升实际上就是炒作除权股的超跌概念。图 1 –2 比图 1 –1 的图形更加协调、真实。再通过量柱的高低和 K 线代表的价格高低配合，即可分析主力整体

的建仓→拉升→洗盘→出货的全部过程。

二、均线系统的设置

均线系统可以设置为MA均线5日、10日、21日、30日、60日 、89日、120日、144日、250日，这是一个系统组合，它们分别代表不同的强弱程度。

5日线、10日线是一个极弱或极强的标志线，我们经常会看到一些连续大涨或连续大跌的个股，均围绕5日线最多到10日线大涨或大跌，下文我会用实战案例来讲解。当一只股以5日线为支撑强势上行，这种股绝对就是市场的风向标——“明星股”。市场中最强势的表现非这类股莫属，最多的回调就是到10日均线会再次拉升；反之，则是以5日线为压力线下跌，股价反弹到5日线即开始下跌，这类股的跌势会越来越快，这是在市场中极弱的表现。

21日线与30日线的方向则是判断股价走势处于上升周期、盘整周期、下跌周期时使用，当某只个股每次回调最多不超过30日线时，说明该股处于良好的上升通道中，回调则是低吸的良机。

60日线则是分辨个股牛熊的分水岭，一般情况下，某只个股跌破60日均线，而在短期内又无法再次收回到60日均线之上，则该股大概率开始走熊；反之，某只个股从底部盘整后，突破60日均线压力，则该股也将大概率走牛。

后面的89日线、120日线、144日线、250日线作为重大的方向性判断，只有首次跌破时会出现支撑性的反弹，首次突破时则会出现股价的回落调整。这个方法在实战中可以作为普通止损和止赢的方法来使用。

步骤如下：

以300490华自科技为例：

第一步：打开300490的K线图；

第二步：鼠标右键→主图指标→选择主图指标。

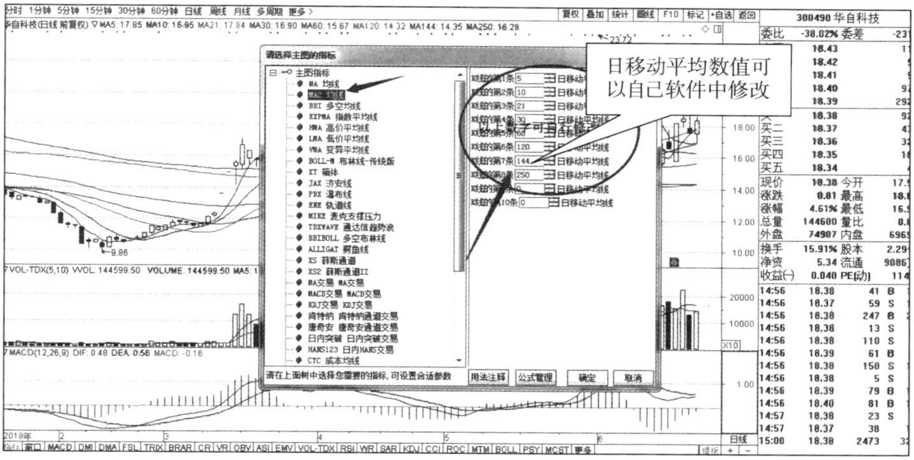

图 1－3 华自科技均线设置

软件设置成如图 1－3 所示，这个均线系统指标在下文的涨停战法中会经常用到，将软件默认参数按照图 1－3 所示作修改，5 日均线代表的是 5 个交易日的均价线，10 日均线代表的是 10 个交易日的价格均价线，21 日、30 日、60 日、N 日均线同理。在下文的交易体系中最常用的有 5 日、10 日、21 日、30 日、60 日均线。5 日、10 日做短线超强势股时是重要的支撑线，30 日线是牛股的分界线，60 日线则是牛熊股的分水岭。设置好了软件，就完成了炒股看盘前的准备。接下来介绍一些在股市中经常用到的概念和术语。

第三节　常用股市术语

多头：多头即看涨买入做涨的一方。

空头：空头即看跌卖出的一方。

下面用图 1－4 来解释 K 线术语：一字跌停、一字涨停、上影线、下影线、十字星（线）、光头光脚（阴）阳线、跳空缺口、量柱、量比、委差、涨停板、跌停板。

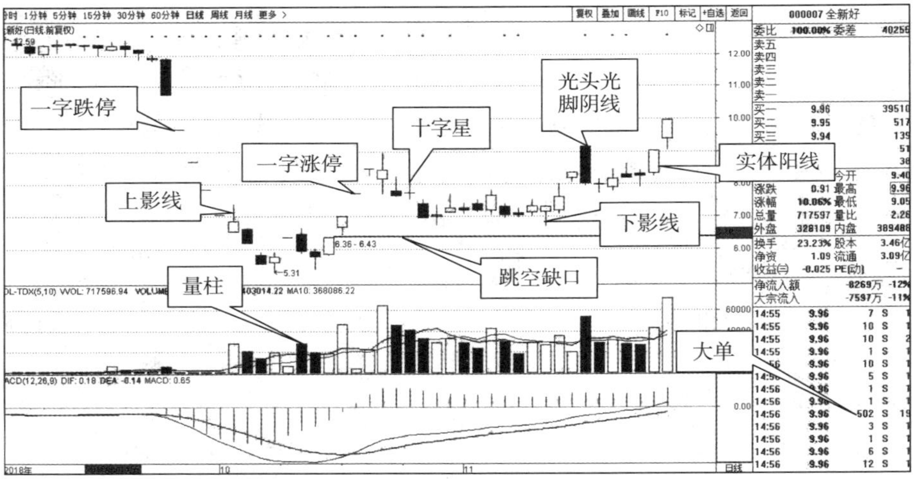

图 1－4　股市常用术语

（1）一字跌停：开盘即跌停，涨幅为－10%，全天不打开跌停板，只有一个跌停价格成交叫“一字跌停”。一字跌停除了机构利用通道优势和筹码优势能卖出一小部分外，普通投资者想卖也无法卖出。一般上市公司出现重大利空时才会有如此极端的一字跌停走势。

（2）一字涨停：开盘即涨停，涨幅为 10%，全天不打开涨停板，只有一个价格成交，除了机构利用资金优势和通道优势而买入一小部分外，普通投资者想买也无法买入，这种个股往往在突发的大利好时或者次新股上市时较为常见。

（3）上影线：股价冲高后回落最高点与现时价格之间形成的K线为上影线，表示价格曾经冲高到此，做多动能衰竭，空头反扑后出现回落的轨迹。

（4）下影线：股价探底回升最低点与现价之间形成的K线为下影线，同样表示价格曾经跌到此，做空量能衰竭，多头收复失地的轨迹。

（5）十字星（线）：既有上影线，又有下影线，收盘价在开盘价附近。最标准的十字星为收盘价与开盘价是同一价格，全天在这个价格上下波动而形成上影线和下影线。但在实际运用中，收在开盘价附近都可以称为十字线，收盘价小幅高于开盘价而形成的十字线为阳十字线；反之，收盘价小幅低于开盘价而形成的十字线则为阴十字线。

（6）光头光脚阴线：开盘价即最高价，收盘价即最低价，全天走势单边下跌而形成的K线形态。这是空头占据绝对优势，多头毫无反抗能力而走出的K线。当然，主力高开低走地出货也容易出现类似K线走势。总之，阴线的实体越长，空头的能量就越大。

（7）光头光脚阳线：开盘价即最低价，收盘价即最高价，全天单边上涨而形成的K线形态。这是多头连续进攻占据优势，空头节节败退而走出的K线，一般出现在多头由弱转强收集筹码时较多，或多头由强变更强时也容易出现类似的K线形态。总之，阳线的实体越长，多头的能量就越大。

（8）跳空缺口：开盘价比前一日的最高价还高，且全天股价不回落到前一日的最高价的位置而形成的跳空上涨缺口，这是多头强势冲锋的一个信号；反之，如果开盘价比前一日的最低价还低，且全天股价不能回到前一日的最低价位置而下跌跳空缺口，则是空头强势攻击的一个信号，应当离场或观望。

（9）量柱：量柱代表的是全天成交量总和而形成的量能堆积统计，当下跌时，放量则在量柱区域形成长绿色量柱，而上涨时放量量柱会变成长红色量柱。所以，通常情况下看放量或缩量时，只看量柱区间的长短即可。且成交量与换手率成正比。因此，看当日量柱的长短就可知道换手率比其他交易日高还是低。

（10）量比：股市开市后平均每分钟的成交量与过去 5 个交易日平均每分钟成交量之比。其计算公式为：量比 = ［现成交总手数 ÷ 现累计开市时间（分）］÷过去 5 日平均每分钟成交量。量比反映的是当前盘口的成交力度与最近 5 天的成交力度的差别，差别值越大，表明盘口成交越活跃。

（11）委差：盘口各档总买盘手数之和减去盘口卖盘各档总手数之和的数值。委差为正，买盘总体多于卖盘，正的数值越大，买盘即多方力量越强；反之，委差为负，则是卖盘多于买盘，负的数值越大，卖盘即空方力量越强。

（12）涨停板：当日涨幅达到 10% 为涨停板，按照 A 股市场制度，正常情况下每日涨幅不能超过 10%，超过 10% 的报单全部为无效单。代表的是股票当天涨势的极限值，是多头的最强表现。

（13）跌停板：当日跌幅达到 10% 为跌停板，按照 A 股市场制度，正常情况（不设涨跌幅的个例除外）下跌幅不能超过 10%，超过此区间的报单为无效单。代表的是股票当天跌到极限值，是空头的最强表现。

以上是交易中普通股民常用的股市术语，还有很多术语这里就不再介绍，本部分内容只适合新股民，对于已经有一定股龄的投资者可以忽略，一带而过。

第四节 黑马股与白马股

在股票市场上，每位投资者的心态、时间、生活都不同，所以，操作时也有所侧重。但无论是哪种投资者，都希望买到一只牛股。我们常听说的牛股无非两种，即白马股与黑马股（见图1－5）。

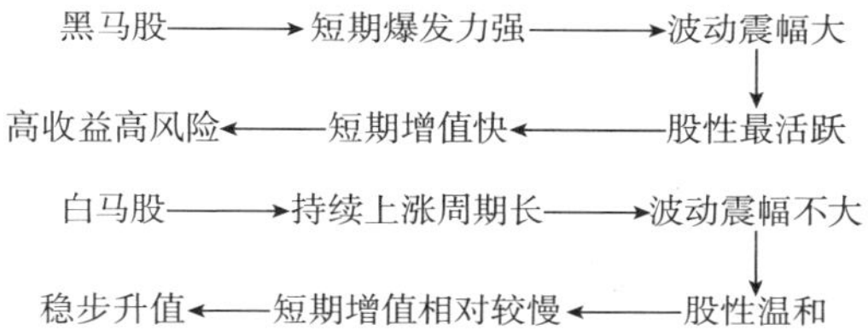

图1－5 黑马股与白马股的对比

股票没有好坏之分，只有操作好坏之别。每种类型的股票选择的入场时间和趋势都很重要。因此，有“选股不如择时，择时不如择势”一说。时间与趋势对于股票而言都非常重要，千万不要选择在错误的时间操作错误的个股，否则就是错上加错，不亏损才怪。

一、黑马股

黑马股具有以下特征：

（1）黑马一旦启动，短期爆发力极强，容易产生连板效应，短期内能让财富快速增值，达到一鸣惊人的效果。

（2）股性最为活跃，每天震幅空间较大，最大的为“天地板”，日内震幅可达20%。

（3）区间放量较为频繁，高成交量，高换手率。日换手率频繁，在5%～10%或以上。次新股则更多，日换手率可达30%～75%或以上。

（4）短期赚钱效应明显，连板效应强。

（5）操作难度大，对技术和心理承受能力要求较高，对纪律要求严格。

（6）高收益同时伴随着高风险。

（7）此类型个股一般表现为游资集中类型的个股。

随着A股市场扩容速度加快，各种“地雷股”频繁爆发，导致很多投资者想做长期投资又怕踩雷，于是短期高收益成为他们努力追求的目标。但是黑马股并不适合所有的投资者，因为有短期的暴力拉升，也极容易产生较大的波动和震幅，有时一天会经历暴涨到急速下跌、暴跌后再暴涨等各种非常犀利的走势，同时伴随着巨大的成交量与换手率。这是多空搏杀留在市场上的痕迹。多方或空方失败的一方将会“兵败如山倒”，成功的一方会带来市场跟风效应，这就是黑马股的威力！

黑马股的优点：爆发力强大，短期内能够获取暴利，这也是很多投资者对其趋之若鹜的原因。

黑马股的缺点：震幅大，一旦操作不当，短时间内会出现较大的亏损，普通人的心理承受极限会被击溃。需要很强的技术和盘面观察能力，更需要极强的操作能力。

根据笔者多年的经验，黑马股一般多产生于题材股，涨幅的大小由三个方面决定：

（1）主力的强弱，此类主力一般为市场游资点火，实力也参差不齐。

（2）市场对该类题材的认可程度，也就是市场情绪的高低。

（3）大市场的环境。流动性充足时，市场资金喜欢对黑马股穷追猛打，很多时候会超出实际价值很多。

以下通过黑马股实例详细讲解。

如图1－6所示，贵州燃气新股上市打开涨停板后，经过约半个月的调整，时逢2018年1月，正值冬天。天然气涨价，突破高点后，当时市场上较为强悍的几大游资，如欢乐海岸、古北路、益田荣超、中荣街等一起点火发射，股价短短半个月就快速翻倍。经过4个交易日的短暂休整，继续

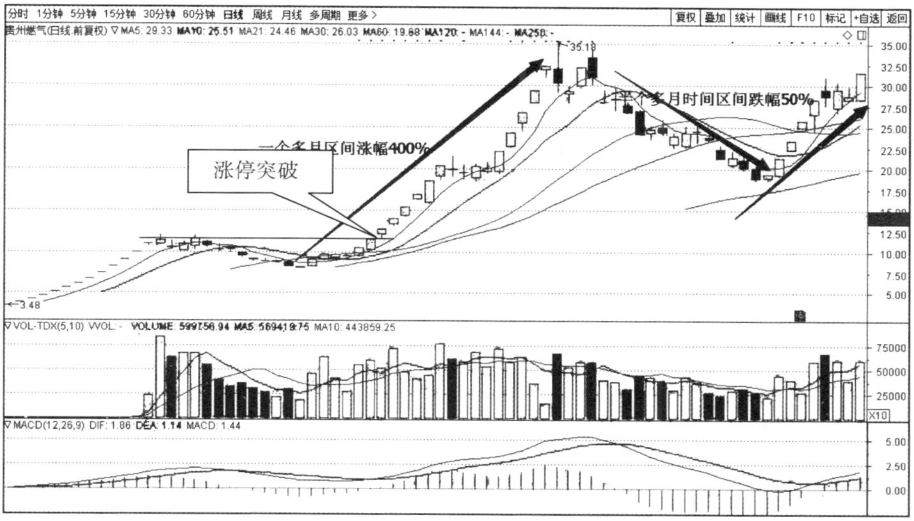

图 1－6　贵州燃气上市之初日线

暴力连板，一个月的时间从底部到高位涨幅接近 400%。对于投资者来说，一年只要有一次 100% 利润这样的操作，就不会再说股市没钱赚了。

这也是笔者的实战案例，图 1－6 中的涨停突破时，笔者即判断该股新高后还有新高。为什么会这么说呢？因为当时市场总体环境一般，属于阶段性底部震荡。看流通盘，贵州燃气的流通盘当时为 1.22 亿股，符合小盘股的特征；再从价格来看，该股的价格在启动区间低于 10 元，这相比同阶段很多新股上市时炒作到 50 元甚至 100 元以上的天价股来说，是个难得的低价股。从强势度来看，连续涨停力度较大，而且都是早上封死涨停，突破前期高点时仍然是跳空高开高走，量能充沛。量价配合非常完美，主力资金持续流入，后市必有"大肉"！

再来看黑马股 300647。

如图 1－7 所示，2018 年 5 月 19 日一字跌停并无量能产生，在跌停前是 5 个连续的涨停板，而且有两天放出巨量，换手率连续两天高达 60% 以上，这说明介入的主力资金并无出逃的机会。当然，为了安全起见，不建议参与去抄底从底部买最低点，而是等图 1－7 中的 B 点出现时买入，这

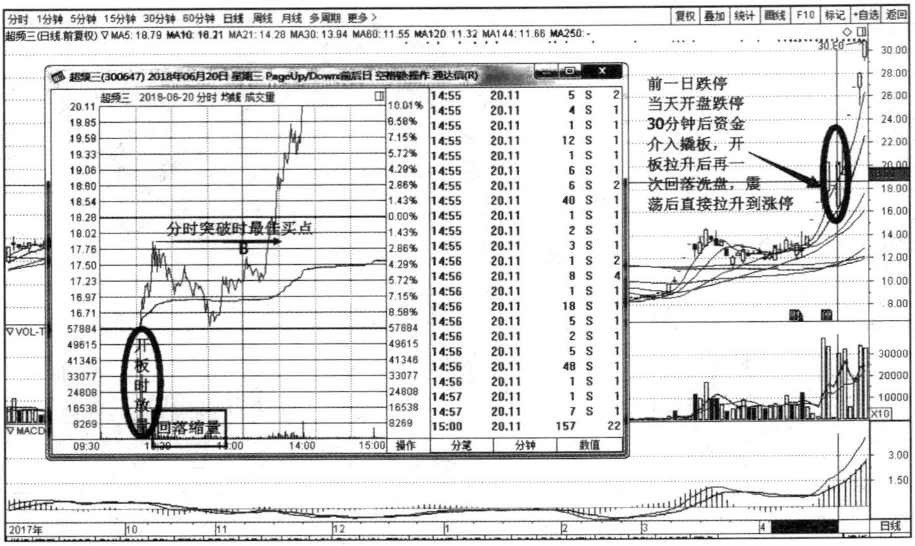

图 1－7　超频三日线与 2018 年 6 月 20 日分时线

里是主力资金洗盘结束真正的拉升时才有的机会，这种买点一般时效性较差，必须要一直看着它的走势，在突破前高的一瞬间快速跟进。

这类连板票往往出现在题材股中，贵州燃气当时就是炒作天然气涨价，又逢冬天，占了天时、地利、人和；而超频三则是因为中美贸易摩擦，炒作电子器件，加之宁德时代上市之初，炒作宁德时代概念股。这两个例子显示了黑马股短期带来的财富效应。

虽然黑马股短期上涨非常暴力，但震幅往往也很大，从图 1－7 中超频三的分时图可以看出跌停到涨停，反过来，如果是涨停到跌停呢？这是很多短线人士内心很难承受的。散户不是主力，不要总想着买到最低点、卖到最高点，而应是当市场资金连续流入后，市场给出明显的信号时方可介入，要只赚自己看得懂的那部分利润。

二、白马股

白马股具有以下特征：

（1）长期处于上涨通道或上涨周期；持续时间短则半年长则几年，如

600519 贵州茅台、600436 片仔癀、002304 洋河股份等。

（2）股性活跃度不高，偶尔会有大阳线放量，但多数时间处于缩量震荡上行阶段，区间波动较小，很少有连续两个以上的涨停产生。

（3）区间偶尔放量，一般是冲击一个高点出大阳时放量，平时则多为缩量低换手率。此类型股一般是主力筹码较为集中，一般不会产生巨大的成交量和换手率。

（4）短期赚钱效应不明显，连续涨停较少。主要用时间换空间，靠复利达到利润最大化。

（5）走势相对温和，周期规律性较强。注重基本面研究的深度与技术面买点的结合，一旦买入，不在乎短期波动。

（6）长期来看风险较小，收益主要靠时间积累和复利。

（7）此类型个股一般出现在公募基金扎堆、抱团持股的个股上。

图 1 – 8 中所列流通股东基本上为国家公募基金及境外投资基金，这就是典型的基金抱团持股。我们每次看到的前十大流通股东基本上都是 3 个月前的数据，但也能从中发现一些特征和主要股东的变化，公募基金扎堆的个股，只要是总体形态处于长期上升趋势的上市公司，虽然不一定会出现连续大涨，但会有持续性的“大阳 + 小阴小阳”的走势，复利下来利润也非常可观，市场上消费品型的白马股容易出现公募基金扎堆的现象，因为消费品种是抗通胀能力最强的。其次是银行保险证券类的金融股。

有公募基金抱团并不代表股价就一定会上涨，要结合前文所讲的股性的活跃度、趋势、强度等方面来判断。

前十大流通股东持仓如果为自然人和私募基金这类上市公司，很容易受到市场资金的加持，也是游资喜爱的品种，因为这类个股点火拉升遇到的阻力相对较小，个人和私募更容易协调。而公募基金就不同了，受到的约束太多，协调困难。如果点火公募基金持有的重仓股，很容易变成公募基金的“地下冤魂”，当点火方持续买入时，他们就持续卖出，这是笔者以前在游资机构时遇到的真实事件。任何股票的上涨都离不开市场资金的

港澳信息	最新提示	公司概况	财务分析	股东研究	股本结构	资本运作	业内点评	行业分析	关闭
大智慧	公司大事	港澳特色	经营分析	主力追踪	分红扩股	高层治理	龙虎榜单	关联个股	

【2.股东持股变动】

暂无数据

【3.股东变动】

截至日期：2018-03-31 十大流通股东情况 A股户数：99429 户均充通股：12634

累计持有：92842.36万股，累计占流通股比例：73.91%，较上期变化：-647.03万股↑

股东名称（单位：万股）	持股数	占流通股比（%）		股东性质	增减情况
中国贵州茅台酒厂（集团）有限责任公司	77877.20	61.99	A股	其他	未变
香港中央结算有限公司	7607.37	6.06	A股	其他	↑286.65
贵州茅台酒厂集团技术开发公司	2781.21	2.21	A股	其他	未变
易方达资产管理（香港）有限公司-客户资金（交易所）	1220.28	0.98	A股	资产管理公司	未变
中央汇金资产管理有限责任公司	1078.73	0.86	A股	其他	未变
中国证券金融股份有限公司	845.99	0.67	A股	其他	↓-774.83
奥本海默基金公司-中国基金	417.35	0.33	A股	其他	↓-44.00
中国工商银行-上证50交易型开放工指数证券投资基金	357.89	0.28	A股	其他	↓-29.74
贵州金融控股集团有限责任公司（贵州贵民投资集团有限责任公司）	348.72	0.28	A股	其他	未变
挪威中央银行-自有资金	301.62	0.24	A股	外资银行	新进

基本上全是大型基金及境外基金

图 1-8　贵州茅台前十大流通股东

支持，如果在上涨的过程中有最大的股东站在你的对立面做空头卖出，这时股价上升是非常困难的事。

因此，投资者可以研究很多大股东大力减持（特别是清仓式减持）后的个股走势，跌幅大得惊人。一般大股东为什么会减持呢？这说明该大股东并不看好公司的发展前景，或者说，当前的股价已经让他们赚得盆满钵盈，才会有这种向市场兑现的行为。而受伤的还是不明原因而买进的散户。

从图 1-9 中贵州茅台的月线走势来看，基本上一直处于上涨通道，后期放量突破后，开始了长达两年的加速上涨周期。上涨前也是接近两年的横盘震荡期，这就是股市中常说的“横有多长，竖有多高”。白马股的持续性和耐力足够强大，对于时间不充裕的人来说，既省心又省力。只要做到坚决、坚定地持有，最终的收益往往会超出自己的想象！

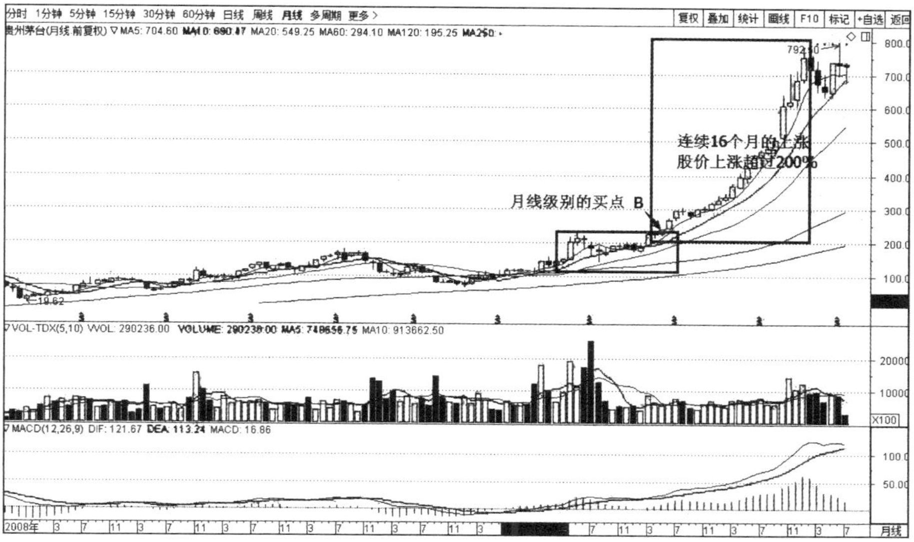

图 1－9　600519 贵州茅台月线

图 1－9 月线图中的 B 点也就是贵州茅台的月线级别的买点，从技术面的逻辑来看非常清晰。

①在 B 点的前方有大阳突破了前方的所有压力，打开了上升空间。而且是白马股的月线级别，突破之前的高点处有明显的放量，经过时间的消化后能够顺利突破打出新高度这个信号就已经非常明显。②更重要的一点在于，在 B 点之前连续 4 个月的月 K 线收于 5 日均线之上，这是月线级别走强的明显规律。③前面的一个框可以看作月线级别的一个箱体，而 B 点处正好突破了箱体。

因为具备以上几个核心要素，白马股并不会像黑马股那样会有连续涨停或连续跌停等太大幅度的波动。所以月线级别这样的买点是不可多得的，应当果断买进。

像这种白马牛股的形成并非一朝一夕，需要多空力量长期的对战博弈，公司的基本面和市场的其他环境一旦对它有利，多头也就有了拉升股价的由头，就会冲破天际，直上云端！很多机构都持有贵州茅台，是因为上市以来一直高增长、高分红的贵州茅台就是神一般的存在。贵州茅台上市以来没有一次再融资行为，从这方面来讲算是良心企业，加上每年的高分红和高增长，又有“国酒”之名加持，贵州茅台在A股市场就是一座不倒的丰碑！

近年来，随着市场的对外开放，也有不少外资加持贵州茅台，但笔者并不擅长做这种加持，因为一旦业绩和高增长不能持续保持下去，就可能成为外资做空的理由。笔者认为，真正需要市场来改变这种神话，将会在以后的科技股时代，当然这是后话。

再看一个白马股例子：600436 片仔癀。

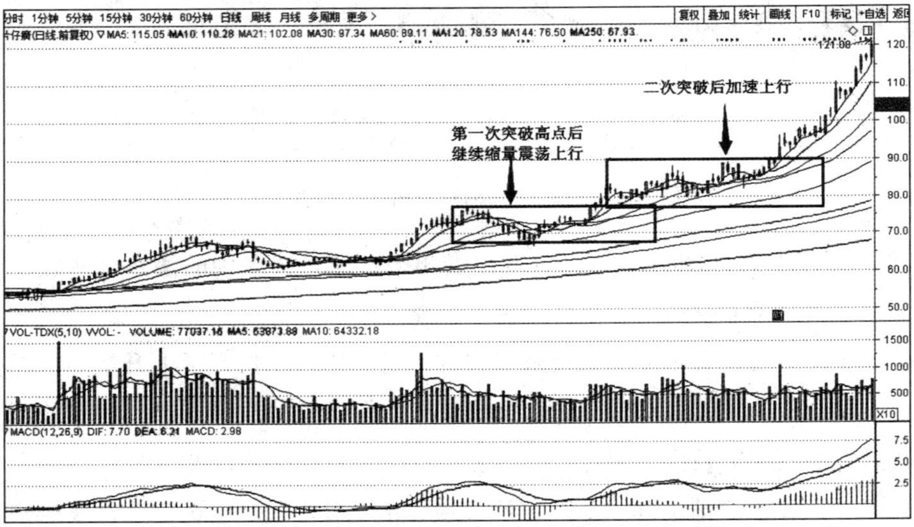

图1－10　600436 片仔癀日线

如图1－10所示，2017—2018年A股走势较为低迷，大盘指数持续下跌。而片仔癀仍然处于上涨通道，而且周期规律性较强，前期一直在60日均线盘整，当二次支撑于60日线发力创出新高后，开始加速上攻，走出了主升行情。在趋势与个股的形态中，笔者常强调一个规律性的问题，这是比较难掌握的一个技巧，需要我们自己去发现，有时候需要画线，而有时候用均线即可发现其中规律，有的人习惯用布林通道等指标，规律并不局限于均线指标，只要找到个股的规律性，操作起来就会顺手得多。笔者经常会用均线、画线、箱体等来找规律。图 1 – 10 中片仔癀第二次突破箱体时，日 K 均线也连续几个月运行于 5 日均线之上，这就是规律。

说到规律，想起了笔者的一位朋友，之前我们在交谈时我谈到了这个规律性的问题，他回去以后进行了很认真的分析和研究，而且不断地总结各种图形，最终确立了他自己的交易模式。他很智慧，具体的模式非常简单：每年他关注的股票不会超过 3 只，而真正的操作经常是在一只股票里进行，经常进行波段性的高抛低吸式的操作，但前提是，他首先要去找出某只股票的规律性，对这只股票的走势规律了如指掌，才会如此操作。两年后我们又见面时，他莫名其妙地送了我贵重的礼物，使我一头雾水。最后他才说明缘由，原来我和他两年前的那次交流彻底改变了他操作股票的思路和方法，结束了他原来的胡乱操作，使他构建了自己的操作体系，把股市中纷繁复杂的事情化繁为简，做成最简单的交易模式。但这必须要有很强的自制力，能控制自己的心不受干扰。他告诉我说，最后他一般只操作一只个股，对于这只股的每一个细节都非常熟悉，对它的规律也是了如指掌，有时候感觉就像他自己是主力一样。想要达到这种境界，他用了 3 个月的时间刻苦训练。最后他真的做到了“别人涨停而他不为所动，只赚自己最熟悉的那部分利润”！所以，他说是我点拨了他，开启了他的思维。他这么说，真的让我很震惊，其实我最大的缺点就在于此，因为我运用的技术分析太多，关注的面也太广，做不到像他这样的专注于一只股票，而经常在各种关注下疲于奔命。

实际上，与其说是我开启了他的智慧，还不如说是他一语惊醒了梦中的我。我们经常都在探索一些未知的东西，而不愿意重复去做一件简单的事情。生活中很多时候都是如此，事物的本质上的道理大多是一样的，而我们经常会舍近求远、舍本逐末。“大道至简”在古人的智慧中早就有所体现。只要把一件简单的事情做到极致，精益求精，没有大成就也会有小成功。

白马股确实非常适合那些没有太多精力时时关注股市的人，走势也不像黑马股那么极端，虽然没有黑马股那么短期连续涨停，但不停地复利上涨，长期来看，收益也是相当惊人。但无论是“白马”还是“黑马”，股市的最大原则就是能让你赚钱的就是“好马”。只能说它们适合于不同的投资者，并无好坏之分。

第二章

涨停理念与逻辑

第一节　为什么要做涨停股

在涨停个股找机会之前，先要了解目前 A 股市场的交易制度和交易规则，以下是 A 股现在的交易基本规则：

（1）A 股实行的是“T+1”制度，也就是当天买入的个股只有在次日以后才可以卖出。

（2）涨跌幅度实行 ±10% 的限制，即涨停板、跌停板制度，因为每日限制涨跌幅度为 ±10%。也就是说，波动的极限空间被限制在 20% 以内，这样的好处在于波动空间受到了一定的限制，但不利的是当跌幅为 10% 即封住跌停时，即使发现风险也无法卖出，上涨 10% 即涨停时，即使发现机会也无法买入。

涨跌停板制度是 A 股发展历程特定阶段的产物，正常情况下，涨停板就是个股当日的最大涨幅，跌停板就是个股当日的最大跌幅。它们分别代表着市场的两个相反的方向，也就是市场的上涨极限和下跌极限，同时也是每日市场里最强最易关注和最易抛弃的两个极端。

笔者在 A 股市场十余载，见识过各种大喜大悲，也经历过大赚大亏的各种考验，对于市场的残酷性是有深刻体会的。为什么书中重点阐述的都是涨停逻辑，而不是普通的上涨？A 股市场发展至今已经有 30 多年历史了，无论是最初的庄股时代、2015 年之前的机构时代，还是现在的游资时代，不可否认的是，拥有大资金而行动统一的团队是股价动能的引导者。从 2016 年 A 股开始大幅扩容 IPO，而很多以前上市的股票慢慢进入全流通上市再融资等，这个庞大的市场已经很难支撑起连续性的普涨行情，也就是投资者心中的牛市行情。在未来很长一段时间内，市场只能是结构性板块和局部个股的上涨行情，这种行情的特点会使得一些有主力资金点火的个股持续疯狂，也就是走出比牛市还牛的涨停节奏，结构性的行情同样会为我们带来很大的利润；而那些各路资金都绕着走的个股，或者被压在底下作垂死挣扎，稍有反抗就会遭到空头更猛烈的暴击，或者就是长期缩量被边缘化，成为无人问津的“僵尸股”。

因此，想要在股市生存，就必须要有正确的操作理念和强大的交易体系，而涨停板战法就是在这样的市场环境中生命力最强大的操作系统。涨停的个股每天都是市场里资金关注度最高的个股，无论什么原因，无论熊市还是牛市，涨停就是最强的特征。炒股要想有利润，一定要有最强的逻辑，与最强的团队为伍，股票能涨停绝不是无缘无故的。我们要相信市场，敬畏市场，不要相信专家，股市里只有输家和赢家，没有专家。市场永远都是对的！无论市场资金介入什么个股，市场都是对的，跟着强者赚取真金白银是投资最直接的回报。既然资金敢大力买入成为市场最强势的品种而涨停，就一定不是散户行为所导致的，而是有主力资金所主导。所以在讲涨停战法之前，一定要先打破原来的僵化型、保守型的思维。最强的防御就是进攻，股市里我们虽然要重视风险，但一定要有进攻的逻辑和思想。

不少投资者买的个股都是毫无生机、被市场边缘化的品种，分时图每日只波动2%左右，最多也就5%，经常在分时上呈横盘走势。问他们为什么买这种股票，他们的回答是：“感觉已经跌不下去了。”很多时候可能也是股如其人，你所持有的股票代表着你的内心，买这类股票的人谨慎有余而魄力不足，经常会错过很多大赚的机会，反而大亏倒是不少。因为股市从来就不会怜惜弱者，你认为是底部的个股，底下往往还有十八层。原因就在于，思想过于保守，越怕受伤害，越是被伤害！

股票市场经常将“强者恒强，弱者恒弱”这句话演绎得淋漓尽致，如果立足于强势逻辑，你每天考虑的是自己的股票能不能涨停、能涨多少点、能赚多少钱；而立足于弱势逻辑，你每天考虑的是自己的股票又会不会跌停、什么时候又跌多少个点、又亏了多少钱。这是操作逻辑上两种完全不同的思维，同时也会产生两种不同的结果，最直接的就是关系到你交易所产生的账户盈亏。

在选择个股时，要明白只有涨停个股才有可能成为市场的“王者”，而龙头个股一定在涨停个股之中，我们在下文中会从宏观到微观进行循序渐进的讲解，从大环境到板块，从板块到个股，只要操作长期处于龙头地位的个股，就能赚钱。如果涨停龙头都赚不到钱，难道被市场边缘化的个股能让你赚钱吗？涨停战法的核心就是强势逻辑。

在 A 股市场的投资者都想自己的股票能涨停，但为什么很多人在操作中做不到涨停板或很少遇到涨停呢？涨停也就是现在 A 股市场的涨势极限，在市场上只有具备最强大的资金实力才可以做到，但 A 股市场上的个人投资者也是主体角色。很多人都对股市一知半解，看到别人有过一次偶尔的赚钱经历就贸然入市，真的到了操作的时候就会犹豫不决、拖泥带水。而涨停的股票当主力资金一旦发起攻击，很多时候周期都非常短，经常是以迅雷不及掩耳之势就完成了涨停。还没等反应过来，主力已经封死了涨停板。目前涨停的个股，很多都是这种手法，“静如处子，动如脱兔！”你没有很好的方法或在盘中没有充分的预判和关注，是很难在操作中跟上这样的涨停个股的。而且在不同的市场环境中要用不同的策略去应对，市场处在变化中，我们也要适当地改变策略，但技术判断方法基本上是不会改变的。这就是股市的灵活性，学习的目的就是能够将技术和策略融为一体，最终形成自成一派的交易体系。如此一来，你就拥有了征战股市的强大武器。

第二节　股市“倚天剑”与“屠龙刀”

前文讲了涨停战法的核心就是强势逻辑，而以强势为核心建立起来的交易系统就是股市里的“倚天剑”。有了股市的“倚天剑”，还要有股市的“屠龙刀”，才能更加保险。如果将涨停逻辑和操作系统当作股市的“倚天剑”，那么心态和纪律就是股市的“屠龙刀”。笔者敢肯定地说，在股市中技术派的人很多，但真正能赚到大钱的人却不多，这是为什么呢？就是因为他们只有“倚天剑”，即技术；而没有“屠龙刀”，即执行纪律。因为人的本性就是贪婪而又恐惧的，股市能将人的这种缺点体现到极致，很多时候是明知不可为而为之，买入条件不成熟时冲动性买入，带有一定的主观性，并不完全构成买入条件，原因在于，没有买入时怕错过了买入机会，当日追高但发现风险时，因为“T+1”制度的原因无法及时纠错，而次日如果低开幅度较大就会产生恐惧而止损卖出。主力很了解散户的这些缺点，特别是对于喜欢做短线的投资者，遇到这种当日较大浮亏而次日又大低开的现象时，心理防线很容易崩溃，一旦崩溃而失去理智就很容易犯错，只要买入的成本不具有优势，就很容易被任人宰割。每一次冲动而无原则的交易发生，我们都得为自己的鲁莽行为埋单。

既然股市强势逻辑涨停体系“倚天剑”是在股海行走的强大武器，那么很强的战术执行纪律和良好的心态这把“屠龙刀”，则是我们成为赢家的有力保障。很多技术强人为何战胜不了团队呢？这不仅仅是因为资金实力的问题，有些个人投资者的资金也达几千万元甚至上亿元的规模，远远超过了一些小型的私募和游资的资金体量，这是因为个人技术再强也很难做到严格的纪律执行。技术知识只要有人愿意教，自己愿意下功夫去学，基本上都能学会；但在执行纪律方面，这涉及人性的一面，不是技术能驾驭得了的，而团队通过合作，将某一个人的缺点用另一个人的优点来弥补，将每一个人的优点发挥出来，则可以发挥出很强的战斗力。个人的操作经常具有随意性，同样一种战法或技术由不同的人运用就会有不同的结果。有人赚钱，有人小亏损，有人大亏损，而能赚钱者在具备了技术的前提下同时又具备很强的纪律性，也就是说，要同时具备了股市的“倚天剑”和“屠龙刀”，只有技术，没有好的心态和执行纪律，在股市中也很难有大的利润。

赚钱是幸福的事，幸福的事都差不多，而亏损是不幸的，亏损的原因却各不相同。从市场角度来看，亏损主要有以下两个方面的原因：

（1）这种战法或技术不适应当前的市场结构。比如，大盘或个股所在板块连续下跌后，个股基本上都会受到牵连和影响，而你还是采用突破新高的战法；或者说，连续的上涨阶段处于牛市时，你却去寻找底部启动涨停战法。再如，看着大盘指数做创业板个股，或看着创业板和深指做上证的个股等，这些都是操作标的与行情相违背，这就犹如在陆地上开船、在水里开车，不是船不好，也不是车不好，而是车和船在使用的时候不能物尽其用。

（2）交易时的操作具有很大的不确定性。短期的技术形态只是一个表面现象，也是代表着市场资金近阶段博弈的结果，要明白技术形态背后的原因，即什么引起它的涨跌才是关键。在操作中，很多投资者都买过突破型技术形态的股票，但买入后很快发现是假突破，也就是说，我们在买入时，知其然，不知其所以然，也就是不清楚突破的背后因素。当具有很多不确定的因素时，最好不要轻易去交易，更不要说重仓买入了。

投资者很多时候买入股票时认为非常简单，不会有什么顾虑，脑子里只有一个念头：赚钱！但卖出股票时耳边经常会响起两个不同的声音：一个声音说：“卖了吧，已经实现了当初的预期或者已经不如预期，该卖出了”；而另一个声音则说：“再拿着看看吧，万一又突然来一个涨停呢?”这两个声音是两个不同的方向，是非常矛盾的，就是因为这两个声音的纠缠不清，上演着一个又一个微利变巨亏、小亏变巨亏的悲剧，这种情况主要是因为交易环境或者个股环境发生了变化，而自己的心里却没有任何变化。在选择正确、买点也正确的情况下，但是执行纪律完全不到位，人性的弱点就会暴露出来，而且被无限放大很多倍，也就是说，有了“倚天剑”，但没有“屠龙刀”。如果出现了多次亏损，买入时就会怀疑技术逻辑的正确性，同样有两个声音，一个说：“这已经符合了要求，可以买入”，而另一个声音却说：“上次就是这么买了后来亏钱了”，有了“倚天剑”也不敢随意出手，最后经常错失涨停板而望板兴叹！

经常有人说：“这只股我当时也加入自选股了，但是后来连续涨停就没敢买了，”再好的股票，机会来临时不买入，涨多少个涨停和你又有什么关系呢？又有人说：“当时我也感觉到了有风险，但就是想等它反弹一下就走，结果就这样跌停了！”感觉到了风险而没有出局，微利变巨亏，又能怪谁呢？当风险来临时，必须按纪律卖出！否则利润或本金缩水，只能自己吞下这个“苦果”。股市里本来就没有如果，只有结果和后果。技术交易的巅峰是按照既定的技术规则实现对买卖点的精准把握。强大的交易系统——“倚天剑”为我们交易时提供了精确量化的技术标准，交易纪律和客观的心态这把“屠龙刀”则是提高我们成功率的有力保障。所以，不要小看交易纪律和心态在股市里的作用。

我们在看财经类节目时经常会听到某某股可以“逢高减仓”、某某股“逢低进场”等股评语，那么谁是高？谁又是低？在没有量化标准的前提下，这种“逢高减仓”也好，“逢低进场”也罢，只不过是一种美好的愿望而已，根本不具有实战操作的意义。

前文讲这么多，无非就是强调技术与纪律相结合，既要有“倚天剑”，又要有“屠龙刀，准确地说，就是要做到知行合一，才是真正的合格交易。当然，有时候我们在股市上会碰到“运气”一说，不可否认，运气有时候会占有一定的成分，但就长久的交易结果来看，运气不会是绝对因素，如果我们在交易中遇到按纪律操作还接连出现三次以上的亏损时，一定注意要周期性停止交易，适当地停止交易在股市中也是必不可少的一个环节，做交易并不是说天天要交易，或者天天要持股。频繁的失败会严重影响正常心态，判断也会变得不再客观和理性。此时，应当以学习总结规律为主要任务，操作为次要任务。

在笔者的交易生涯中，曾有过这样一次经历，2014 年操作 601216 内蒙君正和 600528 中铁二局（这两只股票现在均已改名，现在叫君正集团和中铁工业）时，非常顺手，笔者当时带着一个团队在操作。有四次买入后就大涨、卖出后就大跌，而且买入和卖出的点位有三次基本上和当日的最高点和最低点差距不到 2 分钱，有一次正好买在最低点、卖在最高点，当时团队的人都说这简直就是神一样的操作，好像笔者就是这两只股票的主力，操纵着它的股价一样。但我自己清楚，虽然是对点位有过分析和预判，但绝不是大家当时想象的那样，我当时的角色就是散户，只是带着一个团队在买卖而已，股价的涨跌根本不是我们所能控制的。

在后面的涨停战法中我会详细讲解我的这些分析逻辑和实战技巧，这里要说的是，有时候操作顺利，赚钱真的很容易，但操作完这两只股票后，后面操作 600446 金证股份时，就连续三次失手止损，虽然是按逻辑和纪律在交易，还是怎么做怎么错。后来笔者就选择学习总结，发现自己的操作节拍与金证股份的市场节拍总是会错位，这也许就是大家所说的运气成分。这是一个周期性的循环，真正的职业交易者应当都遇到过这样的问题。后来操作时只能把仓位降到一成，选股方法、买卖要求仍然一样，两个星期后又恢复了正常的盈利状态。因此，这里强调的就是，做交易只要做到知行合一，遇到连续三次以上的亏损时，一定要周期性停止交易一周以上，一周后交易仓位必须降到一成以下操作。道理很简单，就是说在交易中，使用的方法和当前的市场节拍要调到一致后才可以加大仓位。“屠龙刀”包含了周期性停止交易的法则，这也是一种执行纪律。只要有了“倚天剑”与“屠龙刀”这两大法宝，并学习了下文的涨停战法，就会为你在股市里“插上翅膀”，助你“股海翱翔”！

第三节 涨停板战法的资金管理

投资者都知道，涨停板获利最快，主要还是以短线为主。同时我们也知道风险与机会并存，短期暴利的同时必然伴随着极大的风险。因此，除了前面两节对市场的认识以及“倚天剑”与“屠龙刀”两大法宝外，在操作时我们还要对自己的资金进行规划和管理。资金管理是一种科学降低风险的方法，无论牛市还是熊市都是如此。在交易环节中，资金管理也是必须掌握的内容之一。

前文讲了涨停代表着市场最强势的逻辑。但导致涨停的因素是各不相同的，涨停的空间和时间以及强度也是各不相同的，有因为政策性因素而导致的市场行为的自然涨停，有游资点火的爆发涨停，也有内部突然性利好导致的一字涨停，有的是主力提前埋伏了很长时间而当下符合了市场的热点而涨停。无论是什么涨停，对于普通投资者来说，主力资金也就是导致涨停的这一股最强大的资金，对股票的涨停具有决定性作用。导致涨停的主力资金就像一支训练有素的正规部队，人数可达一两万；而散户就像只有普通武器而没有经过训练的散兵游勇，人数众多，却大多为乌合之众，无法统一，更无法形成市场合力。当两者相遇时，人数多的普通投资者就像普通群众遇上了训练有素的特种部队，交锋的结果不言自明。而投资者赚到的利润不是从主力那里得到就是从其他投资者身上得到，想赚主力的钱相对来说会承担更大的风险，多数情况下，都是主力成为收割机，普通投资者成为被收割的“韭菜”，被割了一茬又一茬。这也就是为什么市场上赚钱的只是少数，亏钱的是多数，股市“七亏一平两赚”的定律是很难改变的。

强调了这么多，就是要让散户明白，用涨停板战法就是从主力那里

“虎口夺食”，要防备夺食不成反成为主力的“食物”，这就是资金管理的重要性。

资金管理主要分为以下几种情况：

（1）牛市时的资金管理。牛市时，由于市场个股普涨，只是涨多涨少的区别。牛市时，大牛股与跟随市场上涨的个股利润差别会更大。我们仍然可以用涨停战法和后面的选股原则找出最强势的逻辑，在买入股票时可以采用“三三制”原则：以100万元资金为例，一只股票的仓位配置一次买入的资金不能超过30万元，而每下跌5%～10%为一个补仓单位，补仓30万元，直到满仓为止。这个方法在牛市可行，牛市一般强势股回调达20%就是捡便宜的最好时机（出现重大风险提示的除外）。只要是在牛市时，用这个方法很容易赚到非常不错的利润，因为牛市的本质就是风水轮流转，强势涨停的个股回调就是千载难逢的加仓时机，所谓“千金难买牛回头”，说的就是这种情况。牛市想要赚到大钱，诀窍就在于捂股，每买一只股票时只要按笔者的涨停板战法选股和操作，大牛股自然不会从你眼前逃掉。但选择一只股买入时，一定要有明确的买入依据或量化买入标准，不能凭主观感觉。既然符合了交易体系而买入，就要坚定持有，赚到自己想要的利润（排除突发性风险和踩雷的情况）。牛市时坚持最为重要，耐心比“花心”更有“钱途”。有了充足的买入理由和量化数据，短期的回调只加仓而不换股。这件事说起来简单，操作起来非常难。笔者是过来人，因为市场天天都有很多涨停个股，如果买入后自己手上的股不涨反跌，而看中的另一只个股又连续上涨，这时很容易动摇当初买入手中个股的理由而卖出换股，此时一定要不忘初心。想要做到这些，不但要有前文所讲的“屠龙刀”执行力，还要有非常强的忍耐力。目标太多往往会使人变得没有了目标。

（2）震荡市场时的资金管理。前文我们在讲市场环境时讲过震荡市场在股市中的时间比单纯的上涨和单纯的下跌市场都要长得多，很多时候都是震荡市。震荡市场的交易占了市场的一半时间。因此，震荡市场时的资金管理一定是在交易中用得最多的方法。震荡市场买股一般采用以下两种方法。

第一种方法，试探性买入。这种情况下，一般是这只股票的各种量化指标不能达到完全符合要求，但已经符合了最重要的部分，此时不买可能就会错过机会，可以进行一个小仓位的买入来测试盘面的反应。此时买入的仓位一般为一成左右，既然是试探，就是已经做好应对各种突然性风险发生的准备，一成仓在股票市场来说算是极限值，也就是跌停，对总资金的影响有限。试盘后如果盘面的反应正如自己的预期，而且试探性买入后又满足了其他量化要求，这时可以加仓达到总资金的1/3的要求，相当于100万元资金开始最多买入10万元，后面再买入20万元，一共30万元，1/3是极限值，如果后面出现和预期相反的走势，到达止损点则动用“屠龙刀”，执行交易纪律即可。

第二种方法，半仓交易。具体来讲，就是等交易条件成熟、量化标准完全符合，一次性买入，不买则已，买则半仓。这种方法看似有些激进，但笔者通过实战证明成功率较高，操作10次，亏损比例最高只有3次，但是要记住，前提条件是量化指标完全符合，否则不可以交易，一旦交易则是重仓。当持股未达到5%～10%或者以上利润时，就算盘中发现别的个股出现机会，也不要轻易二次开仓。这种操作方式一定要做好买入前的几种规划，上涨压力止赢点位，下跌止损点位，次日走势如果不是符合预期的向上，达到止损要求时必须动用“屠龙刀”。切记，用这种资金规划方法时，出现风险不能加仓，可能有人会觉得到了支撑点没有破位就应该继续加仓，或者说低吸高抛降成本，本来就是重仓操作的情况下，不是特别有把握时，千万不能加仓，也不做低吸高抛降成本，这就是一锤子买卖，成也好，败也罢，就是一次性的，绝不纠缠！该用“屠龙刀”的时候不要犹豫。

（3）熊市时的资金管理：A股市场都是牛短熊长，因为很多人将震荡市场也算在了熊市里，但这里要说的是，熊市不包含震荡市场，前文已经讲过了震荡市场的操作方法。熊市，也就是单边下跌的市场时，如何运用资金规划来提高价值呢？这得分以下几种情形：

第一种，市场单边下跌，个股普跌，这时上证指数、深证指数、创业板指数全都保持单边下跌甚至是大跌，这就属于最高风险级别。此时，无论什么股都会受到牵连，就算有主力运作能保持一天、两天、三天短期的强势，最后终归还是会跌下去与市场同步，而且多头一旦放弃或溃败时，不但可能出现补跌，甚至会跌得更多。主力资金一旦无法控制局面，或者就是“躺下装死”，或者就反过来成为砸盘的“帮凶”，这就是补跌或者跌得更狠的最直接原因。比如，2015 年熔断机制推出时，有些开始逞强的个股，最后跌得更加惨烈，所有的个股都是一片惨绿。在这样的熊市，空仓不亏就是最大的利润。手中再有“倚天剑”也不行，必须要用“屠龙刀”执行空仓的纪律。因为任何技术指标在这样的市场环境下都会失灵，惹不起还躲不起吗?

第二种，大盘即上证指数下跌，而创业板和大盘之间形成两个相反结构走势，大盘指数下跌而创指不跌甚至微涨。一般来讲，深证指数都会跟随上证即大盘的走势，只有创业板和中小板有时候会走出独立的走势，所以不用太过关注深成指的走势。这时就是我们常说的轻指数重个股的交易逻辑，该做什么就做什么，因为市场给出的是结构性机会。按照后面所讲的战法和选股体系操作符合条件的个股即可。在买入仓位上，实行“四分制”，即 100 万元最多买入 25 万元，也就是 1/4，不加仓，不做 T 降成本，同样是一锤子买卖，对也好，错也罢，用“屠龙刀”执行股市操作纪律即可。如果大盘指数持续性恶化，创业板也会受到影响，很难独善其身。因此，在交易时，资金操作 1/4 为宜，而且在持有的股票没有 5% ~10% 或者以上利润时不能再次开仓。

开仓后首仓如果没有实现盈利 5% ~10% 或者以上浮盈时，不再次开仓，适合所有的资金管理和仓位控制。因为首仓不赚钱的情况下接着二次开仓，很容易形成连环错，一旦大盘或个股急转直下、“四处起火”，这时就会非常被动，救哪里都救不过来，忙中出错的时候，有可能卖出止损的股票开始企稳回升甚至转势，而持有的股票又继续下跌，一旦形成恶性循环，一次就足以让你损失惨重、永生难忘。这会严重影响我们后面操作时对市场的客观判断。相信很多投资者都有过这样的经历。笔者以前在学习实战时经常会遇到这种情况，将自己以前没有经过特殊训练时的这种可谓痛彻心扉的感悟写出来，就是为了帮助读者避免重复笔者以前的老路，少走弯路，减少损失！这些资金管理方法是笔者实战中总结出来的。但是此方法只针对做涨停板，中长线的操作不在此列。

第四节　什么才是顺势而为

“要顺势而为，不可逆势而动!”对于这句话很多投资者仅仅是从字面上去理解，也就是“知其然而不知其所以然”。

笔者的理解是，顺势和逆势中的“势”在市场中有两个角色：一个代表的是大环境的趋势；另一个代表的是个股自己的趋势。大环境的势就是大势，是整体的市场环境。需要注意的是，整体环境不仅仅是指上证指数结构，也不仅仅是指深证指数结构或者创业板指数结构，而是指三者间相互制约而形成的结构。某个单一的指数形不成大势，在交易中投资者最关注的还是上证指数结构，也就是我们常说的大盘结构。前文我们讲过，不能看着上证做创业板的个股或者看着创业板指数做上证 6 开头的个股，因为它们之间很多时候在震荡市场与熊市中并不同步，经常分化运行。因此，大势又分为分化趋势与同步趋势。

先来讲“分化趋势”，分化趋势又分为两种：一种是操作性较弱的分化趋势；另一种则是操作性较强的分化趋势。

操作性较弱的分化趋势。创业板从 2015 年 6 月开始下跌，到 2018 年 6 月已经整整过了 3 个年头，而且是持续单边下跌，指数从 4037 点跌到最低 1184 点，跌幅超过了 2/3，这个阶段上证指数中间有过反弹，而创指不但未有反弹仍在持续下跌，如图 2 - 1 所示。

通过图 2 - 1 中上证指数与创业板指数的同期周线走势结构对比看出，上证指数单边上涨，而创业板指数单边下跌，明显是两个相反的方向。按照通常理解中顺势而为的逻辑，大盘这么好的时候难道你不可以任意操作吗？答案当然是否定的。看上去上证走势确实不错，走得也非常健康稳健，但此时如果因为相信了这个“势”而去顺势而为任意买入个股，结果

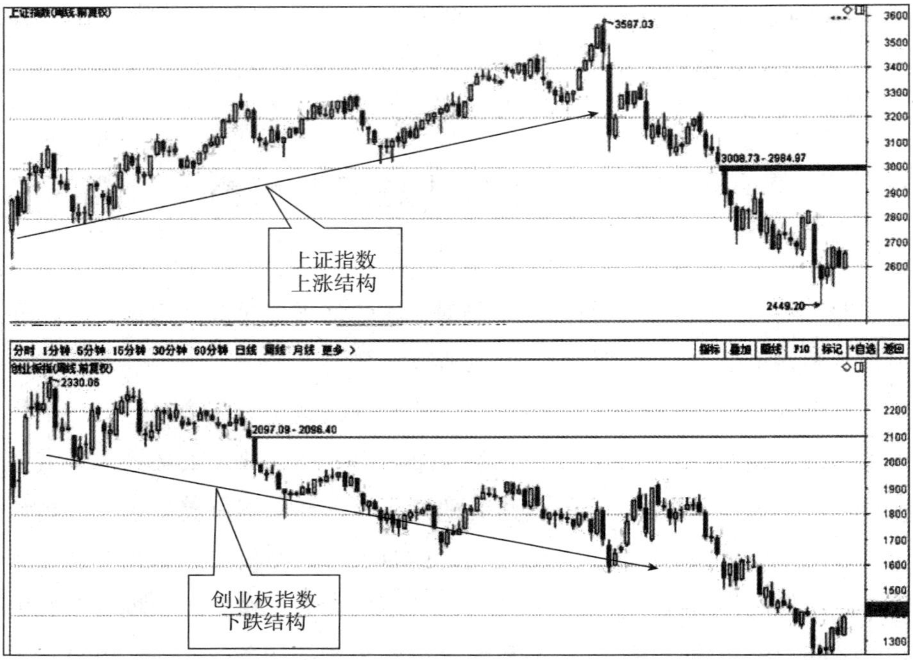

图 2－1　上证指数与创业板指数的同期走势对比

往往是适得其反。这是两种完全背离的结构走势，上证指数完全是因为上证 50 指数标的个股发动了这一波行情，更不可理喻的是，这波行情上涨可以说是以“血洗”创业板或其他个股为代价而走出的“良好大势”，创业板指数和上证指标持续分化为两个极端，这样的行情一定走不远。因此，在这种市场环境下交易，不能按照通常理解的顺势逻辑去随意做涨。这样的市场环境是操作性较弱的“分化趋势”。

另一种是个股强、大盘弱的分化趋势。但是一般来讲，个股强而大盘弱时，不会出现这种非常极端的两极分化，个股强时，上证指数一般是以微跌或横盘震荡为主，大跌的情况偶尔会有，但不常见，如果有大盘大跌而创指大涨，创指也不可能走得太远。因为这种分化趋势的大背离会造成整个市场的混乱，最终都会归于统一。个股强而大盘弱势震荡时，完全可以轻指数、重个股，从个股中去寻找机会，市场经常会在这种不明显的上震荡行情中走出大牛股，完全可以放开操作，这也是闷声赚大钱最好的行情。这种分化结构也是最理想的分化，市场资金往往非常活跃，创业板也并不是完全就代表个股行情，只是个股的走势与创业板息息相关。而这种小盘股强势而大盘弱势的分化趋势行情，就是操作性较强的“分化趋势”。

讲了分化趋势，接着讲同步趋势，同步趋势相对分化趋势来说就简单多了。同步趋势是指股市的所有大方向都是一致地同步运行，即上证指数、深证指数、创业板指数同步上涨，同步下跌。在牛市环境中，就会出现三大股指的同步上涨，只是看谁涨得更快、谁涨得慢而已，“万里河山一片红”，个股逞英雄！而在大熊市环境下，则是一起下跌，这种情况下小盘股的跌幅往往会更大一些，特别是创业板，在大牛市环境下的上涨和大熊市环境下的下跌往往都是非理性的，因为对于创业成长型的公司，不能总是用它的市盈率来判断它未来的价值。而大盘因为有很多垄断性企业，它们出现大涨大跌都对大盘影响较大。由此得出结论：在同步牛市时个股的涨幅往往会超过大盘的涨势，而同步熊市时个股的跌幅也会大大超过大盘的跌幅。如处于同步牛市时，则以选择个股为主，白马股的短期阶段涨幅往往小于黑马股的涨幅；而处于同步熊市时，大蓝筹股则是抵抗风险的最好港湾，而小盘个股的风险往往更高，应当以蓝筹防御为主。

上面讲了大势的几种情形，先将大势区分开来，看盘就会轻松得多。接下来讲个股的“势”。如何才叫顺势而为呢？顺势而为也分为两种情形：

第一种是顺小势而逆大盘。笔者以前在与朋友交流时常说，自己经常是逆势操作，看似我是在自我安慰，其实是别人不明白其中的意思。我们不能逆大势而操作，也就是上面所述的几种情形。比如要操作一只创业板的个股，而创业板指数又没有问题，虽然大盘较弱，在不明白的投资者看来就属于逆势操作，顺了直接相关的创业板的势，而回避了关系不大的上证大盘的走势，其实这是顺势而为。这种情况属于第一种顺势而为，就是顺着了某个板块或某个单一直接相关的指数的势而操作。

第二种是顺大势而逆小势。这是笔者在涨停战法中常用的手法之一，大盘环境不是特别恶劣时，市场产生了大牛股，走势非常强势，出现了短期的快速回踩，这时在回调中买进，按照普通投资者理解的顺势而为逻辑，在下跌的时候买入股票，那岂不是逆势操作吗？实际上这种情形也是属于顺势而为，并非逆势操作。个股的强势出现在这只个股和个股所在的板块之前的走势并没有产生前面所说的背离分化关系，而大盘的环境也较为中性时，只要满足某个方面的强势就可以操作，此时的顺势就是顺着某个方面的趋势而逆了个股的趋势，这种逆势操作行为实际上也是一种顺势；但如果个股所在的板块和个股的走势相反，比如该股属于创业板里300开头的某只股票，走势强劲，而创业板指数则是持续下跌，该股强势上涨后回落处于下跌状态，这时买入就是逆势操作。个股的回落最终会和该股所处板块指数归为同步统一，也就是个股无法在直接相关的大势相反时走出独立行情。顺势而为要顺着个股所在的板块所在环境的趋势，这种趋势不能违背，即不能逆大势！而个股的趋势有时候只要满足一定的条件是可以逆向操作的。

以上就是在学习涨停战法前必须要分清的理念与逻辑，这就好比在正式学习武功的招数前要先练基本功，这些理念与逻辑如果分不清，后面的操作就很难形成统一，也很难做到知行合一。

第二章

市场

第一节　大盘环境

由于A股市场不存在做空机制，任何一次上涨都要靠真金白银的资金推动才能实现。A股市场成立至今已经30多年，各种新闻事件、新纪录、奇闻奇事不断。运用涨停战法之前，必须先明白系统性风险的重要性，也就是说，在什么样的环境下用涨停战法成功率最高，在不同的大环境中对战法的运用可能也会有所区别，获利空间也会有所变化，这是一个重点。就犹如上战场之前，总不能连什么天气都不关心吧？所谓的系统风险，就是大环境风险，不以团队或个人的力量、意志为转移，个股的利好在这种环境下就犹如大海里的一粒沙子，起不了太大的作用。大环境，指的是大盘（上证）指数、创业板指数、深圳综合指数的总体环境。

在A股市场上，更多的是被政策面所左右。在入市交易之前，先要了解国家政策及经济发展方向。因为炒股就是炒预期，所以政策面是必须要关注的。总体来讲，在流动性比较充足的情况下，政策面对于股市来说是正面偏多，也为牛股的滋生提供了土壤；反之，流动性紧张，缺少资金的流动，政策面对于股市来说是负面偏空的，这时的股市就会像“一潭死水”，很难起波澜。不同于政策面的系统性风险就是整个市场环境的大风险，这种大环境不是人力可以控制的，如地震、战争等无法抗拒的风险。这些风险一旦存在，避险情绪就会急速上升，股市里的资金就会逃亡避险，也就不存在上涨的理由。以上讲了政策面和系统风险的关系，下面讲用大盘技术面进行风险分析，如图3－1所示。

如图3－1所示，总的经历了三轮“大牛市”、三轮“小牛市”、七轮“熊市”，其中，“大熊”三轮，“小熊”四轮。A股的走势多数是在震荡或下跌中度过的，多数投资者痛苦的时间比快乐的时间要长。从图3－1中

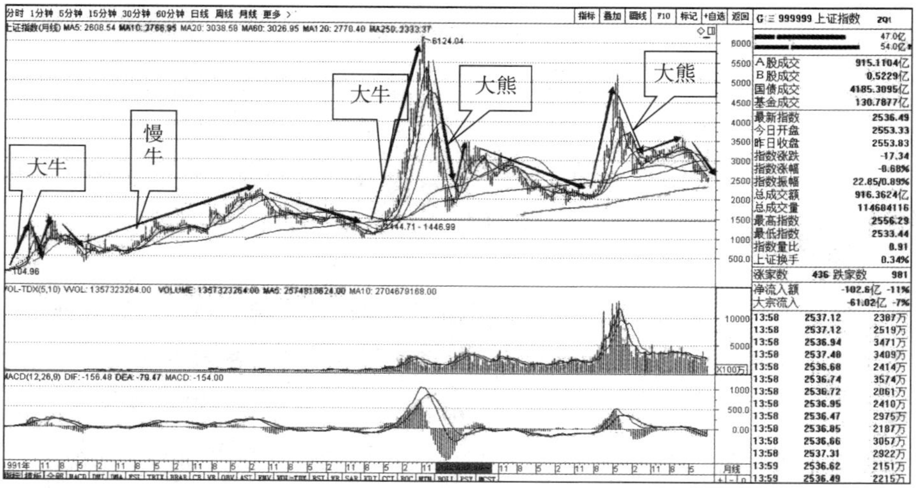

图 3－1　上证指数的月线走势

的量柱可以看出，越是到后期，成交量越大，到 2015 年的杠杆牛市时，成交量达到巅峰。其实这也是中国经济发展的一个缩影，因为 M2 货币投放量随着改革开放经济的飞速发展而每年增长较快，钱多了就会流向不同的投资市场。股市、楼市都成为大多数中国家庭的资产组合之一，特别是 2015 年的杠杆牛市，积累了太大的风险，当时的股市基本上集中了市场上所有的资金，即场内配资加场外配资。让大盘从 2014 年 7 月的 2000 点附近一直腾飞到 2015 年 6 月的 5178 点，成交量创历史新高。这样的上涨和量能注定无法持续，最后的下跌也非常惨烈，当市场无法继续吸引更多的资金进入时，下跌也就在所难免。类似这种下跌后来往往会出现踩踏，非理性的下跌，既有政策因素，又有人为因素。所以，这个阶段很多投资者的财富灰飞烟灭。之所以用技术图形来讲这件事，是想说明这里的量能是天量，短期内想上升到 5000 点高度的牛市结构基本不现实，最少需要 4 年以上的时间，50% 以上空间的下跌幅度并且要反复多次才能消化掉前面的隐形套牢盘。

中国企业走出国门，走向世界，给 A 股的内部环境增加了内在有利因素；A 股入摩以及被纳入世界重要指数，对国外投资者的逐步开放，会吸引更多的国际资金。加之人民币国际化等一系列因素，会给A股市场增加有利的外部因素。因此，长远来看，A股的未来是充满机会的，短期来看，又充满了挑战。股市本来就是一个充满机会和挑战的地方，风险与机会并存。只要我们将风险用技术和纪律化解到最小化，那么利润就会尽可能做到最大化。少赔多赚，余下的就是利润。

大环境是我们进入市场时要考虑的第一个因素，在大环境非常恶劣的情况下，要有足够的耐心等待机会，市场没有给出明确的信号之前切勿想当然地抄底。所谓择时不如择势，大环境不好，谁也不能例外。“覆巢之下岂有完卵?”至于何时能抄底，后面的章节中将详细讲解。首先，对大盘的环境进行分类讲解。

大盘的三种环境：

第一种：牛市环境。此时无论什么股票都有机会上涨，如2007年、2015年的牛市均是如此。各种板块轮番表现，此时要做的就是拿着股票不放手，就能获得利润。坚持也是一种境界，不是人人都能做到的！一般在这种环境下，乌鸦也能变成假凤凰。最根本的原因就是，市场资金充足、流动性较好，牛市时人人都是“专家”，很多投资者都有过赚钱的经历，只是赚多赚少的差别，但能笑到最后的才是智者和王者，股市里的资金在你没有退出转到银行卡上之前都只是“纸上财富”，你要是继续在这个市场不退出，赚了的钱也不一定永远是你的，有时候还是会还给市场；反之，浮亏时也不一定就是亏损，结果也可能是扭亏为盈，成为赢家，我们做投资，要的是结果。正所谓“前途是光明的，道路是曲折的”，总体而言，牛市不需要太多的技术逻辑，耐心比技术更为重要！牛市结构如图3-2所示。

很投资者都希望牛市的到来，我相信这是每一个股民的心声，但牛市来时真的每一个人都能赚到钱吗？未必！牛市也好，熊市也罢，只是操作上的一种逻辑，牛市的关键在于捂股，选择标准反而变得不那么重要。而我们很多人的缺点都是没有耐心，因为股市交易日无论牛熊市，每天都有个股涨停。牛市时涨停更多一些，板块轮换交替着上涨，当其他个股疯涨

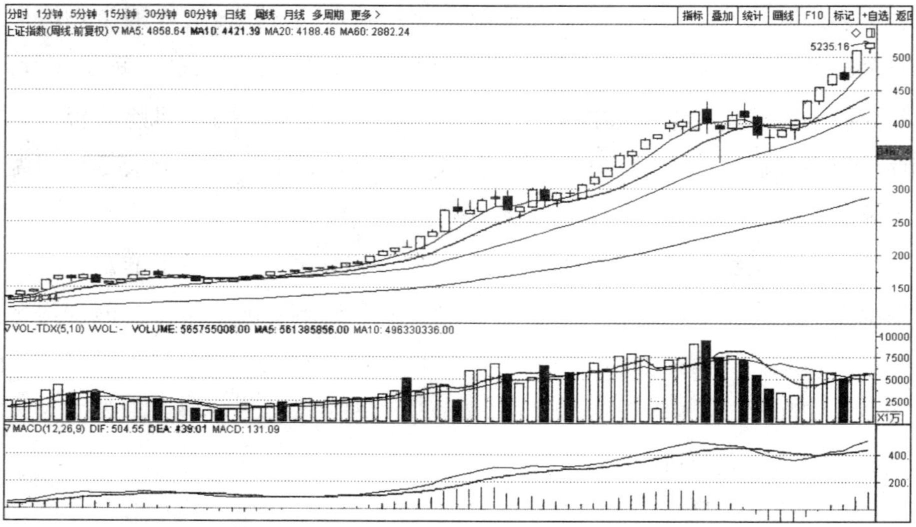

图 3-2 2007 年大盘周线

而自己持有的个股不涨时，很多人都很难捂住自己手上的股。当你实在忍无可忍卖出而去追当前市场涨势猛烈的个股时，涨势猛烈的个股又开始回调，而自己卖出去的个股又开始了上涨，追高买入被套持有几天，回头发现自己当初卖出的个股又成了“抢手货”，现在持有的个股后期也不知道能否上涨或者什么时候涨，就像无形中有一双眼睛盯着你，不卖时是没完没了地调整，卖出后就开始上涨甚至是暴力拉升。几个循环下来后，你就会发现，牛市的钱也并没有你想象的那么好赚。要做一名专业的投资者，必须要先明白股市里并不是牛市才有机会，而且 A 股市场总是牛短熊长，最多的是震荡市场，震荡市场中才能看出谁是真牛、谁是“假货”伪劣牛股。在牛市阶段，如果频繁地短线操作，风险反而更大，就算你偶尔赚到一部分利润，也有可能在一只股票到达顶端时接到最后一棒，小赚变大亏，最后功亏一篑。

第二种：震荡市场。此时多空博弈处于僵持阶段，这种情况下，市场会出现一些领涨品种。目的是吸引市场人气，或者是因各种利好因素而导致。此时应当重个股、轻指数，去弱留强才是真理！在震荡环境下，一般我们要关注的以题材股居多，特别是小盘题材股，因为这类个股在震荡市里往往会成为赚钱效应最佳的标的，也是主力资金特别是私募和游资的偏爱。大盘震荡时，如果还买入大盘蓝筹股，这就是犯了方向性的错误。方向都不对，努力了也是白费。只要跟对市场的风向和热点即可，没有必要浪费行情。观察大盘的历史可以发现，震荡的时间差不多占了一半以上。我们要想在A股市场上做一名职业投资者或业余投资者，必须要学会在震荡市场里求生存。

笔者多年的实战经验总结出来的结论就是，震荡市场更容易出大黑马，因为在震荡市场中，资金一般情况下都比较保守，一旦有真正的大牛股启动，很容易引起市场的高度关注。股市就像一个“水池”，如果一个地方出现了缺口，水都会往那个地方流去，一旦大牛股启动，股市的资金就会很容易地疯狂追捧，资金接力多了就会水涨船高。股票上涨必须得有资金推动。此时出现一票难求，或牛气冲天时，市场就会为它发狂，发疯！这也就是市场情绪，情绪高涨时，很难判断一只股票的顶在什么位置，特别是中小创类型，不能用简单的市盈率来算它的股价是否合理，此类上市公司有快速发展成为巨头的潜力，但也可能因为发展不稳定而风光一时后却一蹶不振。但我们作为交易者，只相信市场给我们的信号即可，笔者从来不排斥业绩性的价值投资，但投资者一定要明白，这不等于股价一定会上涨。更何况很多价值都具有阶段性和滞后性，还有一些造假的具有欺骗性。所以，价值投资不是不好，而是我们作为普通投资者，面临的问题实在太多，市场给出的量价信号是不会骗人的，也没办法骗人。用量价的原理来分析股票的好处就在于，看到市场资金的行动再行动，市场变坏了，止损即可，没有那么多复杂猜测，其他事情让主力帮我们做就好，我们只跟着主力搭上财富的“顺风车”即可。只要避开系统性风险，震荡同样酝酿着机会。记住：“股市里从来不缺机会，而是缺少耐心。”总结起来，震荡市场是技术逻辑最好发挥的市场，也是你与普通投资者拉开距离，成为比普通投资者更为成功的关键所在，上天从来不会亏待努力学习而又有耐心的人。

第三种：下跌阶段。特别是暴力下跌和持续下跌阶段，无论什么品种均会出现下跌，上涨的个股均会出现补跌，下跌的品种更是跌无止境！记住，在恶劣的环境下，任何技术和支撑均会失效，不要迷恋单一的技术指标或者是上市公司的一般性利好。比如2015年的“去杠杆”和熔断机制，杀伤力可比“核弹”，个股基本上无一幸免，一片惨烈杀跌！这种情况下，除少数个股有特大级别的利好导致资金抱团，不然一两天的强势最终还是会被打回原形，甚至补跌更多。遇到技术性极弱的走势或者政策、流动性、各种不可抗力的系统性风险时，涨停战法绝对不要使用，有系统性风险时只能耐心等待。很多时候财富也是耐心等来的，俗语说的“财不进急门”不是没有道理，千万不要有了几次获利经历就认为自己可以战胜市场，我们只能顺着市场去赚取财富，股市里没有神，更没有专家，只有输家与赢家。我们总是在学习和纠错中不断地进步和完善自己的交易方法，就算笔者有过12年的实战经验，曾经在机构做职业操盘手，也不敢保证百分之百有效，更别说战胜市场。两种大盘处于重大风险的情形归纳如下：

（1）遇到大盘连续处于5日均线下的走势要特别小心，这是极弱的一种表现，不能随便抄底，可能会随时加速下跌，特别是量能并没有明显的萎缩时风险级别非常大。

（2）大盘K线下跌的角度大于60度，除非你练成了“一剑封喉”的绝招，否则最好不要参与，这就是技术系统性风险，参与其中很容易在恶劣环境中成为“炮灰”，如图3－3所示。

从图3－3中大盘总体结构来看，上涨和下跌阶段都是急性的，两者加起来占一半，而震荡阶段最多，占一半。急涨和急跌都不会太长久，多数行情是横盘震荡，也就是牛短熊长。操作机会仍然是有的，前文讲过，在震荡阶段同样也会爆发出一些“大黑马”，成为市场不可多得的“希望之星”，震荡行情也是技术发挥和运用的最佳环境。

之所以在开始学习战法之前反复强调系统风险，就是要告诉读者股市的残酷性，每一位投资者进入股市时都是想赚钱的，但如果没有充分的准备和知识的积累，往往事与愿违。股市会让很多原本幸福的家庭支离破

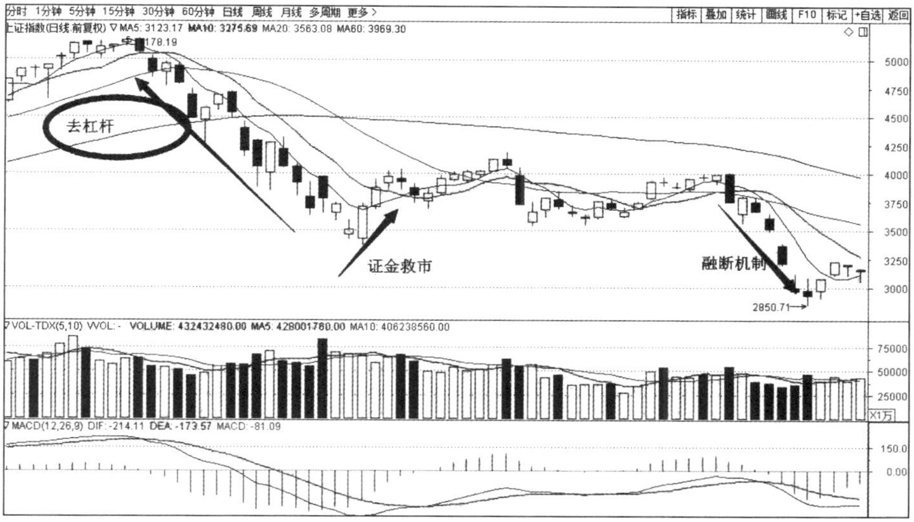

图3－3　上证2015年去杠杆及熔断期间日线

碎，很多人高高兴兴进来，最后却凄惨离场。因为股市本身并不创造财富，只是转移财富的地方。有人赚钱，就必须有人亏钱！不是转移了别人的财富，就是财富被别人转移了。

大盘多数时间是处在震荡和下跌中，而上涨时间总是那么短暂。当我们熟悉了各种环境后会发现，其实学习的交易方法主要就是在震荡市中进行的。只要在震荡市或分化市（也就是上证指数、深圳综指、创业板指走势分化为一边涨一边跌，不是同步跌），也就是结构性“牛市”中能赚到利润即可。

第二节　信息解读

信息解读分为两个方面：一方面是宏观的政策面；另一方面是具体个股方面。

如果我们在交易时总是不关心政策导向而胡乱交易，就会像无头苍蝇一样东西乱撞，不得要领。涨也不知其然，跌也不知其理。宏观的经济层面和政策扶持方向是一名投资者必须要掌握的基本知识！

以前有一位投资者告诉我，他做股票基本上都是听消息，对消息非常痴迷。结果不但没有从消息中得到好处，一年下来反而亏损了七成！这样的事情在股市中并非个例。其实他得到的消息有时候并不一定全是假的，只是自己缺乏对消息的吸收辨别能力。笔者并不排斥消息，但对于个股的小道消息，在无法证实的情况下基本上都会排除。无原则地相信了这些消息，就等于让自己的钱掌握在别人手里。消息也好，技术也罢，关键还是在于自己的过滤，取其精华，去其糟粕。

无论是宏观政策面，还是个股的具体信息，一定要有自己的判断力。宏观方面，其一是要知道货币政策方面资金的流动性，即“活水”是否充足；其二是知道行业或地区在政策方面的扶持力度。

个股方面，对于上市公司发布的一些信息不要迷信，我们必须睁大眼睛加以分辨。目前 A 股市场对于上市公司及高管违法的处罚力度还不够，一些上市公司“睁眼说瞎话”的情况数不胜数。比如，一家公司差钱实行定增，对于很多人来说可能会理解为利好，但是我们要了解公司对这笔钱的用途更为重要，如果一家上市公司不务正业，不干主业，看哪个行业热就去蹭热度，如炒作过的新能源汽车、互联网、区块链等，明明很多公司和这些热门行业毫无关系，偏偏要去蹭热度，其实是因为国家政策的扶持，这些上市公司想套取国家补贴。达到目的后，基本不考虑发展壮大公司的主营业务，有的还拿去买理财产品。这种公司完全靠“讲故事”，并没有这些热门行业的相关业务，也谈不上什么前景，根本不值得考虑。

在这个信息泛滥的时代，我们自身的判断力才是制胜的法宝，不要拿着一个信息去问很多人，自己没有判断力，别人的判断也靠不住。

笔者经常遇到一些投资者，问某只股票能买吗，我问他为什么看中这只股票，回答是“别人推荐的”。这个“别人”他自己也不了解，因为推荐的人说了这只股票可以买入，自己想买又没有对这条信息的判断力。于是，见人就问这只股要不要买，想让更多的人来确认后再买入。且不说这条信息的真假，这种行为非常危险！如果这个信息是准确有效的，那么等你问过多人后未必还有买入的机会；而如果信息是假的，自己又重仓买进时，面对持续的暴跌会不知所措。

面对突如其来的利好或者利空，要结合市场的反应、市场资金的介入和流出程度，去判断是机会还是陷阱。

第三节 捕捉热点

每天股市开盘时，可以看作一场战斗的开始，市场行情中每天都有一些热点可圈可点，但并不是每天的热点都具有持续性。能在开盘半小时内找到当日的热点是做涨停板战法必须练习的一项基本功。这也就是我们常说的盘感的一部分。那么如何才能在短时间内或收盘后复盘找出市场热点呢？

真正的热点板块启动必须具有以下三个特征：

（1）该板块当天涨停家数最少不低于5家，而且该板块极少有个股下跌，也就是“乌鸦都能成凤凰”。每天都要关注板块的排名，然后再从板块中挖掘符合我们要求的个股。

（2）板块整体与个股资金呈净流入状态，无论盘中如何波动，主流资金意志非常坚定。

（3）强势龙头维持时间最少能持续3天以上才出现个股的分化，如图3－4所示。

从图3－4中可以看出，芯片概念板块在2018年6月19日涨幅排名第四，涨幅超过5%，板块里的个股涨势如潮，涨停超过5家，这是热点板块最典型的特征之一；后面3日涨幅达4.54%，这是板块在3日内的综合表现，可看出该板块是否为“一日游”行情；在成交总金额处可以看出资金的活跃程度，芯片板块的总金额为204.9亿元，排名第二，仅次于软件，成交金额越大，活跃度越高。当发现一个板块在此期间受到市场资金的追捧时，再从板块中来确定个股。确定了个股，再进行买卖点的细化，在后面的章节中会详细讲解买卖点规则，现在先来讲解选股的步骤。

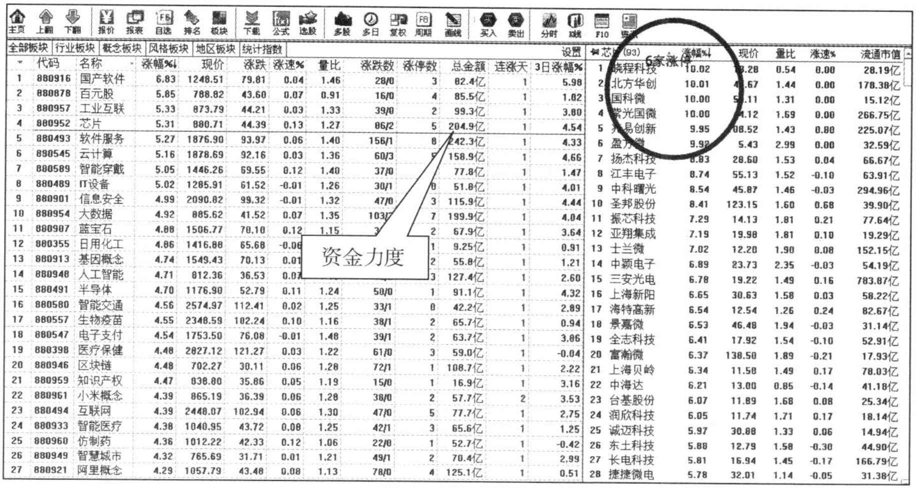

	代码	名称	涨幅%	现价	涨跌	涨速%	量比	涨跌数	涨停数	总金额	连涨天	3日涨幅%
1	880916	国产软件	6.83	1248.51	79.81	0.04	1.46	28/0	3	82.4亿	1	5.98
2	880878	百元股	5.85	788.82	43.60	0.07	0.91	16/0	4	85.5亿	1	1.02
3	880957	工业互联	5.33	873.79	44.21	0.03	1.33	39/0	2	99.3亿	1	3.80
4	880952	芯片	5.31	880.71	44.39	0.13	1.27	86/2	5	204.9亿	1	4.54
5	880493	软件服务	5.27	1876.90	93.97	0.06	1.40	156/1	8	242.3亿	1	4.33
6	890545	云计算	5.16	1878.69	92.16	0.03	1.36	60/3	[illegible]	158.9亿	1	4.66
7	880589	智能穿戴	5.05	1446.26	69.55	0.12	1.40	37/0	[illegible]	77.8亿	1	1.47
8	880489	IT设备	5.02	1285.91	61.52	-0.01	1.26	30/1	[illegible]	51.8亿	1	4.01
9	880901	信息安全	4.99	2090.82	99.32	-0.01	1.32	47/0	3	115.9亿	1	4.44
10	880954	大数据	4.92	885.62	41.52	0.07	1.35	[illegible]	7	199.9亿	1	4.04
11	880907	蓝宝石	4.88	1506.77	70.10	0.12	1.15	[illegible]	2	67.9亿	1	3.64
12	880355	日用化工	4.86	1416.88	65.68	-0.06	[illegible]	[illegible]	1	9.25亿	1	0.91
13	880913	基因概念	4.74	1549.43	70.13	0.01	[illegible]	[illegible]	2	55.8亿	1	1.21
14	880948	人工智能	4.71	812.36	36.53	[illegible]	[illegible]	[illegible]	3	127.4亿	1	2.60
15	880491	半导体	4.70	1176.90	52.79	0.11	1.24	50/0	1	91.1亿	1	4.32
16	880580	智能交通	4.56	2574.97	112.41	0.02	1.25	33/1	0	42.2亿	1	2.89
17	880557	生物疫苗	4.55	2348.59	102.24	0.10	1.16	38/1	2	65.7亿	1	0.94
18	880547	电子支付	4.54	1753.50	76.08	-0.01	1.48	39/1	2	63.7亿	1	3.86
19	880398	医疗保健	4.48	2827.12	121.27	0.03	1.22	61/0	3	59.0亿	1	-0.04
20	880946	区块链	4.48	702.27	30.11	0.06	1.28	72/1	1	108.7亿	1	2.22
21	880959	知识产权	4.47	838.80	35.86	0.05	1.19	15/0	1	16.9亿	1	3.16
22	880961	小米概念	4.39	865.19	36.39	0.06	1.28	38/0	2	57.7亿	2	3.53
23	880494	互联网	4.39	2448.07	102.94	0.06	1.30	47/0	5	77.7亿	1	2.75
24	880933	智能医疗	4.38	1040.95	43.72	0.08	1.25	42/1	3	65.6亿	1	1.25
25	880960	仿制药	4.36	1012.22	42.33	0.12	1.06	22/0	1	52.7亿	1	-0.42
26	880949	智慧城市	4.32	765.69	31.71	0.01	1.21	49/1	2	70.4亿	1	2.99
27	880921	阿里概念	4.29	1057.79	43.48	0.08	1.13	78/0	4	125.1亿	1	0.51

芯片(93)		涨幅%	现价	量比	涨速%	流通市值
1	晓程科技	10.02	[illegible]	0.54	0.00	28.19亿
2	北方华创	10.01	[illegible]	1.44	0.00	178.38亿
3	国科微	10.00	[illegible]	1.31	0.00	15.12亿
4	紫光国微	10.00	[illegible]	1.69	0.00	266.75亿
5	[illegible]易创新	9.95	[illegible]	1.43	0.80	225.07亿
6	盈方微	9.92	5.43	2.99	0.00	32.59亿
7	扬杰科技	8.83	28.60	1.53	0.04	66.67亿
8	江丰电子	8.74	55.13	1.52	-0.10	63.91亿
9	中科曙光	8.54	45.87	1.46	-0.03	294.96亿
10	圣邦股份	8.41	123.15	1.60	0.68	39.90亿
11	振芯科技	7.29	14.13	1.81	0.21	77.64亿
12	亚翔集成	7.19	19.98	1.81	0.10	19.29亿
13	士兰微	7.02	12.20	1.90	0.08	152.15亿
14	中颖电子	6.89	23.73	2.35	-0.03	54.19亿
15	三安光电	6.78	19.22	1.49	0.16	783.87亿
16	上海新阳	6.65	30.63	1.58	0.03	58.22亿
17	海特高新	6.54	12.54	1.26	0.24	82.67亿
18	景嘉微	6.53	46.48	1.94	-0.03	31.14亿
19	全志科技	6.41	17.92	1.54	-0.10	52.91亿
20	富瀚微	6.37	138.50	1.89	-0.21	17.93亿
21	上海贝岭	6.34	11.58	1.49	0.17	78.03亿
22	中海达	6.21	13.00	0.85	-0.14	41.18亿
23	台基股份	6.07	11.89	1.68	0.08	25.34亿
24	润欣科技	6.05	11.74	1.71	0.17	18.14亿
25	诚迈科技	5.97	30.88	1.33	0.06	14.94亿
26	东土科技	5.88	12.79	1.58	-0.30	44.90亿
27	长电科技	5.81	16.94	1.45	-0.17	166.79亿
28	捷捷微电	5.78	32.01	1.14	-0.05	31.38亿

图 3－4　2018 年 6 月 29 日板块涨幅排名及芯片涨幅排名

当确定一个板块能够维持 3 天以上的大幅上涨后，再来回看板块中哪些个股处于领涨角色，这里有一个细节，即如果在板块中出现了连续一字涨停的领涨的个股时，因为一字板筹码交换不够充分，量能不充足，涨停一旦打开，获利盘兑现利润，如果没有强大的市场资金认可去接力，容易出现自由落体式的下跌。所以，这样的龙头开盘时要谨慎对待，没有量能支撑的涨停开板都有可能存在主力派现的行为，此时跟进很容易成为主力口中的“肉”。有阳线放量涨停的领涨股更为可靠，可以将放量涨停的领涨股放入自选股或自己的股票池作为备选标的。

具体来看此阶段芯片概念龙头 300139 晓程科技，如图 3－5 所示。

从图 3－5 中可以看出，该股在连续涨停前就有过两次放量拉升后再回踩的走势，而且越靠后期的涨停量能越大，均线的重心随着大涨小跌开始不断上移，无论是区间涨幅还是单日涨幅都明显超过板块的涨幅。价格上涨时量能上升，价格下跌时量能缩小，量价配合非常完美，在芯片板块中，同阶段找不出第二只如此完美的个股，具有唯一性。这就是典型的市场龙头属性！有了足够的量能作保障，有上移的形态作支撑，爆发只是时间问题。要确定一个板块的龙头，就要花时间将该板块上的个股进行对

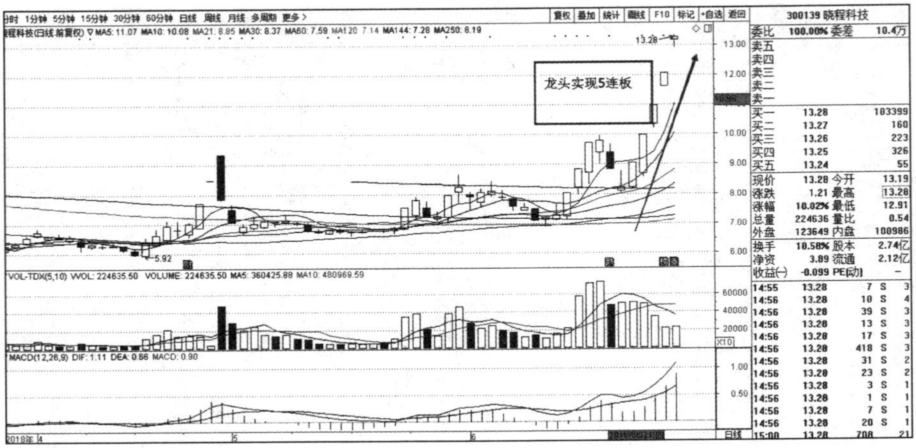

图3-5 晓程科技2018年6月13日到6月29日走势

比，优中选优，最终归一。

第四节　涨停选股黄金法则

选股就像我们开车选择方向一样，如果方向错了，我们会绕一个大圈，事倍功半，甚至适得其反！

宏观上讲，选择个股时要密切关注未来发展前景光明、政策扶持力度较大的行业个股。具体可以加上技术面的分析来寻找最佳的买入时机。个股选择时机是投资者感觉较难的一关，笔者多年的实际操作经验总结如下：量价是最真实的体现，也是最可靠的信息。任何利好和利空都要有资金的进场或离场才能形成上涨或下跌。对于突发性的利好，如果没有市场资金的充分参与，基本上是一步就涨停到位，或者买不到手，或者买到就会变成“烫手的山芋”，严重的就是亏损，被主力“请吃灌肠面”！

下面分别从强度、流通盘、活跃度、市场人气、价格、个股结构趋势等要点分别进行阐述。

一、从市场强度上作选择

选择领先大盘上涨的个股，也就是在同一周期内涨幅远远强于大盘的个股。以下用同期的两只个股进行对比分析，如图 3 – 6 与图 3 – 7 所示，同为 2018 年 6 月 9 日的走势对比。

图 3 – 6 中显示超频三处于明显的强势拉升中，而且是连续涨停板，这种类型在我们 A 股市场中是最强表现的个股，能作为带领市场或激发市场做多情绪的个股，而同期大盘则是经常处于横盘震荡状态。只有通过对比才知道强势的逻辑，这也是快速找出牛股的最佳途径，大盘横向震荡或下跌时，如果个股能持续走出自己的强势，这是市场资金堆积流向的地方，是热点强势股的逻辑，也叫市场做多情绪。只要市场情绪高涨，资金不断

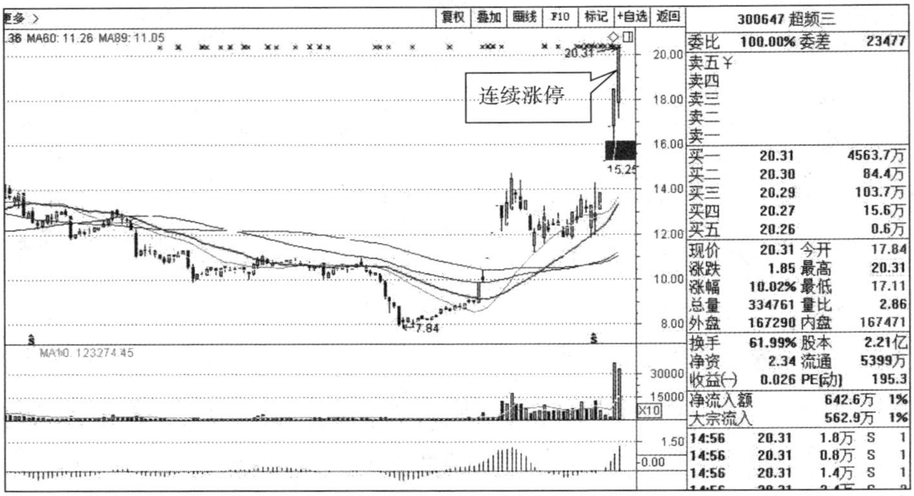

图 3-6　超频三日线

追捧，就会水涨船高，涨势不停。如果市场的强势品种都没有机会赚钱，难道弱势股还能赚到钱吗？很多时候，我们做股票的思维方式很重要，但多数人都是喜欢买低点潜伏，等着暴涨赚暴利，往往事与愿违，不但没有暴利，还会跌无止境。这里需要说明的是，并不是说在低位买股不对，而是不主张用意测的方式去抄底，这与我们要求的强势逻辑并不一致。资金参与的地方才是要关注的焦点，有些个股虽然看上去在底部，潜伏下去很长时间，如果没有主力介入，在没有突发性利好的情况下，这种潜伏就算不亏损，也浪费了本可以赚钱的行情。这对于高风险、高收益的股市投资来讲，就是赔本的买卖！因为时间也是重要的成本。因此，无论什么市场环境，连续涨停都是市场中最强的品种。

图 3-6 与图 3-7 是同一时间的走势，超频三是处于市场热点，强势拉升，市场资金关注度高、气势如虹；而康普顿则处于不上不下、犹豫不决的多空相持状态，想拉升又畏惧，下跌又想护盘，市场关注度低，从前面的量能来看有过放量上涨，也有主力资金介入，但介入后后继乏力，从走势可看出主力犹豫不决，而在大市又不好的情况下，还是三十六计，走为上计！这种情况往往是主力资金实力太过平凡，市场又不认可而无法吸

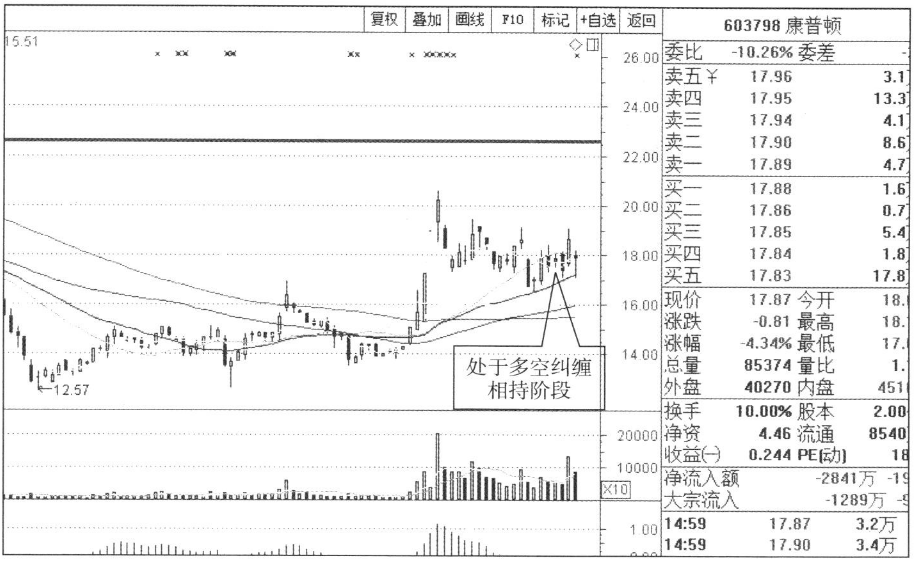

图3－7　康普顿日线

引更多资金入场接力，或者是找不到炒作的契机所导致。如果买入了想要持有等待上涨，市场又处于不明朗的情况下，就很有可能成为市场的“盘中餐”。因为率先逃跑的肯定是主力资金，当你发现的时候，为时已晚。在任何时候，只要看到似强非强、犹豫不决、多空不明的情况，卖出回避风险是最佳选择。如果卖出后又走出符合强势的标准和要求，再买入也不迟，当然这里指的是短线的强势逻辑。

选择股票犹如买商品，买之前货比三家，选择最满意的。因此，通过对比，两票周期相比选其强，首选超频三！

讲了强度方面的选择标准，再来考虑流通盘的大小选择。

二、根据流通盘的大小作选择

盘子小的比盘子大的优先，所谓的盘子是指流通盘。当然，流通盘也不是越小越好，2000 万股流通盘以下的小盘股容易被主力随心所欲地控制，而出现极端走势。稍不注意就会出现闪崩，也就是说，稳定性较差，最好不要随意跟风，如果形成了市场合力那就另当别论。当然，盘子过大的个股在 A 股市场赚钱会更困难。下面从各种资金对市场个股的偏好分别进行阐述。

白马股最好不要超过 10 亿股流通盘，超过 10 亿流通股的个股一般均为市场指数影响较大的个股，所以此类个股出现大涨或大跌对指数的影响都比较大。在非牛市环境下，做这类股票只能是浪费行情；在牛市环境下，赚钱的力度也跑不过处于风口上的小盘股；但在“熊市”环境下，此类股的跌幅虽然不一定很大，但也属于持续阴跌的状态，很难有所作为。所以无论市场处于牛市还是熊市，持有大流通市值的个股，其实等于在做大盘的指数。虽然并不是绝对如此，但大概率是如此，极个别流通股超 10 亿股的个股，而又有重大利好发生时，也不排除暴力拉升，在市场流动性吃紧时，大蓝筹和小盘股基本上可以说是“一对冤家”。为什么这么讲?因为每次大蓝筹如上证 50 这样类型的股票一旦集体拉升，那就是以“血洗”小盘股为代价，看上去指数很美，但小盘股却是“血流成河”；反过来，小盘股拉升时，大盘股并不一定会出现大幅下跌，但会出现不同程度的下跌。前文讲过，因为随着 M2 每年的货币投放量越来越大，而现在 IPO 的力度也是空前而不绝后，这就会导致市场没有大幅走高的可能，也就是不存在牛市的基础，只能是结构性行情的表演，既然是结构性行情，就更没有理由去做指数指标股。

现在很多的蓝筹股市盈率非常低，工、农、中、建四大行及很多银行股的市盈率都低于 10 倍以下，蓝筹股的市盈率普遍偏低。不仅仅是银行，很多大市值的央企国企都是如此。我从来不排斥价值投资，但是一定要清楚的是，有价值不等于股价一定会上涨。既然是投资，就要讲回报、讲收益、讲效率，而不是死耗，以“死猪不怕开水烫”的态度做投资，还不如把钱存进银行赚利息更好。这些国企央企动不动就是几千亿元以上甚至上万亿元市值，只有在大盘冲击某一个关键点位时或者大牛市启动时才会有真正的赚钱效应，在一个牛短熊长以震荡为主的市场，大蓝筹更多的应当是股市的一种调控手段。

黑马股以 2000 万到 5 亿股之间的流通盘为佳，流通市值在 1000 亿元以下，盘子小的个股很容易受到私募和游资的青睐，当市场环境稳定时（不一定是牛市，只要不是大起大落），而基本面又不是特别差的情况下，一旦有题材风口的配合，很容易被游资点火发射火箭般地拉升。这种拉升一旦得到市场认可，就会形成市场合力，很容易爆发成为超级大黑马或者“妖股”，涨幅会远远超出预期。市场合力一旦形成，就算有的主力会撤退，也照样不会改变该股的上涨步伐。所以选择股票时，要想真正在市场上赚到丰厚的利润，只有选择真正做到成长型的大黑马，才有可能让小散户变成大户。股龄稍长一点的人都应当知道龙虎榜，这里有很多游资或私募机构席位的排名，笔者也是在游资大本营里操作风口题材起家的，所以本书后面将重点介绍这些内容。

在了解流通盘大小的同时，还要了解公募基金、私募基金、游资等各种市场资金的操作方式和操作理念，它们的操作方式和理念是不同的。公募基金一般会响应政策号召，主要以稳定市场或价值投资为主，因为 A 股市场到目前为止仍然更多地被政策左右，所以公募基金往往在这方面扮演着重要角色，相对来说，资金实力也较雄厚，因为公募基金发行后，投资者买入基金的门槛较低，几十万元、几万元甚至几千元都可以申购公募基金。投资者的门槛低了，投资群体基本不受限制，更何况有国家公募性质，在中国，民众对国家性质的机构和部门都有一种天然的信任感，使得公募基金的资金来源渠道更加广泛，所以募集到的资金也就不是很多私募基金能达到的规模。

私募与游资不同，不管是用什么方式或什么渠道得到的资金，要追求绝对收益，成功了就带来利润，失败了就会造成很多问题，上至公司领导，下至员工，连工资都是问题，更别说理想的收入了。失去的不只是资金，还有客户对该基金公司的信任。很多私募基金也会追求价值投资，笔者并不反对价值投资，现在的上市公司良莠不齐，我们看到的基本面或者是有很长时间的延迟，或者就是不真实的一面。有时候公募私募的调研人员也不一定会搞清楚一家上市公司的真实情况，更何况是普通投资者。所以价值投资时除非是对上市公司实际情况了解得非常清楚，否则，还是应以市场信号为导向。很多上市公司的造假能力很强，很容易让投资者信以为真。虚假消息还不如不知晓的好，按市场的逻辑来进行研判至少有真实的市场行为发生为依据。如果发现我们的判断失误，市场也会很快给出信号，从而有改正纠错的机会！所以私募基金操作上虽然也是追求绝对利润为先，但灵活性相对来说也不是很高，操作上也会有所保留，当然不排除也有一些激进的私募操盘团队操作较为激进。

而游资的操作更为激进，游资在市场上就像古代的骑兵一样，来去如风，有狼一样的狠劲，擅长精准闪电般地出击，而又像风一样离场。很多时候当众人反应过来的时候它们已经完成了一波操作。市场只要有机会，它们就会把资金的利用率用到极致。游资是长期活跃于市场的一股强大而又神秘的力量。这种力量当然也不是随便操纵市场的，因为笔者以前也是这种力量的一分子。操作某只个股，不会凭空去捏造事实、发布虚假信息等去坑害其他投资者，而是配合市场的行情找出精准的阻击机会，去研判一只个股后市走牛的可能性。很多散户有一个误区，就是认为游资很疯狂而且会操纵市场。其实大多数游资并不是庄家，市场里确实会有一些庄家在操纵个股谋利。但无论是基金还是游资，如果操纵市场，不仅违背市场规律，还违法。涨也好，跌也罢，只要人气能够聚焦到一个点，这只股票不牛也得牛，市场形成的牛股会有无穷大的力量，这才是游资操作的最高境界！也是我们很多投资者的愿望和追求。很多投资者的误区在于，认为主力有资金实力就可以为所欲为。其实主力资金也有无法掌控局面的时候，这时它也和散户一样，在一个时期内被套都是可能的。总归一句话：无论是主力还是个人，都不能把自己的意志强加于市场之上！

在 A 股市场要形成市场合力，前面所讲的强于大盘和流通盘的大小是主力和个人介入一只股票前不得不考虑的两个因素，如图 3 - 8 与图 3 - 9 所示。

图 3 - 8 所示中国科传流通股本 1.91 亿股小于 3 亿股流通盘，小于 5 亿股且价格处于 10 元以下，属于小市值股票，符合小盘低价的两个优先

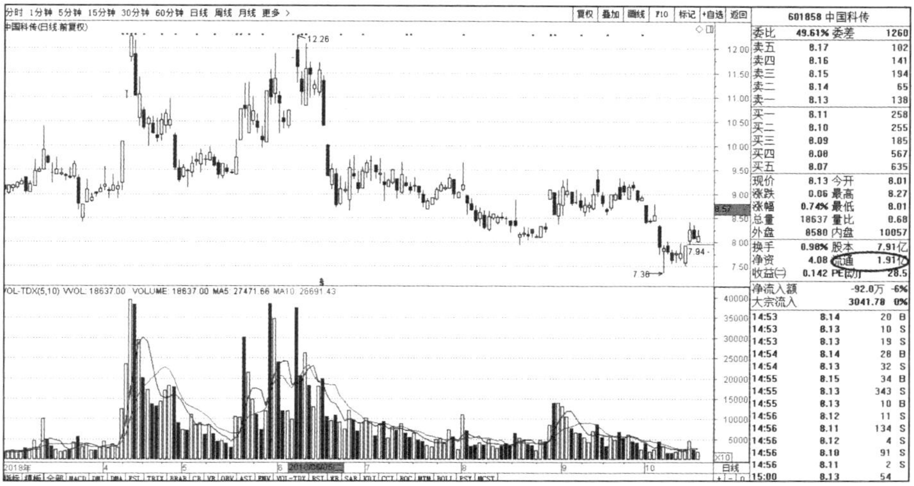

图 3-8 中国科传 2018 年 10 月 24 日 K 线

选股标准。形态上处于创新低后反弹底部盘整状态。在上证 6 开头的个股中，属于 3 亿股以下的低价股，市场上这一类型的个股非常多，但不能只凭一两个条件就决定是否买入。中国科传虽然满足了我们的小流通市值的要求，但总体来说强势力度并不明显，只是这种类型容易成为游资点火的对象，值得关注。没有资金入场点火就不要做潜伏性的买入，潜伏买入等待主力资金来点火给你抬轿的行为自认为聪明，实则往往事与愿违，适得其反；反之，当资金入场点火，出现快速放量拉升时，则要快速跟进，时间就是金钱，能发现这样的情形而快速介入，操作就能基本与主力同步。即使稍晚一步，只要资金点火发射，很容易冲击涨停板，甚至是连续涨停板，这是最简单、最直接、最高效的获利方式。只要主力不放弃，就能赚到钱！

如图 3-9 所示，东华软件流通股本 27.8 亿股，同样是价格低于 10 元以下，与图 3-8 中国科传相比取其小。即同样的技术形态，也是破位下跌后处于反弹阶段，相近的价格，优先选择流通盘小的中国科传。当然，市盈率和业绩方面，虽然不作为考虑的重点 ，但也不能是垃圾股，只要不是负数或有退市风险的股，就可以进行相似的比较，这也是为了避免踩到

图 3－9　东华软件 2018 年 10 月 24 日 K 线

“地雷股”，像东华软件这类个股虽然属于科技股类型，但经历过多次除权后，流通盘已经超过了 25 亿股，要走出牛股的结构，没有市场资金持续的加持是很不现实的。游资和私募也不太可能去点火发射，点火了发射不成功，就只能亏损割肉出局。此类股票如果没有重大利好配合的情况，点火成功的概率很低，东华软件前十大流通股东里有很多公募基金、私募基金、信托机构等，机构多了步伐很难统一，也很难形成市场合力，俗话说“一个和尚挑水吃，两个和尚抬水吃，三个和尚没水吃”，这句话用在股市里就是，持有的机构和散户越多，该股上涨就越难，原因在于筹码过于分散，很难形成统一。持股户数越多，主力越难控制局面，在交易中筹码的集中度也是主力是否愿意介入的因素之一，投资者应当谨记。

股票市场上不能凭意念去操作，每一次操作都必须要有明确的市场依据和操作原因。满足的条件越多，胜算就越大。股市每日都在变化，是一个动态的市场，随时都可能出现机会或风险，一个政策的出台，甚至是一些别有用心的人故意捏造蛊惑人心的一些消息，都可能对市场产生干扰。所以，本书重点在于将很多动态的事物数字化，这样我们在选择时或者在操作时，就有准确的标准去作判断，这是为了区别于纯粹的理论，而依据没有量化的理论，在操作中很容易迷茫而不知所措。

前文强调了黄金选股法则的两个方面即强度选择、流通盘大小选择，接下来讲第三条法则。

三、根据市场人气高低作选择

人气高的让位于人气低的。人气可以根据成交量、换手率、分时图的活跃程度来判断，这其中的关键便是股性活跃因子。分时图的走势就像人的血液流动一样，经常保持高速高效的流动（股票波动）肯定要好于横着走、蜗牛似地蠕动。高速高效动态的股说明有更多的市场资金参与博弈，从而反应在分时图上就是上下波动得非常顺畅，就像一个健康的年轻人的血液，流动快速高效，从而有旺盛的生命力；反之，如果股票反应在分时图上的信息是小幅波动或心电图似的横向波动，说明很少有市场资金参与博弈，就像一个年迈老人的血液，流动相对较慢，或者心脑血管有损伤等各种疾病导致行动迟缓，生命处于毫无朝气的状态。笔者认为，股市的形态同样是有这样的生命周期的，也就是在各种周期中相互转换时，用图形或量能的形式表现出来。所以，在介入的时间上一定不要选择处于衰退周期的这类个股，选择阳光周期的个股（指的是个股的活力）才能给我们带来利润。

无论是做股票还是别的事情，我们从出生开始很多时候都会面临一种选择，专业能力、人生伴侣、职业方向等何尝不是如此呢？只是股票选择相对来说因为目标太多而变得有些迷茫，这并不一定是坏事，目标多就更能体现出选股的系统性和科学性。股票选择对了就是收获财富，选择错了就损失财富，只有选择有活力的个股才有可能更接近财富。

下面用例子对比来讲解市场人气的选择，如图 3－10 所示。

图 3－10 中珠江钢琴的分时图，显示出其明显属于市场边缘化品种，多数时间呈横盘走势，也就是说，交易比较清淡，市场关注度很低，全天分时走势有气无力，属于无量能、无人气、无主力的“三无品种”，当然可以结合它的日线 K 线图进行综合分析，一直处于“大阴线＋小阳＋中阴

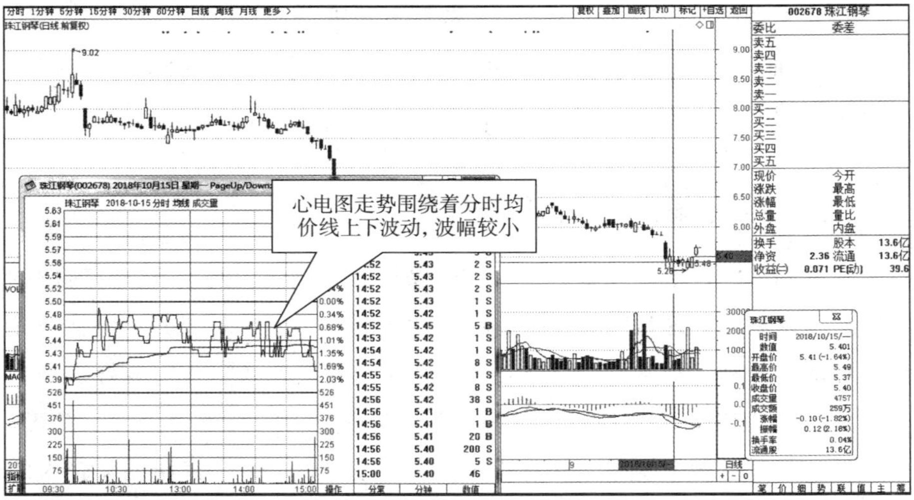

图 3－10　珠江钢琴日线及 2018 年 10 月 15 日分时

线”的下跌趋势，梯次下跌。每一次下跌过后出现这样的分时走势时，都可以看作底部的结构，因为量能的衰竭也能出现这种心电图走势，但只要活跃度不变就仍然处于多方无力反击、人气涣散的状态，单凭缩量这一点也无法判断个股底部的形成。底部有了结构还必须要有量能的配合，也就是做多能量的介入，增添个股走势的活力，最明显的特征就是股票出现快速高效的波动而上涨，有主力资金的介入，个股才会有上涨的动因。长期没有主力资金参与的个股就意味着被市场抛弃边缘化，上涨根本无从谈起。

此种类型的股票，当大盘上涨时它涨幅较小或者横盘，当大盘下跌时，它往往成为急先锋，是下跌的领军股。这类分时图也叫作心电图分时图走势，如果发现一只个股的分时图经常处于这样的走势，就应当坚决舍弃，就算偶尔有上涨也不具备延续性！属于赚小钱、亏大钱，而且亏得莫名其妙。随着 A 股的扩容，资金面会变得越来越紧张，市场上会出现很多这种走势的个股，也就是“僵尸股”，谁做谁知道有多难受。

从图 3－11 中可以看出该股成交非常活跃，开盘后多空双方就进入激战，盘口上每分钟都有不少交易，不可能出现像图 3－10 珠江钢琴那样的

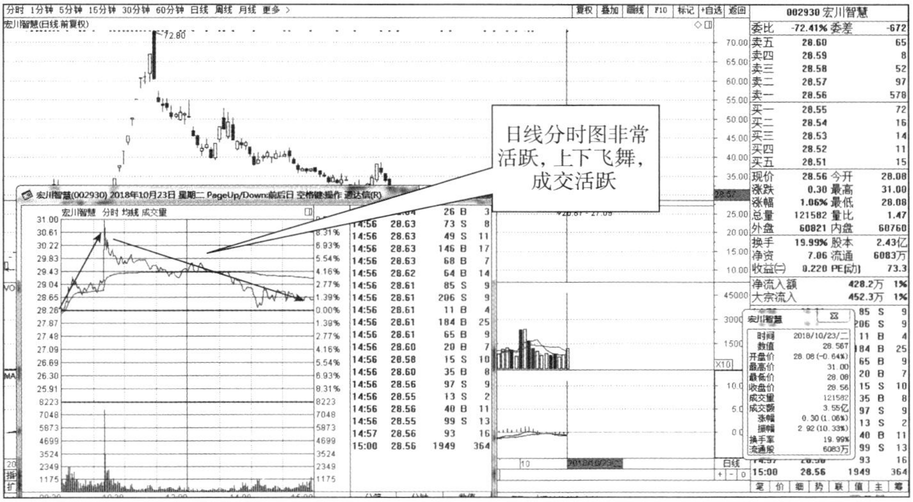

图 3－11 宏川智慧日线及 2018 年 10 月 23 日分时

心电图走势，早盘的强势也得到了很多资金的配合，从早盘的量能可以看出，最高冲到接近涨停，但未封板时抛压较大，随后快速回落。回落的另一个原因也是大盘冲高回落，而该股前期属于大热大炒过的类型，股市有“大热过后必死”的说法，下午持续回落无力再次冲高，外因是受大盘持续跳水影响，主因还是多方力量不集中，多头的溃败放弃才会出现这类走势，一天走出了“过山车”行情，这也是由于多空双方严重分歧，在高位出现这样的分歧时，一旦市场无法继续形成更多的买盘，很容易形成这种快速下跌。正常情况下，这种走势出现在阶段性底部时，是测试压力较大才会如此。无论是高位还是低位，只要有这种活跃的因子，说明该股的市场关注度仍然很高，至少有资金在里面进进出出，活跃的人气是我们涨停选股的第三个黄金法则，只有活跃才会给市场动力！

大起大落的分时出现在底部或顶部时都值得重点关注。在底部时，是主力测试压力的信号；在顶部时，则是多方放弃出逃的信号，所以这种日震幅超过 8% 以上的 K 线出现在不同的位置有它不同的意义！有了活跃人气的因素我们就可以重点关注，关于买卖点及风险的关系，后面会有详细的讲解。这类活跃股是本书涨停战法的重点，与珠江钢琴比较，其他条件相似，要选择活跃的宏川智慧。

四、价格选择

价格的高低直接影响着市场资金的认可与参与，在A股市场，散户是一个重要群体，纯粹从资金面来说，散户的资金是市场的绝对主力，只是散兵游勇、各自为战，无法形成统一战线而已。虽然我们一直在倡导价值投资，但A股的发行很多时候就像过度包装，上市就“变脸”的不在少数，价格虚高普遍存在，这些都会导致散户不信任机构，对高价股有排斥情绪，只要是高价就会有恐惧感，也不会考虑价值投资。就像贵州茅台，1200元的股价让普通散户望尘莫及，有心无力，因为就算基本的一手也是12万元起，这对散户来说根本就没有吸引力，只是机构之间的相互博弈。一旦无法继续保持高增长、高利润、高分红，股价必然崩塌！但股市就是这么神奇，在美股里有伯克希尔·哈撒韦股价高达30万美元每股，这也是当今世界最贵的个股，相当于人民币200万元一股，这是价值投资典范巴菲特的杰作。在港股市场也有腾讯最高时400港元以上的股价，市值最高时突破4万亿元，在A股市场有茅台最高价格达到1241.61元，这些都是几大市场的股王、有代表性的个股，也是价值投资者最能拿得出手的炫耀资本！

要知道这些股王都是从小市值开始的，伯克希尔·哈撒韦开始就是一家快倒闭的纺织厂，价值仅2000万美元，后来被巴菲特收购后不断注入优质资产，产品也迈向多元化，保险、实业等各行各业都有它的影子，公司的每一个员工都是客户，这就是一个世界奇迹般的存在！腾讯在香港上市时的发行价仅为3.7港元，最高达到400港元的股价，加上除权与分红计，股价符合低价成长的要求；贵州茅台也是如此，2003年9月23日在A股上市时的发行价仅为31.39元，除权价约为20.7元，加上后期的高分红与股份配送，贵州茅台市值也是几十甚至上百倍地飙升。当已经变成了大牛股、高市值股的时候再去追捧跟风，相比低价买入持有至今的人来讲，已经不具备任何优势。因此，做投资就是要挖掘有这种潜力的个股才能成功。像现在的伯克希尔·哈撒韦、腾讯、贵州茅台，以前很多投资者包括机构对它都是爱理不理，现在已经高攀不起。从价值投资的角度来看，能找到底部有潜力的不是更好吗？为何非要去买入已经处于价值高峰的这类股呢？找到有价值的低价股，是我们选股的一项重要原则。选择低价、低市值的个股也是一个方向性的问题，主力资金同样会如此选择。

当你翻开股市的涨幅榜就会发现，除了炒次新股的阶段，涨幅排名靠前的很多时候都是以低价股为主，准确地说是炒低市值的个股，对于像中国石油、工商银行这样上万亿元市值的“巨无霸”来说，普通个人和机构在里面根本翻不起任何风浪。在非大牛市的背景下，也不可能出现涨停板，市场合力无从谈起，更别说连板了。低价、低市值的个股将在未来很长一段时间内在市场中占据上涨的主流，比如一只50亿元市值的个股，如果成长性非常好，这样的公司业绩翻倍非常容易，股价翻倍就更容易了。市值在100亿元以下的都属于小市值个股，只要有高成长的潜力，市值翻倍也只有200亿元，而对于已经上1000亿元市值的股票来讲，翻倍就会困难得多。股价在10元以下更为安全，买股票和生活中买商品一样，太贵的商品只适合小部分人，大众还是更喜欢物美价廉的商品。A股市场散户太多，主力要兑现手中的筹码，太贵的股票相对较为困难，这也是A股市场中高送转题材每年都被暴炒长盛不衰的主要原因之一。10送10的除权就能将一只100元的股票打成五折价格变成50元左右，10送20就能将一只100元股打三折价格变成33元左右，这些都是A股以散户为主的市场特征导致主力派发不得不采用的套路之一。但无论它如何打折，只要我们用总市值进行分析就会得出更为理性的结论。“你有千条妙计，我有过墙梯！”有了上面的量化标准，你就不至于迷茫而失去方向。

前面我们分别从个股强度、流通盘大小、市场人气、股票价格的选股方面有了全面的了解，下面还要从技术形态方面进行选择。

涨停选股黄金法则五：上升通道优先于下跌通道。

五、上涨形态的个股优先于下跌形态的个股

根据技术形态的好坏，能看出该股是否有主力留下的痕迹，从而判断出该股是否具备由于主力资金的运作而存在牛股的基因。股票的走势无非三种形态，即上涨形态、下跌形态、盘整（横盘）形态，前面在讲大盘环境的时候也讲过大盘的上涨、震荡、下跌三种市场大环境，具体到个股上也会有这三种表现。但个股是更为直接的表现形式，也直接关系到我们资金的安全性，个股的形态就像一个人的骨架，有人说形态都是主力做出来的，是主力控制的，这属于马后炮。投资者有这样的质疑说明其已经对股市有了一定的认知，短期来说，有主力或某个机构在里面控制着它的走势很正常，但只要看1年以上的K线图就知道，一只股票的长久大趋势也就是综合形态，一定是由市场的力量来决定的，主力能短期改变一只股票的走势，并不能长期左右一只股票的趋势，市场上有长期投资的机构不假，但不可能长年累月地在一只股票里耗着而不想盈利，没有这样的主力。长期的趋势一定是市场作用所致，或者被市场抛弃，成为无人问津的边缘化个股；或者成为随着市场起伏随波逐流的“墙头草”；或者就是市场资金大力追捧、人心所向的黑马股。

个股的三种形态的排列顺序当然是上涨趋势优先，震荡趋势随后，下跌趋势排最后。长期的上涨趋势是市场资金长期博弈的结果，在没有系统性风险时，这类个股抗跌性最强，反而也是最安全的。下面先来讲解上涨趋势。

图3－12中南都物业出现稳步上升的走势，底部一波比一波高，震荡区间有规律。虽然是一只次新股，但开板后的走势区间相对稳定，并没有出现非常极端的走势，上升趋势非常明显。而且上涨时的量能明显大于下跌时的量能，量价配合也非常好，这类上升趋势完美的个股当然比标准的下跌趋势个股更受我们青睐而成为备选品种。一旦这种规律性震荡上升结构在某一天被打破，出现急速的突破上涨时，就是主力启动的信号！长期的对决有了结果，多方胜出时，才会出现这种突破性的拉升，此时就是跟

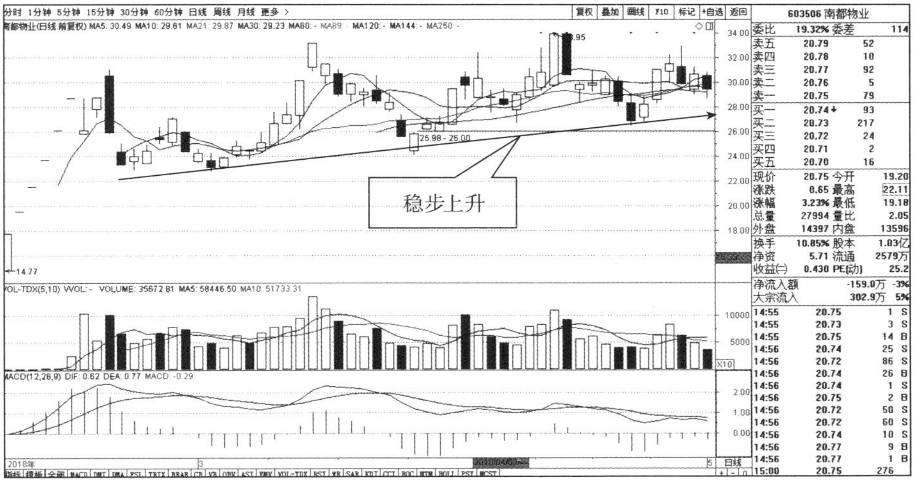

图 3－12 南都物业 2018 年 4 月 27 日前 K 线

进的最佳时机。主力的拉升就是为了尽快摆脱震荡成本区，而且突破后也能激发市场人气，后面会有不小的空间才会有这种突破大力拉升的走势；反之，如果某一天突然跌破了这个良好规律的支撑位，不管出于何种原因（外因或是内因），我们都应当舍弃，因为长期保持的上涨通道是主力长时间运行的轨迹，这里面不但有资金成本也有时间成本，一旦这种趋势被打破向下跌穿，不是主力实力不济，而是主力舍弃出逃，长时间的多空平衡对决，空方胜出，主力资金撤退，普通的投资者还有什么理由坚持做多呢？股市制胜的重点就在于判断的灵活性，这些都需要在长久的实战中积累经验。

很多人在操作中常犯的错误就是坚信主力一定会再次启动该股，也就是我们常说的洗盘，想把散户洗出去。对于普通的一些上升趋势，如图 3－12中的南都物业类型的个股，能在很长的一段时间内顶住大盘的风雨走出这样的独立上升趋势，说明肯定是有主力在运作该股，但一个主力的强弱在个股未走出主升浪之前是无法判断的，加上流通盘又非常小，更是无法判断主力是想长期运作该股后期大爆发，还是在里面规律性地低吸高抛做短差，这个震荡上升的期间不管有多长，只要没有启动主升浪的走势，就无法判断主力的强弱。所以，当下跌打破这种完美的上升走势时，我们就要非常小心了，因为一旦失守了一个坚持很久的阵地，后面能否收回阵地并不是主力说了算的。如果主力实力相对普通，就更不愿意出现这种失守的情况，可谓“兵败如山倒，墙倒众人推”，不得不防。

笔者把上涨趋势分为最强、极强、较强三种。如图 3－12 南都物业这样的属于较强的类型，因为还没有走出主升浪，只是围绕 30 日线向上运行；最强的类型一般都是在主升浪周期围绕 5 日线和 10 日线上升运行，这种类型一般在爆发型黑马股中较为常见，特别是那些连续涨停板型个股；极强趋势品种一般是在 20 日、30 日均线上方运行，如南都物业这种类型很多出现在牛股的主力建仓阶段，多头使用步步为营的战略就会走出这种趋势；较强品种是以 60 日线为支撑，在 60 日均线上方运行，这种类型一般在白马股上较为常见，就像前期的贵州茅台、片仔癀、洋河股份等，黑马股的初期也有可能出现这种以 60 日均线为支撑的走势。

以上是上涨趋势的类型，接下来讲解下跌趋势。股票一旦走势变弱，在一个阶段内持续下跌就会形成长期的下跌通道，同样也可以按照上面的上涨趋势的三种类型反向将下跌趋势划分为最弱趋势、较弱趋势、弱趋势三种。最弱趋势是以 5 日线、10 日线为压力点展开长期的下跌走势；较弱趋势是以 30 日线为压力点展开下跌走势；弱势股则是经常有回拉到 60 日线压力的动能，但长期受阻于 60 日线，以 60 日线为压力点展开下跌走势。压制下跌的均线级别越小越弱。在下跌趋势类型的个股中，只要在 60 日均线以下的个股；可操作性均较弱，风险也较大，没有绝对的把握不要轻易去抄底这种下跌趋势的个股。在后面的章节里我们有专门的抄底战法，但同样不具有普遍性，而是具有特殊性的要求才可以操作。

来看一个下跌趋势的个股图。图 3－13 中恺英网络的走势非常有规律，但这是规律性下跌，而不是上涨，30 日均线成为该股的最大压力线，每当反弹碰到 30 日均线就开始掉头向下，无论大盘上涨还是下跌均是如此。这类股票在什么地方买都容易亏钱，股价从最高点的 19.27 元一路下跌，跌无止境！所以不要认为便宜即可抄底，恺英网络跌到 8 元附近时，正值区

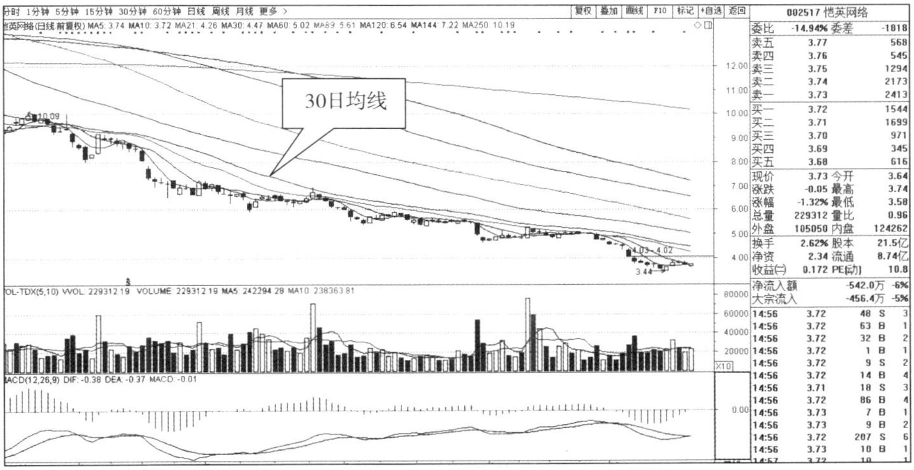

图 3－13 恺英网络 2018 年 11 月前日线

块链短线风口，笔者有过实单介入操作，但后来很快发现该股有严重的趋势性问题，只能止损出局，这是一个失败的操作。投资都是在纠错中前行，股市中并没有神，只是在不断纠错中总结经验，做大概率的事。从这个失败操作的案例中得出的最深刻的教训就是，再好的概念题材逻辑，也一定不能提前做潜伏，必须等待市场作选择，市场走出来的“龙头”才是真“龙头”，宁可跟进“龙头”股，也不要贪便宜潜伏没启动低位的题材股。

恺英网络这类股票，单从基本面上来说并没有什么问题，业绩方面在行业内算是不错的，但后来因为股权质押问题导致了很大的风险，其他的质押股后来都出现了不同程度的反弹，但该股还是一蹶不振。止损后对该股再次进行分析：流通盘过大是一个方面的原因，虽然价格不高，但流通股本 8 亿多股，而且也是边缘化的品种。仔细观察每日分时图就会发现，也有很多前面所说的心电图走势，说明该股没有活跃因子。而且凭笔者的职业敏感性来看，恺英网络内部肯定有大问题。从形态上看，如果该股 30 日线压力的魔咒不破，根本就没有入场的机会。这就是反复强调的趋势的重要性。

第四章

交易

第一节　如何判断大盘的顶、底部

步入股市一段时间之后，爱学习的投资者可能会听到一些所谓的“股神”成功逃顶或者成功抄底的故事。其实，当大盘走到顶部或底部时，在盘面上都是有迹可循的，在量价上会有明确的体现，并没有那么神奇。很多看似神秘的东西只要你捅破了那层“窗户纸”，就犹如醍醐灌顶，眼前一亮，笔者接下来将为你解开这个谜团。

判断市场的底部单纯靠政策性的消息是不可靠的，笔者讲一个亲身经历的案例：在 2015 年的 5178 点大盘顶部时，笔者本来已经精准出局，所以，开始的一波大跌对我根本没有影响，但在后来的政策性救市强力出台后，大盘开始了大力反抽，然后横盘时，我没有坚定地按市场的逻辑来判断，而是想当然地相信了政策救市的力量而再次介入。在 2015 年 8 月的暴跌中损失较大，持有的个股有两天全部跌停，这是我实战生涯中最惨痛的教训，最后大幅止损割肉离场。没死于牛市，也没死于熊市，而是死于救市！通过这次教训我更加坚信市场顶或者市场底，也只有市场走出的底部才是真正的底部，市场永远是对的，要永远相信市场法则。政策刺激虽然短期来说在市场上也能起到立竿见影的效果，但长期来看还是要回归市场本质。

一、如何寻找市场顶部

下面先讲如何在日线级别去寻找市场顶部。

先来看上证指数 2015 年的走势图。

图 4 - 1 为上证指数 2015 年牛市时的走势图，图中标注圈的地方为两次放量区域，第一次在 2015 年 5 月 28 日出现放量下跌，有人说牛市的每

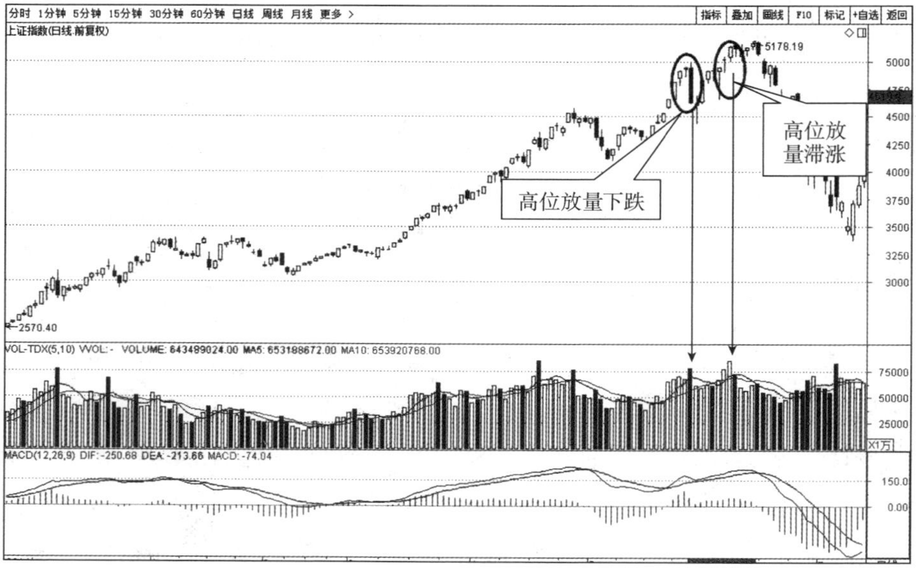

图 4－1　2015 年大盘顶部放量

次下跌都是捡钱的机会。但要注意的是，这次放量下跌有一个最有杀伤力的背景，那就是清理场外资金进入股市，也就是“去杠杆”！要知道当时的牛市就是因为有杠杆而启动。如果这些资金都要被强制性清理，那就一定会跑路，这些资金要跑路，盘面上就会留下痕迹！这就是量价的核心，高位资金跑路绝非一朝一夕就能完成，最少有两到三次放量或顶部盘整两周以上才能完成。从技术角度来看，当大盘指数走到高位时，无论是放量下跌还是放量滞涨都不是好事，因为巨大的量能出现在顶部时一定是多空力量博弈程度进入白热化，这就犹如战场上双方投入的兵力和战斗规模都达到了一种新高度。出现在高位说明空头的力量变得越来越强大。放量下跌是资金跑路很明显的一个特征，而放量滞涨则是多方力竭的特征，高位放量而涨幅又很小，就是说明多方虽然还想进攻，但已经力不从心，显出了疲态。

明白了这个原理，下面笔者将顶部条件化繁为简总结为以下条件：

（1）放量下跌或放量滞涨（量能是前一个底部缩量的两倍）。

（2）放量后再缩量（此时缩量是小涨或震荡为主）。

（3）反复放量超过两次以上。

以上三个条件如果都出现在大盘连续上涨后的高位区域，一定是处于高风险状态。很多时候出现错误都是在第三个条件上，因为一旦大盘放量略带上涨时，容易麻痹大意。由于是大盘的原因，主力资金的撤退都不可能在一天或几天就能完成，需要一个阶段性的时间，顶部的多次放量就是多次战斗的结果，因为牛市一旦形成，多头也不会一下就会溃败。多方会多次反扑，力量一次又一次地被消耗殆尽时，大跌就真的开始了！真正大跌时往往会发现想抛都很难找到机会。任何国家的股市都是一样的，股市没有什么新鲜事，只是历史一次又一次地重演。涨得太多了，风险积累到一定的程度后变为下跌，下跌到极致时，聪明的资金会开始底部吸筹，变为上涨。就如太极阴阳转化的过程。如果读者有兴趣，可以回看 2018 年 6124 点的顶部时也是多次出现放量下跌和放量滞涨，放量后又快速缩量上行，看上去多头仍然强势，实际上已经是强弩之末。

上文是从大盘走势的量能进行的解析，下面再从笔者操作的经验总结来分享。每一轮牛市的末期最后一个启动的都是钢铁板块，2007 年的牛市终结于钢铁股，最后一波拉升主要就是钢铁、煤炭等黑色系的拉升。2015 年牛市最后一批拉升同样是各种个股表演后，钢铁在最后关头发力拉最后一波。一波牛市走到最后关头，实在找不到什么品种可做时，主力资金才会考虑钢铁股这种股本较大的个股，其实也就是补涨的需求。正常情况下，钢铁股的走势强度比其他个股要差很多。

顶部清仓要点：当大盘在高位出现放量大跌或滞涨超过二次以上，放量后再进入缩量状态，上涨力度越来越小，板块方面钢铁股处于拉升指数的状态时，即要做好清仓逃顶的准备。这个方法用起来简单实用，不需要掌握很复杂的概念和理论，通过量能的大小变化很容易就能掌握。

二、如何判断大盘底部

前面分析了通过大盘分析来逃顶的方法，下面来分析大盘底部的形成如何判断。

A股市场都是牛短熊长，很多人都想知道什么时候才是底部、什么时候介入才安全保险。每次底部的形成都会经历一个很久的过程。

底部的形成首先要经历股市的连续下跌，不然何谈底部一说？在经历了连续的下跌后，政策面会有各种“暖风”吹。任何一个国家的金融体系都是重中之重，没有只跌不涨的股市，股市有其自身的循环周期。虽然我们的A股受到更多的政策影响，但市场运行有其自然规律。宏观方面只要没有重大的利空出现，即可为市场底部的形成创造条件。下面我们只单纯从技术角度来分析大盘底部形成的要素。

大盘真正要走出市场底部，要有充分的缩量这个必要条件，具体要缩到什么程度呢？通过图4－2进行具体讲解。

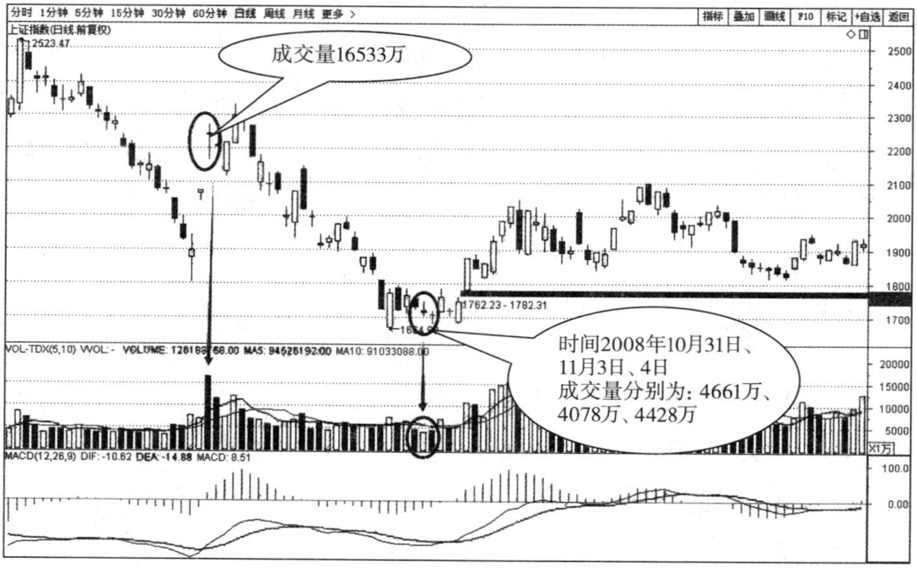

图4－2　上证2008年1664点历史大底

图 4 –2 为上证指数 2008 年的历史大底部 1664 点的形成阶段，上面圆圈处时间是 2008 年 9 月 22 日，当时是最后一波下跌前的最后一个高位放量点，当时成交量为 16533 万，当最低跌到 1664 点时，并不能判断就是绝对的底部，这个低点出来后，后面一周的走势仍然是持续小阴线下跌。但最后三根小阴线的量能是重点，我们从图 4 –2 中的底部圆圈标注处可以看出，后面三根小阴线的量能每一天都维持在 4000 万左右，而在这个底部的最后一个放量高点，也就是 9 月 22 日处，量能是 16533 万。而后面的缩量程度连续三天都不超过 5000 万，也就是 5000 万乘以 3，也只有 1.5 亿的量，那么也就是这三天都是维持在这个放量点的 1/3 以下，而且未再创新低！这就可以得出底部在此成立的结论。从后面的走势可以看出，从这三天缩量处开始，上证指数从 2008 年 11 月的 1664 点上涨到 2009 年 7 月的 3454 点，时间上持续上行达 9 个月，空间上指数都上涨一倍！

也许你会觉得这只是偶然，下面仍然以上证指数为例再来看一个阶段。

图 4 –3　上证 2005 年 998 历史大底

图4－3是上证2005年998点的历史低点，也就是到2007年的大牛市的起点位置。图中圈1处是2005年6月9日的放量高点位置，当时的成交量为5096万，图中圈2的位置是2005年7月18日、19日、20日连续三天的缩量低点位置，量能分别为1226万、1204万、1363万，最后一个高位放量处位置是5000万级别，而底部连续三日以上处于1200万的缩量，5000万除以3等于1666万左右，这个缩量的程度远远超过了我们底部缩量1/3的要求，这就是我们常说的地量。所以后面的涨幅说是“逆天”也不为过，从2005年6月6日的998点连续上涨到2007年10月16日的6124点，时间有两年多，指数空间涨幅超过6倍，在这一轮“牛市”中很多“乌鸦”都变成了“凤凰”，只要是股票，没有不涨的！

在股市讨论中经常会听到“地量”“地价”等词语，股市里有很多数字的逻辑，何为“地量”？何又为“地价”？没有具体的数字量化，也就没有判断的标准，只能凭感觉有什么意义呢？股市中最不可靠的就是感觉。感觉并不是盘感，感觉和意念是经常欺骗我们亏钱的主要因素！具体量化的目的就是实战，有了具体的标准，我们去寻找大盘的底部就容易得多。笔者从来不去预测底部在哪里，如果一轮熊市已经形成，要做的就是按上面的逻辑去寻找底部，没有必要去预测底部。更何况在熊市时也会有市场人气股，阶段性的市场情绪会导致一些黑马股的爆发，能够把握住这样的机会同样会给我们带来利润！这个顶、底部的方法不仅可以用于上证指数，而且可以用于创业板和深圳指数。

在用于创业板时，起落会更大一些，也就是缩量过后还有可能继续惯性下跌，要知道创业板的公司都是以一些初创型的科技类企业为主，业绩不稳定，走势也不稳定，波动幅度非常大，涨和跌很多时候都是非理性的。所以，对于创业板最好的要求就是要有二次缩量，一次缩量不足以判断底部。何为二次缩量？就是上面所讲解的缩量环节要发生第二次时，判断底部才更加安全。创业板有时候不完全跟随上证指数的走势，可以走出独立的上涨和下跌走势，当然，所谓的独立走势也是相对独立，并不是绝对独立。这话听上去似乎有些矛盾，其实不然！举例来说，创指从2012年

12 月 4 日的 585 点到 2014 年 2 月 26 日上涨到 1571 点，而同期上证指数 2012 年 12 月 4 日的指数是 1975 点到 2014 年 2 月 26 日上涨到 2041 点，对比可以发现，创业板指数有接近 200% 的涨幅，而上涨指数只是微涨 3%，这表明创指独立于上证指数走出了自己的强势。同样 2016—2017 年由贵州茅台带领的上证 50 带动大盘从 2638 点上涨到 3587 点，同期创指则从 1997 点下跌到 1800 点，这是创业板独立于上证指数的弱势。

因此，在分析股票的过程中，切勿把创指和上证混为一谈。看上证做创业板的票，就是犯了根本性的错误。当然，真正的大环境看上证指数和创业板就可以了，虽然有时候会出现沪强深弱或深强沪弱的情况，但深圳指数一般都是跟随上证指数，深市强于沪市时，创业板必定强势，所以关注创业板和上证指数即可。下面来看创业板的分析。

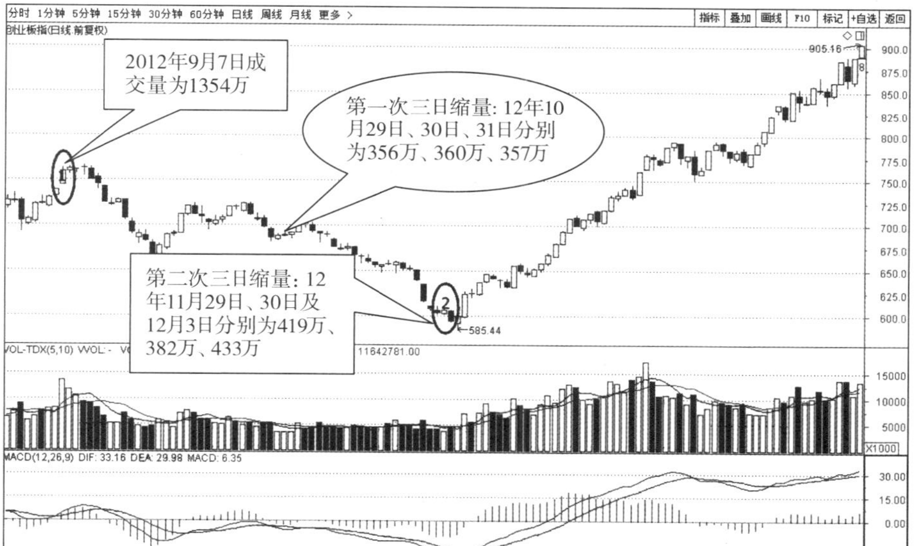

图 4 –4　创业板指数 2012 年 9 月到 2013 年 3 月日线

图 4 –4 是创业板指数 2012 年 9 月到 2013 年 3 月的日线走势图。标注 1 处是下跌阶段的最后一个放量点位置，时间是 2012 年 9 月 7 日星期五，当日成交量为1354 万；第一次缩量出现在 2012 年 10 月 29 日、30 日、31

日，量能分别为356万、360万、357万，连续三日的量能均不到1354万的1/3。从图中可以看出这次缩量后，创指又持续下跌一个月，加速赶底，并没有像我们上证指数那样展开大反弹或牛市，后面的一波下跌就是惯性的非理性下跌。下跌后仍然要有缩量区域才可以找到底部，是图中标注2的位置，在11月29日、11月30日、12月3日连续缩量分别为419万、382万、433万，真正的反攻随即展开！

要找到市场底，首要条件就是缩量，具体量化到数字上，缩量到前一个下跌高位放量日的1/3左右，缩到1/3以下为最佳状态；其次，缩量的时间能超过三天以上为最佳。只要这两大条件同时满足，后市持续上涨的时间能达到3个月以上甚至更长，上涨的空间由当时的宏观条件所决定，但最少涨幅达30%以上，在宏观条件相对较好的情况下，涨幅100%也很容易。为什么在第一个条件时用了“1/3左右”这个比较有活动性的词？那是因为2016—2018年发行的新股太多，IPO扩容过快，所以在后面的缩量环节可以用“接近1/3”来判断。

在实际运用中，我们可能会见到单日缩量到最后放量高点的1/3，或者是两日缩量，又或者是缩量到1/2等，如果是单日缩量展开反弹，反弹的力度一定不会太强，走得也不会太远，连续两日缩量比单日缩量更进一步，虽然比单日缩量要好一些，但反弹的力度和空间仍然不够大，安全性不高。可以操作，但上涨周期和上涨幅度把握起来相对更难！总之，以我们的量化标准来做，后市无论是反攻的时间还是空间都相对有保障得多。这个底部的判断方法笔者实战用过多次，非常管用，目前还没有失败过！但市场的变化有时候可能会超出我们的想象，所以，在这里做一个止损的假设：当我们在底部建仓后，无论是上证还是创指，如果再次掉头向下，跌穿建仓的缩量区域时，这说明底部判断出现了失误，建仓的个股如不能独立走出强势，则要止损规避风险。

底部逻辑量化的要点：

（1）先找出下跌阶段的最后一个阶段放量点日期。

（2）在底部的日成交量萎缩到这个放量日期的1/3以下。

（3）底部缩量连续三日以上（连续缩量两日也会有小级别的反弹，空间和时间比连续三日缩量打五折，缩量一日的反弹空间最小，时间最短）。

（4）对于创业板指数，最好出现二次底部连续缩量为佳。

以上就是对指数日线级别的底部进行量化以确定底部的方法，这种方法只要知道简单的数字逻辑即可掌握，并不需要太多的理论基础，实战性很强。笔者在 12 年的实战中用此方法判断大盘的顶部和底部时还没有失误过。任何方法的好与坏，实践是检验的唯一标准。下面介绍大盘的日内分析方法，也就是大盘日内分时的交易机会以及日内出现顶部和底部的一些实战技巧。

第二节 大盘分时级别高低点

股市永远都会呈现出各个周期涨跌的循环运行，只是周期不同，即涨跌波段的幅度、力度、时间周期不同罢了，但涨跌循环的规律是永远不会改变的。1 分钟 K 线以每一分钟为一个单位进行波动，灵敏性最强但稳定性却是最差，所以一般周期中对于股票来说不用过多去关注 1 分钟的走势；而 5 分钟则是由 5 个一分钟的单元组成的一个 K 线综合体，稳定性比 1 分钟好很多，可以把 5 分钟的 K 线作为分析股票的最小一个周期单位；其次是 15 分钟、30 分钟、60 分钟，15 分钟是由三个 5 分钟组成的一个单元，30 分钟则是由两个 15 分钟组成的新单元，60 分钟是由两个 30 分钟组成的新单元。正常情况下，A 股的日线由 4 个 60 分钟组成。日线图是以日为单位进行波动，比起 1 分钟、5 分钟、15 分钟、30 分钟、60 分钟，灵敏性大为减弱，但稳定性却大为增强，也就是周期加长、波段扩大；而周线则是以周为单位的一个新 K 线组合，波段更长，也更稳定，但灵敏性太弱，操作的精确度非常难以把握；月线以月为单位，波段继续扩大，灵敏性更弱，虽然稳定了，但时间周期过长，对于操作来说不可控因素更多，精准度也就无从谈起。在股票操作中能做到快、准、狠，才是我们实战中终极追求。所以，我们交易的目的和任务就简化为寻找多周期的波段拐点，只要有一种技术方法可以实现对这个拐点的精准把握，操作起来就会变得非常简单。前面我们讲过了每一个周期的组成结构，也就是说，1 分钟 K 线拐点可能引发 5 分钟 K 线的拐点，5 分钟 K 线拐点可能引发 15 分钟 K 线的拐点，15 分钟 K 线拐点可能引发 30 分钟 K 线的拐点，30 分钟 K 线拐点可能引发 60 分钟即小时线的拐点，60 分钟 K 线拐点可能引发日线的拐点，日线可能引发周线、月线等更大级别的拐点……而在笔者的操作中，由于

1分钟的灵敏性太强、稳定性太差，一般不关注，除非遇到极端行情，可以从最小的周期5分钟开始。每次5分钟K线出现拐点时，应当引起足够的重视，虽然周期较短，稳定性不是特别强，但可能引发大级别的拐点。也就是说，不要因为5分钟K线在高位出现拐点时而无视风险，也不要因为5分钟在低位出现拐点时而无视机会。小机会往往伴随着大财富！

在前面笔者讲过空头和多头的概念，现在再次把动能分为做多动能和做空动能：空头就是做空动能一方，多头就是做多动能一方，市场的涨跌循环无非就是做多动能和做空动能之间的相互转换过程，做空动能强势过后逐渐衰竭时，做多动能就会逐渐增强；反之，做多动能达到顶峰逐渐衰竭时，做空动能就会增强，慢慢变得异常强大。此消彼长，循环运行。市场在不同时间段时呈现出波段运行本质就是多空动能彼此循环转换的过程，盛极而衰，物极必反，阴阳转换，相生相存……任何事物到了极限点，就会向相反的方向运行。做多动能增强到极致的时候，做空动能此时为零，当做多动能无法继续增强时，做空动能逐步增强，就会由盛而衰形成大级别的高点；做空动能跌到极致时，做多动能为零，当做空动能无法继续增强时，做多动能开始从无到有逐步增强时，此时会出现大级别的低点。要想寻找大级别的高低点，先要了解分时图的三个重要组成要素。

一、大盘红绿角线

如图4-5所示，大盘的分时图中有一条0轴线，0轴线上方的柱子就是红角线，0轴线下方的柱子就是绿角线（在实际盘面中0轴上方的红角线是红色的，0轴下方的绿角线是绿色的）。红角线与绿角线代表着市场的做多动能和做空动能，当大盘震荡爬升的时候红角线会随着指数的反弹而增长，说明市场的做多动能在逐渐增强；当大盘指数震荡走低的时候，绿角线会随着指数的下跌而增长，说明市场做空动能逐渐增强。

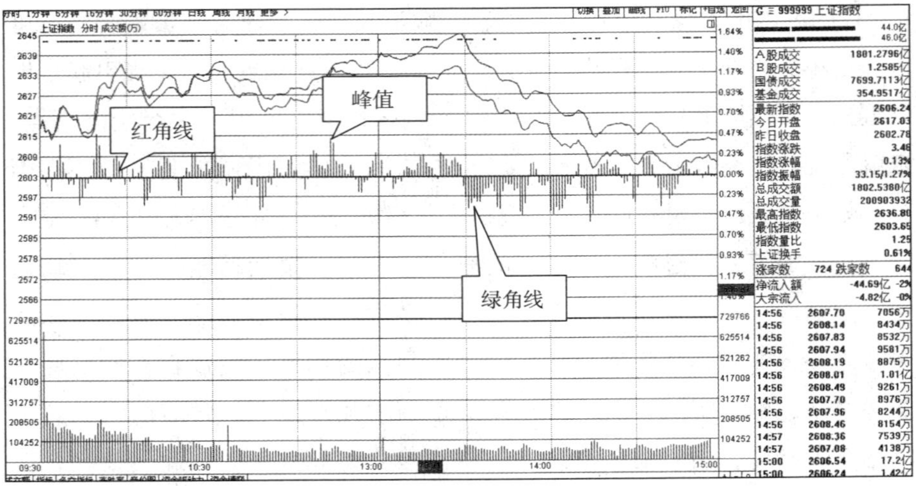

图 4－5　上证指数分时

二、峰　值

如图 4－5 所示，当大盘指数反弹时，红角线持续增长，当做多动能达到鼎盛时，就会形成红角线的最大值，这个最大值就是上涨的峰值。按我们前面所讲的盛极而衰的道理，过了一个极限时，就会朝相反的方向运行，也就是做多动能无法继续增强时，就会形成高点；反过来看，指数下跌的时候，大盘分时线持续往下走，绿角线就会变得越来越长，当做空动能达到极限鼎盛时，绿角线就会形成最大值，长度最长，做空动能无法继续增强时，就会形成低点。要注意的是，红角线峰值并不一定是指数的最高点，一般都有 3 分钟左右的延迟，如果遇到大盘的急速拉升，延迟时间可能达到 5 分钟以上；反过来，绿角线的峰值也不一定是指数的最低点，仍然有时间上的延迟。时间延迟的根本原因在于惯性上涨或惯性下跌。反弹行情中，做多动能达到峰值后，开始逐步衰竭，与此同时，指数的反弹并未终止，而是会出现 3 分钟以上的延迟，继续反弹冲高，然后再构筑高点；反过来，下跌行情中，做空动能达到峰值之后，开始逐步衰竭，与此同时，指数下跌并未终止，而是继续会有 3 分钟以上的惯性下跌，然后再构筑底部低点。这就犹如飞机落地时，到了地上还会加速跑一段然后速度才会慢慢降下来，落地时任你如何控制都不可能立即让飞机停下来，要让惯性得到释放之后才会停下来。

三、背 离

背离分为两类：一类是动能背离；另一类是结构性背离。先来看结构性背离，当红角线呈现出重心下移的时候，也就是红角线由长变短的时候，与之对应的分时线指数却创出了新高，这个高点就是结构性背离高点。做多动能减退之后，从理论上讲，指数失去动能的支撑应当下跌才对，但不跌反涨，构成指数和动能之间的背离，形成的高点就是背离高点；当绿角线呈现出重心下移的时候，也就是绿角线开始由长变短的时候，与之对应的指数却创出了新低，这个低点就是背离低点。做空动能衰退之后，从理论上讲，下跌的动能不足，应当立即止跌反弹回升，而不但不反弹回升，大盘指数和分时走势却再创新低，也就是惯性下跌的过程，构成了指数和下跌动能之间的结构性背离，随后形成的低点就是背离低点。注意一个细节：背离高点对应的红角线中间一定要有绿角线出现；背离低点对应的绿角线中间一定要有红角线出现。

（1）背离的特性。背离有一个特性，就是最终会趋于同步。背离说明市场动能存在分歧，有分歧双方就会相互制约、牵制，最终达到共振同步运行。从背离到趋于同步的过程要经过一个共振点，这个共振点就是一波行情的拐点。就好比拔河比赛，一队向左用力，另一队向右用力，即两队的用力方向是相反的，这就是动能背离。这种相反方向的用力也就是动能背离会导致两队之间的动能持续地消耗，最后其中一队的力量消耗殆尽之后，平衡点就会向对方倾斜，此时即形成了拐点。背离技术在投资市场中之所以备受投资者青睐，就是因为背离之后会产生拐点。

（2）背离的成因。市场为什么会产生背离呢？这和速度有着密切的关系，速度是决定背离的根本因素。这就像是两个人比赛跑步，两个人的起跑线是一样的，发令枪一响，比赛开始，同时出发，但经过了 5 分钟、10

分钟或者更长的时间后，两者之间的差距就会显现出来，跑得快的和跑得慢的就会拉开距离，形成一前一后的背离现象，形成前后背离的根本原因不是起点不同，而是速度不同，因为一个速度快，另一个相对来说速度就慢了，一般5分钟后就会形成前后背离。在股票市场也是一样的道理，我们经常会看到这样一种背离结构：大盘分时图白色曲线和黄色曲线的背离，即动能背离。

（3）动能背离与结构性背离。大盘分时图中的白色曲线是市场权重股蓝筹股的直接表现形式，而黄色曲线代表市场中小盘个股的动能，也可以理解为市场流动资金特别是私募及游资的直接表现形式。当权重蓝筹股积极护盘时，势必构成分时图中白色曲线加速上扬并喷式走高，如上证50类个股，银行大金融板块、两桶油、地产等急速上涨时，大盘分时的白色曲线一定会急速上扬，走高拉升，而此时，代表盘中小盘个股的黄色曲线并不一定会同步快速走高拉升，有时甚至会出现相反方向运行（在市场资金流动性紧张的时候较为常见），速度不同，造成白色曲线在上而黄色曲线在下，或黄色曲线和白色曲线的敞口越拉越大，也就是白色曲线和黄色曲线的背离，就是因为速度不同造成了两种动能的背离和分歧。根据背离的特性，背离之后就会形成大级别的拐点。黄色曲线代表了市场中小盘个股的力道，白色曲线在黄色曲线的上方而且两者间的距离较大而形成背离时，说明只有权重蓝筹股独自起舞，市场散户及各种流动性场外资金特别是游资与私募的做多意愿不强，甚至会逃跑观望，从而形成动能背离，也势必会抵消权重蓝筹股的拉升强度和高度，白色曲线的独自拉升就如无线的风筝，乘风飞去或许还能再飞高一点，但无线风筝终要落地。随着黄白曲线的敞口越来越大，最终会构筑大级别的背离拐点。下面以大盘的实盘例子进行讲解。

从图4-6中可以看出当日是一个普涨行情，大盘的两个指标线即黄色曲线与白色曲线开盘时大幅高开，在一些获利盘的抛压下，无论是代表权重蓝筹股的白色曲线还是代表中小个股的黄色曲线，都出现了不同程度的回落，但开盘时白色曲线在上，黄色曲线在下，这说明这一天的

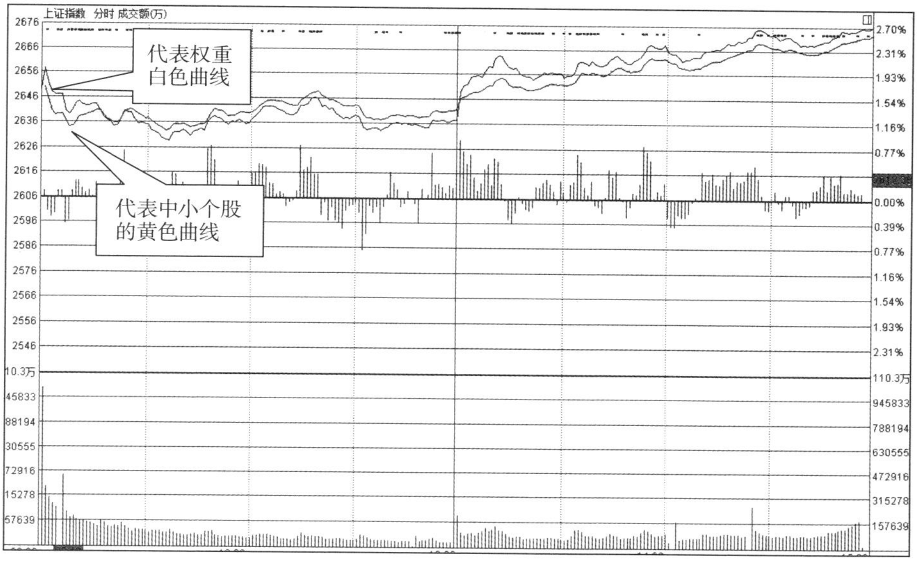

图4-6 大盘分时黄白线

行情虽然都高开，但是由权重蓝筹股带领主导性上涨，在随后的回落中，白色曲线最后下穿黄色曲线继续回落，黄色曲线则拒绝继续回落，又形成了代表中小个股的黄色曲线略强于代表权重蓝筹股的白色曲线，但它们的差距并不明显，没有进一步拉大距离即敞口，回落的力度非常接近。但是到了午后，代表权重蓝筹的白色曲线再次急拉上穿黄色曲线成为市场的主角，同时黄色曲线也有进一步拉升，但力度远不及白色曲线，不过敞口也没有进一步拉大，直到收盘结束维持了全天的强势。像这样的交替同步强势运行，就是普涨格局，阳光普照！也是我们众多投资者最期盼的行情！

下面仍然以上证指数为例来看我们前面所讲的背离结构。

图4-7中是代表个股的黄色曲线在上，而代表权重蓝筹的白色曲线在下，这是典型的个股行情，虽然看上去大盘是下跌的，但个股机会在市场里会得到充分的体现。从图中右边椭圆处可以看出，上涨家数901，下跌家数514，大盘虽然下跌，但个股明显处于涨多跌少的状态。这样的行情就应当轻指数而重个股，此日的复盘统计涨停高达80家，赚钱效应非常明

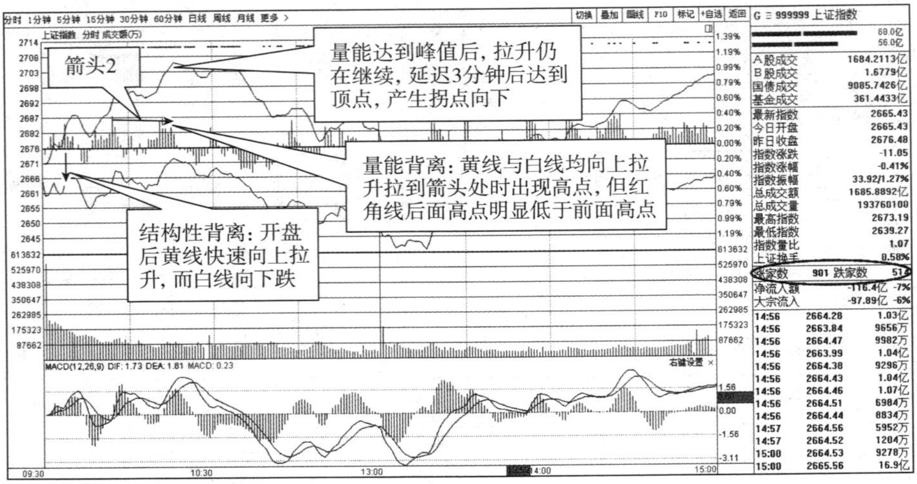

图 4-7　大盘分时背离结构

显，属于阳光灿烂的一天。

图 4-7 中既有动能背离也有结构性背离，总体来说，这是一个大盘的顶背离结构，开盘交易后白色曲线向下走，而黄色曲线则快速拉升向上，这完全是两个相反的方向，随后代表个股的黄色曲线与代表权重蓝筹的白色曲线之间的距离变得越来越大，也就是敞口变大，结构性背离成立。那么这一天我们要想判断是否有机会操作，很快就会得出答案。既然代表个股的黄色曲线在上，也就是说个股在当日是不缺少机会的，只要选择好市场的个股即可操作，不会出现系统性风险。白色曲线向下，但经过黄色曲线的拉升，跌幅也不会加大。当黄色曲线与白色曲线回拉到箭头 2 处时，一个明显的现象产生了，第三波拉升高度明显超过了第二波，但第三波拉升红角线柱明显低于第二波的红角线柱高点，即峰值的绝对值低于前一波，而拉升高度又高于前一波的峰值，这就产生了量能背离。达到峰值后，指数的拉升并未停止，而是继续拉升，延迟了 3 分钟左右开始构筑顶部拐点，随后开始下跌，黄色曲线和白色曲线同时回落，也就是个股和权重同时下跌，只是黄色曲线个股虽然回落但仍然有涨幅，但白色曲线的蓝筹股则是变为跌幅，说“一个在天堂，一个在地狱”可能有点过了，但这

种权重蓝筹股的小幅回跌震荡就是在为个股的上涨创造条件。反之，如果这种背离反过来是白色曲线在上带领行情上涨，而黄色曲线在下或者出现反方向运行时，则是风险非常大的一天，个股无机会，权重起舞，对于多数股民来说就是一场浩劫。同样是顶背离结构，但领涨市场的品种换成了权重蓝筹股，因为权重起舞上涨需要大量的资金来带动，而个股很多时候为了配合权重的拉升，不但不涨还会跌幅较大。只要黄白曲线之间有很大的敞口，不是大机会就是大风险！大机会就是如图4－7所示黄曲线在上、白色曲线在下而形成大敞口；如果相反地出现白色曲线在上大幅拉升而黄色曲线在下形成大敞口，则是地狱盘的行情，指数看上去没有任何风险，实际上持有的个股却是痛不欲生！这是一种赚指数不赚钱的行情，一定不要轻易交易，如果持仓，该止损时要坚决果断地及时处理。

底部背离结构。前面分析了顶背离结构背离时的操作方法，接下来继续了解量能背离如果发生在相反的方向也就是底部时的背离。图4－7是一个分时上的顶部背离拐点，如果出现相反的情况，即在底部如果经历了连续的下跌，在指数连续下跌中，后一波下跌的绿角线的峰值明显低于前一波的绿角线峰值，也就意味着大盘在底部构筑大级别的拐点，抄底的机会就会来临。因为空头情绪得到了宣泄，到了一定程度就会物极必反，衰到极点就会聚集做多的量能，也就是多空动能的转换，要重视一个关键点，有时候并不是产生背离就会马上产生拐点，前面讲过一般会有时间上的延迟，要注意黄色曲线和白色曲线及红绿角线的数值之间的相互关系，连续的底背离会使很多人产生恐惧感，但只要你学会了这里所讲的内容，一旦大盘在底部酝酿出机会，就要毫不犹豫地“上车”，这就是别人恐惧而我们该贪婪的时候。但个股的选择要注意遵循前面讲过的选股法则，率先带领反弹的个股当然是我们的首选。

（4）总结。通过顶背离和底背离（注意：这个顶底的背离包含了量能和结构的背离）我们可以看出当日是否有机会入场，而通过量的动能背离我们可以找到最佳的出场点位或入场点位。这在实战中非常重要，首先对大环境有了充分把握，再去阻击个股时，先回避了大环境的风险，只面对个股的操作就会变得轻松很多。很多时候困扰投资者的问题就是何时入场、何时出场，只要处理好入场和出场，即买和卖的关键时间点，操作起来就会胸有成竹、得心应手。而通过分析大盘分时的结构和量能的背离正好解决了这个问题。

第三节 高低点的分级

前文介绍了动能背离和结构性背离的几种表现形式。下面来讲级别的划分，级别的大小有各自不同的操作性，从以下几个方面进行讲解。

一、共 振

市场不同周期之间的协调性非常重要，大小周期之间在同一时间里保持的方向不一定具有一致性，往往是大周期向上运行时，小周期出现调整，又称为反弹中继；反过来，大周期向下运行的时候，小周期上行，又称为下跌中继。大小周期的不同步、不协调是市场涨跌的主要因素，尽管小周期的涨跌受制于大周期的影响，但市场只有出现大小周期同步运行形成共振，才是加速涨跌的最有力保障，也就是我们所说的市场合力。市场合力多发生在大周期下跌的末端或反弹的末端拐点，可操作性极强，因为此时伴随着多周期拐点，大小周期同步运行。比如，在分时图上发生大级别的背离性拐点，而 5 分钟 K 线、15 分钟 K 线、30 分钟 K 线、60 分钟 K 线、日周线同时发生顶部或底部的背离，此时的可操作性极强。

二、时 空

所谓时空，即时间与空间的组合，如果拐点出现在临近收盘或中午休市时，安全级别会降低，如果不是对下午开盘和次日开盘的走势有足够的把握，则需要在下午开盘或次日开盘时进行二次确认，为什么会这么说呢？首先，因为午盘休市时，港股的交易时间和 A 股的交易时间不同，A 股在休市时港股仍然在交易，如果在这个休市的中间阶段港股出现较大的波动，会直接影响到临近收盘时出现拐点的准确性；其次，美股的交易时间和A股交易的时间不一样，A股交易会走在美国的前面，我们的晚上是美国的白天，也就是说在我们晚上的时候美股才会交易，美股的大幅波动也会影响到A股次日的收盘，过去很多时候A股甚至是只跟跌不跟涨。所以，时间上这两个时间点的拐点需要二次确认。

从空间上来说，盘口分时每日4个小时是一个时间周期，虽然1个小时在市场中只是一个单元，但它是一个完整、连续的时间周期，在这个周期内出现极限值时，即大级别的拐点出现时，分时图中的位置为当时的最高点或最低点时，代表做多或做空的量能接近衰竭，指数伴随着出现背离拐点的可能性极大，可操作性较强。

三、速　度

速度指的是涨速或跌速，资金进场和资金离场都会产生量能，量能的大小产生速度，速度的快慢形成结构，结构的好坏是资金是否参与的一个标准，而周期则贯穿于市场的始终。速度和结构的形成非常关键，操作的时候很多投资者可能擅长运用背离拐点的技术，但很少去了解这其中形成背离拐点的原因，速度在这里就起到了很关键的作用。速度也会形成周期，主要简单分为急速和缓速，急速之后的市场路线一般情况下分为以下几种：①急速上涨或下跌之后再急速上涨或急速下跌；②急速上涨或下跌之后缓涨或缓跌；③急速上涨或急速下跌之后形成顶部或底部。在前面我们讲过，市场最安全的操作是要形成合力，如果急速上涨或急速下跌形成合力后多空双方有一方出现衰竭，多空能量在顶部或底部进行相互转换，就是一个安全级别较高的操作机会。

以上大盘级别的判断方法在普通行情中运用效果非常理想，当然对大盘的判断我们要结合整体的各种因素，市场因素在整个股市中是最主要的因素，政策因素虽然很重要，但终归是要回到市场的节奏中去，虽然有时候我们会看到各种政策性的利好护盘，但一定要市场给出信号才是最安全的入场机会。但是在极端市场情况下，任何技术性的判断都可能会失灵，也就是出现了拐点时也可能会被市场化解。也就是说，上面的知识点不能单一使用，而要综合使用。在实战时还要配合板块与个股的规律来进行细化，大环境是整个市场结构的表现形式，只要不是在极端行情下，股市行情中都会有资金青睐的个股表现，而这种独立于大盘表现出来的强势即我们选择的首要标准。

下面讲解如何将关注的个股面积缩小，这样有利于我们集中精力，避免没有目标地“大海捞针”，要知道在股市中，特别是在精准的阻击短线操作中，每一分钟都很宝贵。任何人的精力和时间都是有限的，要能把市场几千只个股分类出来，去伪存真，为投资提供更有力的保障。

第四节　建立自己的股票池

为什么要建立自己的股票池？

股票池的重要性在于，有自己的股票池能够事半功倍，减少看盘时的干扰，提高看盘效率。仅仅靠盘中选股的随机性做股票，胜率会非常低，而且极有可能是情绪化操作。每次买入一只股票前一定要有充分的理由和准备，买入前的准备就是为买入后的增值或保值提供更好的保障。很多投资者动机单一，操作盲目而冲动。笔者曾经遇到过一位很典型的高频交易者，也是我的学生，因为我教过他一些涨停战法知识。只要是交易日，他基本上每天都在交易，除非是一字跌停或一字涨停的情况下才不交易。在盘中看到一些票强势拉升，就会头脑发热地追进，而且每次买入仓位都最少在半仓以上，经常割肉后不到一分钟就又建仓了，建仓过后几分钟又后悔了，经常都在这样的情况下煎熬—等待—兴奋—失落—割肉—建仓，如此循环。每次亏损出局基本上都是他无法接受而接近崩溃的时候选择放弃，涨停后出现卖点又经常贪心地不愿意卖出，也就是落入了无论涨跌都无法赚钱的“怪圈”。

每天我们在股市交易时会看到很多盘面的变化，也会接触到很多的个股信息。没有自己的股票池会导致交易太过随意，也就是说你会被干扰到自己都分不清真假。目前股市一共有3500多只股票，而且新股还在继续发行，这样下去，预计到2020年超过4000只不是什么难事。信息干扰也会越来越多，所以股票池就像是我们自己的“小金库”。

有了股票池会让我们的精力更专注，股票池里的每一只股票都是我们千挑万选后才放进去的。当后期的表现不如预期甚至是恶劣时，要果断从股票池中删除，也就是股票池必须保持更新，目前来说数量最好不要超过

50 只，也就是大盘 3500 只个股，我们保持 40 ~ 50 只，最多按 1% 的比例。如果以后股票总量更多，我们按这个比例保持即可。也就是说，我们的每一只股票都是百里挑一的。当然，如果你的选股功底很好的话，可以更为精简。这就像特种部队一样，有了这样的“尖刀”，再加上精明的指挥，就会战无不胜。

第五节 建立股票池的要点

建立股票池有以下几大要点。

（1）市场热点优先。市场热点也就是当前市场资金关注度最高、吸引资金最强的热门。特别是当市场资金紧张时，资金就像流水一样，如果在水池边开了一个口子，水很快就会往这个方向流动，得到流水的地方自然就会生机勃勃。所以说资金大力流入的地方必然是市场的焦点。

（2）强势股优先。所谓强势股优先，也就是说，当天的强势股都要密切关注，但并不是全部都要加入股票池，上文已经强调过股票池中股票的数量，我们的选择从涨停开始，从涨停中再配合前面一条热点优先叠加选择，把最强的个股最好是下午 2 点前涨停的个股加入股票池。

（3）优胜劣汰，每日更新。股票池一定要每日更新，一定不要超过股票总数的1%，这是极限。当你发现好股票实在太多，不得不加入，而且池中的股票又无法舍弃时，往往是风险即将来临的时候，每日更新就像人体细胞的新陈代谢一样，每天把精华部分吸收进来，并将前面加入的个股中有些停牌、消息利空而走坏、自然性技术破位等各种不及预期的个股及时从池中删除。

（4）结构性选股。我们的股票池中也要适当保持一部分结构性很好的个股，这类股并不一定会涨停，但它的结构非常好，会保持良性持续上涨，而且呈现出极强的规律性，这类个股我们在股票池中也要保持最少 1/3 的比例，因为这是行情出现极端变化时的风向标或者避风港。

（5）股票池分类。股票池要包括指数、蓝筹、个股三大内容。有这三个方面可以一眼看出这三者之间的关联以及当天是否有操作机会。权重蓝筹股代表的是大盘风向，权重蓝筹强势上涨而个股反而出现大跌的走势是不能操作的；反之，权重跌，而指数总体并不是处于暴跌或持续下跌阶段，个股反而精彩纷呈时，可以忽略指数，反而有很好的赚钱效应。

以下是选股的强化训练：

第一周、第二周，每天都要坚持，从复盘选出1～3只股票，1只指定为操作标的，另两只作为备选标的。

从第三周开始，总结过去两周选出股票后操作的成功率，如果成功率达不到75%，继续前一周的训练；成功率达到75%后，每天只选1只股票，无论有多少只看好的股票，都只能选1只票进入股票池，这样做的目的主要是为了增强我们选股的精确性，以后都必须坚持这个训练，这样会使你对市场的判断更为准确。

记得笔者在一次讲课时，有一名投资者说他有过这种痛苦的经历：2018年5月下旬他自己选了（300490）华自科技、（002607）亚夏汽车、（603615）茶花股份3只股票，买了其中的华自科技与茶花股份两只，余下的亚夏汽车没买，结果是买了的两只表现都不如意，没买的1只成了大牛股。像这样的例子我相信不是个例，在股市中很常见。这都是由于我们没有经历过特殊的选股训练、精确度不够造成的，不够精确会导致操作的随意性。

有以上五点准备，再加上我们的选股训练，完全可以建立一个属于自己的高质量股票池。

选股训练是硬性作业，希望最少坚持半年以上。我们经常看到别人做操作很精准，经常能做到黑马股，成功率非常高，我们只看到别人成功的一面，做好一门生意都要付出比别人更多的努力，更何况是投资资本市场。俗话说“三年出个生意人，十年出个投资人！”投资看上去简单，做起来不易。所以，长时间坚持做一件事情，做好了你就是胜者，虽然努力不一定成功，但是不努力一定不会成功！

无论你掌握多少种方法，最终要经得起市场的检验。实践是检验真理的唯一标准！没有经历过战场，就不知道战场的残酷性，你在交易中的每一次点击鼠标都意味着真金白银！

第六节　周期性共振

周期性共振能够帮助我们提高买卖点的精确性，笔者在过去交易时经常将买卖点精确到分，很多人问我为什么会这么神奇，就好像我自己在做主力一样。而且很多股票买入后很快就出现暴力上涨，卖出后很快就出现下跌。其实并没有那么神奇，主要是利用好了周期性共振，再加上量价的配合程度，即可作出科学又合理的判断，市场是动态的，每一次判断时或多或少可能会出现一些小小的误差，但只要出现共振，一般都会有级别较大的上涨或下跌。究竟什么才是周期性共振？笔者将这个实战多年的方法总结如下。

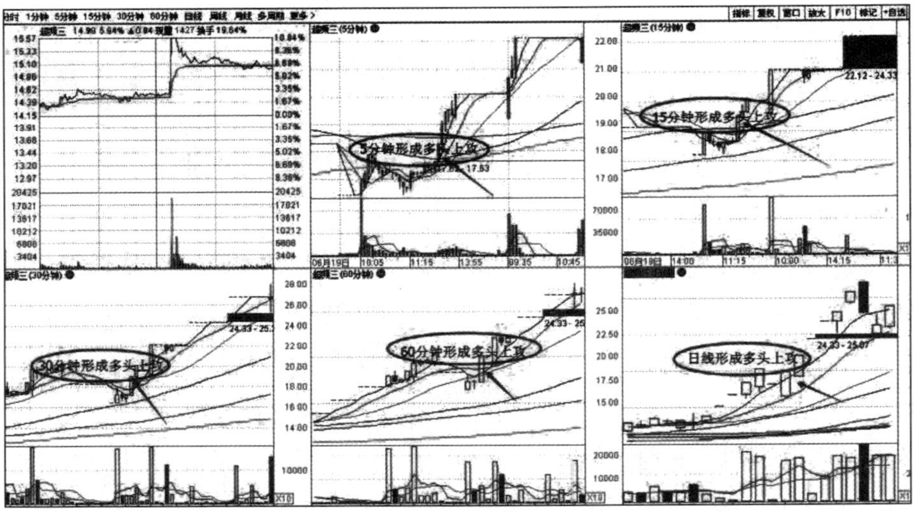

图4－8　超频三阶段底部区间共振产生的强力拉升

从图4－8中可以看出，当5分钟的拐点向上形成大阳线，三根5分钟K线的连续上攻引发15分钟的向上拐点，而两根15分钟的K线组合阳线引发了30分钟的向上拐点，两根30分钟的阳线又引发了60分钟同时拐头向上形成大阳线，小周期与大周期形成了共振而引爆出连板走势。单纯从小级别的K线级别来看，只要5分钟、15分钟都出现了买点时就要特别关注了，如果再引发30分钟同时出现买点，那么当5分钟出现回踩支撑时，就是入场机会，具体在盘中运用时，要配合均线的组合程度，再加上共振周期的上涨角度来判断强势的级别。所有的均线向上散发时，30分钟与60分钟呈45度角的上升角度，5分钟能呈现出“V”形底或圆形底就是非常强烈的大涨形态，在小级别出现共振时，同时也要观察日线上方是否存大重大压力线，如60日线与144日线，这两条均线在第一次上涨遇到时，如果不是连续涨停的妖股均会回落二次寻底确认后做二次突破才是真突破。这种共振带来的上涨往往幅度都比较大，也是最容易涨停的。

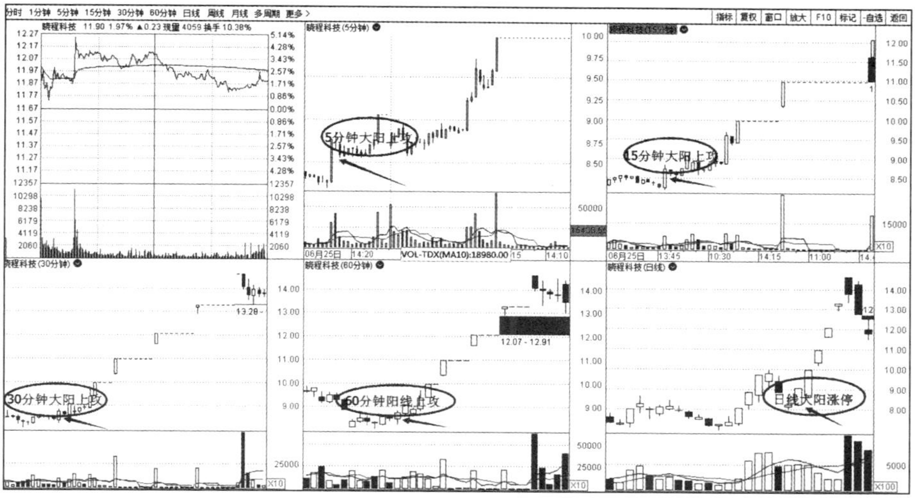

图4-9　晓程科技周期共振

图4-9中同样也是由5分钟在底部最先开始拐点出大阳上攻，随后引发15分钟的阳线上攻，15分钟后引发了30分钟的阳线上攻，30分钟又引发60分钟的阳线上攻，最终出现从引发日线的大阳涨停板。而当5分钟开始在底部出大阳线时就要重点关注第二个、第三个5分钟的K线是否能够继续放量上攻，当15分钟确认出大阳后即可试探性地买入测试盘面的反

应，如果继续引发30分钟大阳，可适当加仓，继续引发60分钟底部大阳，很可能引发底部日线涨停板。这就是由小级别开始一级一级地向上形成共振而导致的周期性涨停。

在操作这种周期性共振时，一定要耐心等待15分钟走完后走出实体大阳，最好不要带有上影线，15分钟级别和5分钟级别的量柱要比前面成N倍放大，大买单频出时可以开第一单，但不能全仓买进，如果买入后再次有快速下探时，经常是15分钟的下影线，影线幅度达到第一单买入的3%时可以作为第一加仓点。

共振产生的威力和后面的高度取决于主力的实力和市场的认可程度，也就是我们所说的人气。但只有当主力资金大笔介入才能产生共振级别的大阳，均线同时向上排列散发，换手率越来越高。一般在日线级别上方没有特别重大压力的情况下，介入后被套的风险相对较小。

很多人在交易时或者借助于过去的经验，或者听别人的消息或者干脆凭感觉。交易的逻辑和每个人当时的初衷是一致的，那就是赚钱！但买入的条件和理由各有不同。其实盘面是瞬息万变的，特别是到2018年后走势非常极端，天地板成为平常事，这就要考验很多人的承受能力，也是一次人性的考验。其实任何极端的走势都是主力所为，也就是人为的。是人就会有人性，主力资金也是人在操作 ，主力也有无奈的时候。既然是人在操作，在操作上就会留下痕迹，普通投资者和主力是一种既敌对又合作的关系，当主力建仓完毕拉升股票的时候，当然希望有更多的散户跟进买入，这样主力什么也不用做，股价就能快速上升；在建仓时散户与主力抢筹码，就是敌对关系，主力就会想方设法地把散户洗出局。也就是说，小级别的共振发生在日线的什么位置很关键，如果是日线、周线、月线级别的共振，那将很可能引发一波很大的涨幅，也就是大级别的上涨。

对于共振的运用，最小是由1分钟引发，但1分钟K线太过灵敏而缺乏稳定性，所以将最小的周期扩大到5分钟，在盘中看盘时可以根据自己的习惯来设置。

第七节 股性分类

在操作股票时，有人重点关注股票的基本面，还有人重点关注技术面，还有人重点关注宏观经济面……单纯地关注一个方面都是有利也有弊的，但如果把某一个方面运用到极致，效果也不会差。

本节重点强调的是，股性对于股票分析非常重要。股性其实代表的是人性，股市经常都是把人性的弱点无限放大。掌握好股性的规律，操作股票时就有了对主力的充分了解，能达到事半功倍的效果。

总体来说，初步划分可以将所有的股票分为三大类。

第一大类：强于大盘的个股

这类股票代表的是市场最有“钱途”的类型。这类股票长期、短期均强于大盘，长时间有主力资金护盘才会有此表现，一旦市场止跌或上行，主力很容易发动攻击，很快就能见到利润！属于典型的“给个笑脸就腾飞”的个股。通常来讲，这类个股先于大盘止跌，后于大盘到顶回落，是我们长期关注的目标，可以做波段性操作，也是我们的优先选择。强于大盘的个股既可以是白马股，又可以是黑马股。

强于大盘类个股有以下几个明显特征：

（1）60 日均线以上的小周期稳定向上，包括底部形成、上升通道等各类型的牛股的初期及中期形态。

（2）走势独立，有独立的节奏。大盘上涨时它并不一定上涨，大盘下跌时也未必跟着下跌，整体趋势和节奏独立而且稳步向上。

（3）上涨时的阳线成交量和换手率明显放大，而下跌时的阴线对应的成交量和换手率明显缩小，经过一段时间的积累，会形成一个明显的量能堆积区。我们在前面章节已经讲过白马股与黑马股的区别。现在我们从白马股与黑马股的实例中进行分析比较。

白马股类型：

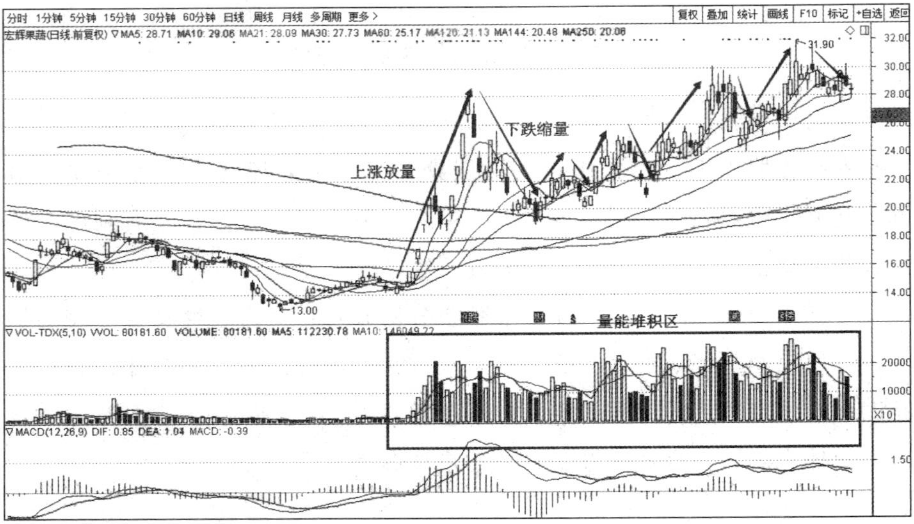

图 4－10　603336 宏辉果蔬 2018 年 7 月前日线走势

从图 4－10 中可以看出该股走势呈规律性上涨，而同期大盘走势如图 4－11所示。

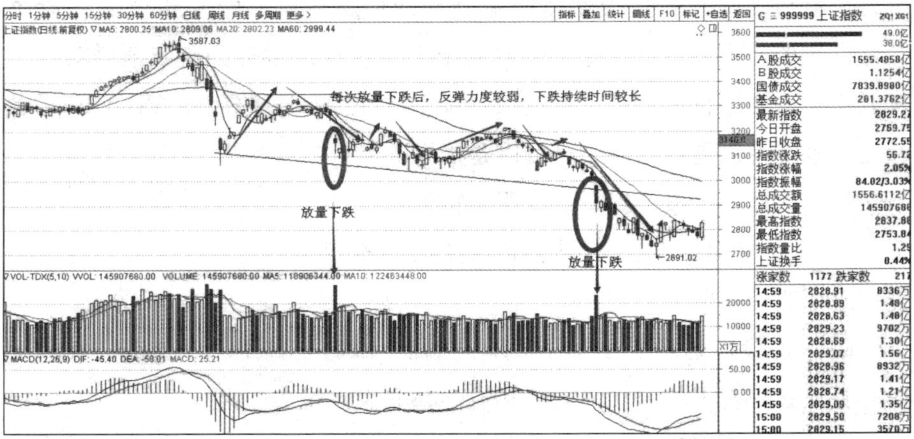

图 4－11　上证指数 2018 年 7 月前日线走势

通过图4－10宏辉果蔬与图4－11上证指数同期走势对比可以发现，在大盘如此恶劣弱势的环境下，该股还能得到资金持续性的看好，该股走势符合我们上升通道牛股初期的几大特征。首先，走势和大盘反向而且非常独立，稳定向上，周期性极强；其次，上涨时伴随着量能放大和高换手率。从技术上我们看到的是资金的参与和个股的活跃度。

宏辉果蔬的走强是因为中美贸易摩擦中，中国将对美国农产品大幅增加关税，利好国内农产品，有了炒作的由头。再从盘面上来作分析，就显得更加清晰。该股启动初期是以黑马股的连板形式来突破第一道压力关口，后期则是以30日线为支撑点规律性震荡上行，这也是白马股最明显的特征之一，是典型的主力在波段式高抛低吸地操作。这种个股走势的关键在于后期能否真正突破走出主升浪，如果开启了主升，后市会走出长期上涨的白马股，如跌破30日线则可能是主力出逃。当然，贸易摩擦并不会使公司的基本面有很大的提升。资金选择该股炒作无非有两点理由：一是流通股本只有6668万股，股本较小，容易成为主力阻击的品种；二是次新股上市后经历过1年以上的下跌，而且在下跌后期基本上是缩量状态，筹码相对来说较为稳定，不出局的已经是铁粉，要出局的早已离场。有这两点，主力介入不会产生太大的抛压风险。

下面再看宏辉果蔬日线区间统计就可以找到更多的市场逻辑。

从图4－12宏辉果蔬2018年3月13—7月19日区间统计看出，区间换手在130天高达1968%，阳线60天，阴线26天，阳线数量远远大于阴线数量。但该股仍然未出现主升浪的走势，当前阶段可以每次逢低都是机会，到前一个高点时可以出局进行波段性操作，该股最明显的规律就是以30日线为支撑点上行，也就是每次跌到30日线都是一个买点，这种是真正的低吸，如果买入后又跌破30日线则为止损点。由于是低吸的原因，这种止损方法亏损的幅度也是最小的，但上涨波段一旦成立，一次收益可以做5次以上的止损，加上强大的规律性，成功的概率就大为提高。白马股的选择不仅要从技术图形上去考虑，也要从行业方面进行分析，一般情况下，多以消费类型的个股为主，消费类型个股抗通胀能力强，很多时候会

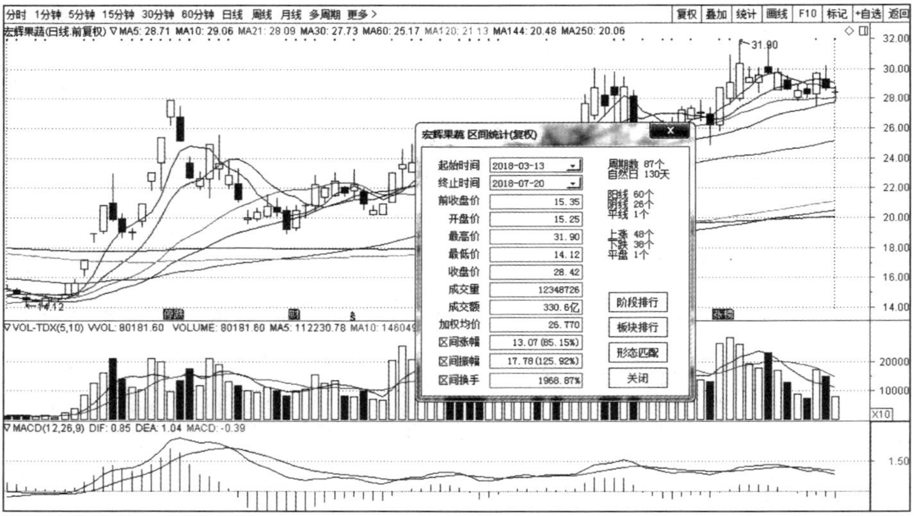

图 4－12　宏辉果蔬日线区间统计

成为公募基金的投资配置之一。

黑马股实例如图 4－13 所示。

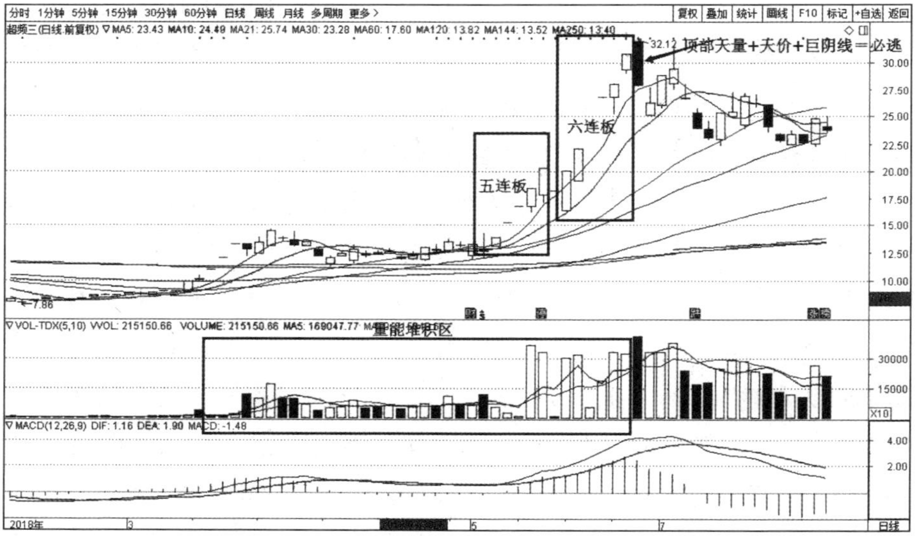

图 4－13　超频三 2018 年 3 月前日线

从图 4－13 中可以看出，该股在第一次启动后放量突破 30 日、60 日、120 日等重大压力线区域后，开始回踩均线密集区进行二次支撑确认，调整时间为 18 个交易日，接近 1 个月自然日。二次发力上攻前筹码较为充分。而且在突破第一次压力后回踩的位置一直处于 30 日均线上方，30 日均线是一只个股走牛后的分水岭，在 30 日均线以上的调整都属于强势调整。长时间处于 30 日均线以上的个股应当成为我们的重点关注目标，从图 4－13 中还可以看出，除了 30 日均线向上，其他几条重大的均线 120 日线也由原来的向下开始走平，也就是趋势性的改变，以前标准的下跌走势开始形成上涨趋势。当均线第二次黏和时，多头主力资金再次发力攻击，直接用两个顶死一字板手法来摆脱下面的成本区域，接着两个放量涨停后，仍然用一字跌停的方式洗盘，而且是连续两个一字跌停，前面的追涨资金全部被套亏损，对于这种超强股，突然连续一字跌停，但既没有成交量又没有什么重大利空时，我们应当择机买入，因为这么大的资金进入后，后市必有强烈的反弹，能否创新高另当别论，至少资金强力介入后，连续的一字跌停能为我们带来机会。结合区间统计便更加一目了然。

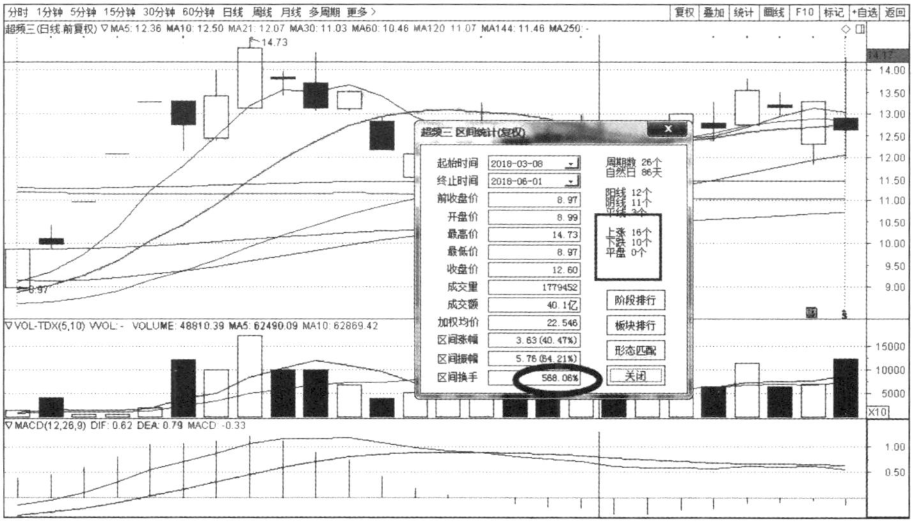

图 4－14 超频三第一次放量走出底部二次启动前的区间统计

从图 4－14 中可以看出，加上回踩确认的周期，回调幅度没有超过前一波上涨的一半，区间换手率也超过 500% 以上。区间涨幅为 40%。也就是说，主力资金从底部介入后志在高远，并没有撤退的痕迹，而是在做进一步的形态组合。前文已经讲过选股的逻辑，对比同期大盘指数走势即可看出，选择这种市场人气很高的股票时，可以同步观察盘口的交易是否很频繁，一只股票只有在有主力资金主导的情况下才能呈现出规律性的上涨。至于能否连续涨停，取决于主力资金点火启动发射后市场对它的认可程度。下面我们与图 4－14 中超频三同时段上证指数的走势作对比，便会明白超频三是否在这个期间强于大盘。

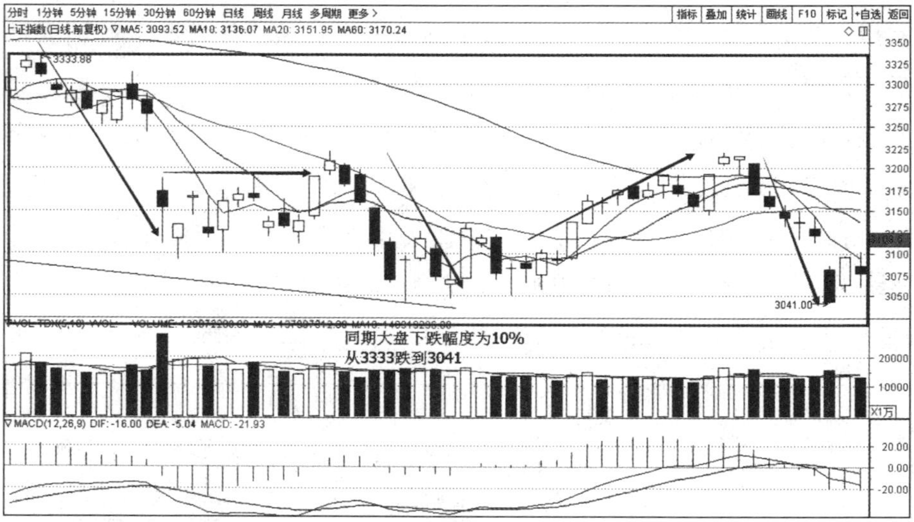

图 4－15　上证指数与超频三（图 4－14）同期日线

通过对比可以发现，超频三大涨超过 50%，而大盘同期涨幅为－10%。300647 超频三符合强于大盘的三大条件：首先，稳定处于上 60 日均线级别以上的上涨通道；其次，走势和大盘同期相比是独立走势，并不跟随大盘的下跌而下跌，节奏较为规律；最后，形成了量能堆积区域，上涨处于放量攻击的形态。

以上两个实例都是在大盘持续下跌、走势恶劣的情况下，走出了独立行情，此类个股在合适的时间点介入会有丰厚的回报。强于大盘的个股都没有盈利效应，市场还有什么是可以盈利的？很多时候是股如其人，我们经常可以从操作股票的类型看出一个人的风格，但无论哪种风格，选股如交朋友，与强者为伍是不会有错的，自己也慢慢会变得强大；如果整天和一个知识、见识都不如自己的人在一起，自己能有什么进步呢？在股市上弱于大盘必吃亏。所以，该种独立走势又强于大盘的个股，无论是黑马股类型还是白马股类型都是我们在选股时必备的类型。

关于强于大盘类型的个股，由于篇幅有限，就不再多举。可以结合自己的操作在股市中找出同类型的个股，如 600309 万华华学 、600519 贵州茅台 、000622 恒立实业等。有兴趣的读者可以打开软件找出以上个股的走势图与大盘同期进行对比，也可以根据条件选择自己喜欢的个股。

第二大类：同步大盘的个股

该类型个股受大盘影响较大，大周期基本上与大盘同步，对此类个股的操作关注大盘趋势行情即可作出较好的判断。此类个股中，一般对指数影响较大的蓝筹股、权重股等较多，如中国石油、中国石化、中国神华等中字头个股，以及国有四大银行、证券、保险等。虽然说是同步，并不是完全一样，而是大体走势保持一致，一般情况下，个股的涨跌幅度肯定是要大于大盘的涨跌幅度，权重蓝筹股属于大盘的一分子，但占的市值比例较大，它们的急涨急跌都会对大盘走势有较大的同步影响。因此，有时我们在交易时可以将几只重要的指标股放入自选中，它们如有异动就能很快知道大盘也会跟着异动。重要的指标股可以包括中国石油、中国石化，但同类型的建议选择市值最大的中国石油，银行类建议选择工商银行。

此类个股最明显的特征就是周线以上级别的周期跟随大盘同起同落，一般用于救市时拉升指数，牛市时自然性上涨或熊市时自然下跌。与大盘同步的个股正常情况下不是我们交易时重点关注的标的，选择关注的目的是预防大盘发生系统性风险，不在于操作。因为 IPO 的大幅扩容会让市场资金变得稀缺，大蓝筹股只有市场攻击某一关键点位或维持市场稳定时才会发挥较大的作用，当它的使命完成后仍然会保持持续震荡的走势。资金稀缺就不会存在普涨的大牛市格局，而只能是结构性行情。

来看图 4－16 中大盘周线与图 4－17 中工商银行周线图的比较。

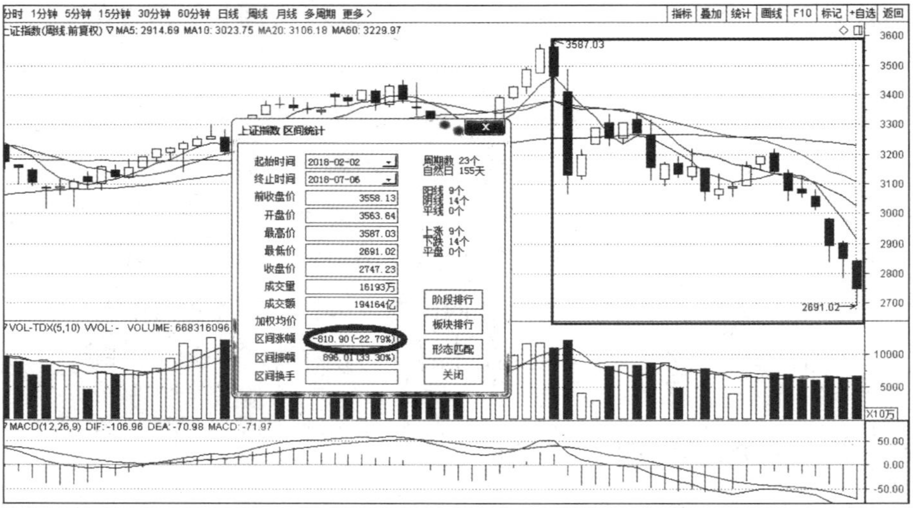

图 4－16　上证指数 2018 年 2—7 月周线及区间统计

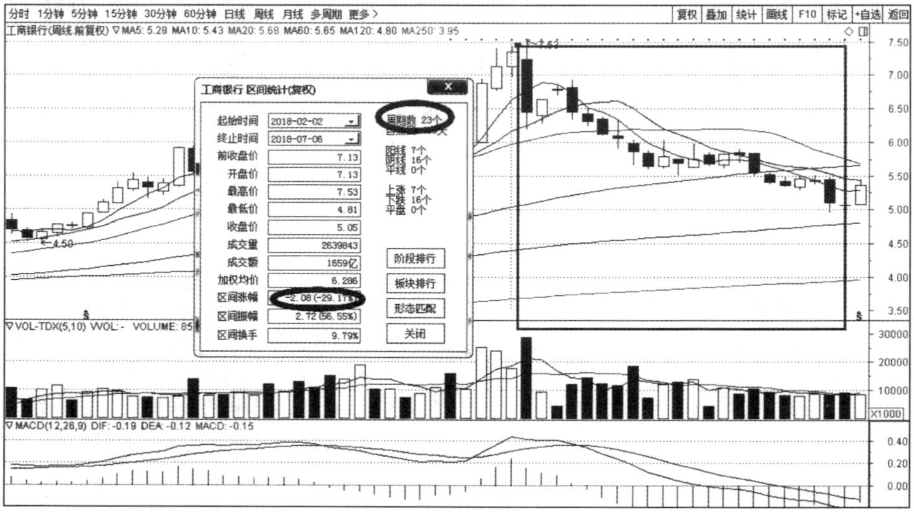

图 4－17　工商银行 2018 年 2—7 月周线及区间统计

对比图 4 – 16 与图 4 – 17（图中椭圆圈中的数值）可以发现，周线级别同为 23 周内，工商银行跌幅为 29%，大盘跌幅为 23%，非常接近。此类个股只可以作为判断大盘是否具有上攻潜力时的标的，一般不作为操作的首选，因为市值太大，每涨跌 5% 对大盘的影响都是惊天动地的。一般大势震荡时，或政策性救市时，该类个股会长期处于横盘震荡状态，赚钱效应较差。从图形对比中，可以看到基本上每一次大盘的下跌，工商银行都有一份功劳。当然，蓝筹股并不只有工商银行一家，所有的中字头及大型房企、钢企、央企等都是如此。如果有很大的政策性利好这类个股时，也可以操作这类个股，虽然赢利不一定多，但能更好地回避只赚指数不赚钱甚至跷跷板效应亏钱的风险。

为什么这么说呢？A 股的扩容速度在最近几年非常快，融资速度和额度也是前所未有的，这就会导致股市里原本就不太多的资金越来越少，一旦大蓝筹这类个股出现大涨，市场资金流向了大蓝筹股，其他的小市值个股很多时候就会有灭顶之灾。最近两年实盘的经验告诉我们，这种情况在近两年来很常见，蓝筹股大力上涨，小市值个股一定会被大力抽血；但小市值个股上涨时，蓝筹股并不一定会下跌，有时会出现横盘震荡。也就是说，现在的市场大环境不具备牛市的基础，只能是看风向来决定操作什么样的个股。2016—2018 年上证 50 蓝筹的持续上涨就是以创业板和中小板的持续下跌为代价的。在这个时间段里，中小板与创业板完全和上证 50 的走势相反，中小创特别是创业板指数经历了长达 3 年的可怕持续性下跌。在未来 3 年内创业板必定能爆发出一些大牛股为我们带来巨大的财富！没有只涨不跌的股市，也没有只跌不涨的股市！

第三大类：弱于大盘的个股

该类股就是被市场抛弃的个股。其主要特征为，每当大盘上涨时处于横盘或小涨，涨幅远远小于同期大盘或所在板块的涨幅；但是当大盘横盘或者该股所在板块横盘时，该类股仍然是持续性下跌；当大盘下跌时，该类股跌得更快，幅度也较大，处于领跌先锋角色。

在市场中能够引领市场下跌的个股也是一个反向指标，只有当空头力量得到充分的释放时，才会出现走出底部的可能。对于长期处于这种弱势地位的个股，任何一次反弹都是逃命的机会，而不是去抢反弹，也不能在自认为的低点去补仓，很多人的亏损都是因为一错再错而造成的。开始的时候买错了，再错就是没有止损目标，想当然地认为跌够了，止损变加仓，原来本不是重仓的个股加仓后继续下跌，变成重仓下跌，再次加仓，再次下跌，就一路错下去，这是很可怕的事情。如果遇到一只个股因为种种原因长期弱于大盘时，最好敬而远之！切莫做捡便宜抄底的事情，长期的弱势就像一个人得了重病，“冰冻三尺、非一日之寒”。岂能随意当宝？虽然市场充满了变化，但量价规律和自然规律是不可能改变的。对于弱于大盘的个股，重点强调的就是“风险”两个字，无规矩不成方圆，希望每一位投资者都能够慎重对待！

个股长期、短期弱于大盘，属于被市场边缘化的个股，短时间内很难受到资金的青睐，即使市场出现反弹行情，最多就是跟随反弹，但反弹空间有限，反弹延续性较差，没有大的利润。偶尔有利润也是火中取栗，投资本来就是一件风险较高的技术活，做小概率的事吃亏的多、占便宜的少。下面仍然用两个同期的对比图进行讲解。

通过图 4 – 18 中小板指数与图 4 – 19 巨人网络同期对比可以看出，中小板指数 2018 年 7 月已经开始步入反弹，而巨人网络的跌速越来越快，跌幅也越来越大。如果在中小板反弹时买入巨人网络，亏损可想而知。这就是弱于大盘的典型实例。

当流动性紧张（也就是我们所说的钱荒）时，长期横盘处于阴跌、跌跌不休的个股非常多。市场资金有限，但很多上市公司因现金流困难，又想到股市套现或再融资，导致资金变得稀缺。

无论何时，只要个股处于长期下跌趋势，无论是缩量还是放量，均不可参与，这类个股我们之所以了解它的特性，不是用于操作抢反弹，而是为了去伪存真、防止毫无意义的亏损。

这里简单提一下，只有当结构走好后，也就是最少要突破 60 日均线，

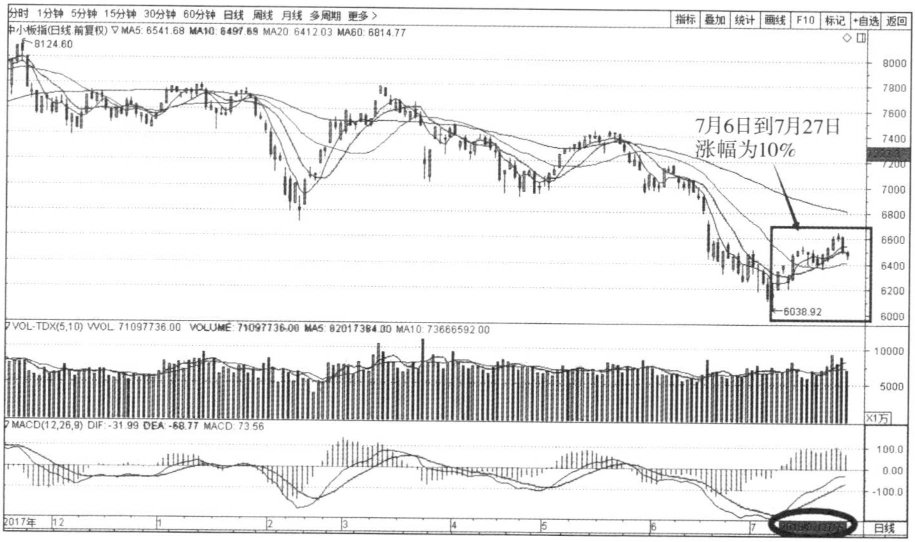

图 4－18　中小板指数 2018 年 7 月 27 日前日 K 线

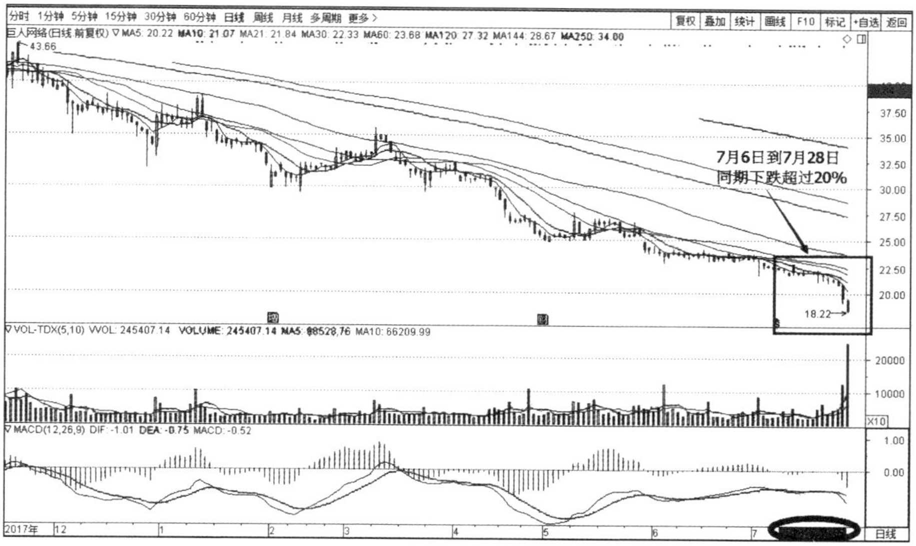

图 4－19　巨人网络 2018 年 7 月 27 日前日 K 线

而且 60 日均线以下的 10 日、20 日、30 日均线均已掉头向上，有充分的底部盘整后彻底走出底部时，才会去寻找买点。另一种就是有强烈的“V”

形反转时，也会用强势逻辑去寻找买点，其核心就是下跌的趋势要被打破时才会寻找机会。后面有对“V”形反转战法的详细分析，有具体的涨停战法体系来完善，而不能盲目交易。笔者的底部涨停战法必须是市场给出符合规则的涨停信号时才会交易，绝不会凭主观的意念去判断，关键在于量化后有一个标准去衡量，没有量化的方法都是两面派，涨了有理，跌了也有理。

第五章

买卖点

第一节　中线股的买卖点和止损点

此类方法适合稳健型的投资者，首先要对上市公司的基本面作研究。主要看公司的现金流、负债率、市盈率、主营业务等。

当然，重点还是在技术面上。中长线个股一定要存在规律性的走势后，方可成为标的。具体来讲，趋势一定是走出底部恢复上涨的趋势。具体要点如下：

（1）必须站上60日均线而且是二次确认后不再跌回60均线下方后开始震荡向上。

（2）量能每次上涨时会放大，换手率会变高（具体量化30亿元以下流通市值，日换手最少超过5%以上），而下跌时则明显缩量。

（3）每次回撤最大幅度均不会跌破60日均线，即使特殊原因跌破60日均线也会在3日内重新站上60日均线，当然，有时候走势会越来越强，支撑位置会在60日均线上方离60日均线越来越远。

（4）走势极为规律且独立，有非常明显的控盘痕迹，同时分时图也较为活跃。

接下来用一个实例对买卖点和止损点进行全方位的讲解。

图5－1通策医疗的日线图当第一次大阳突破60日均线后，就开始持续震荡，量能有两根大阳温和放大后，一直处于缩量回调状态。但一个非常明显的特征出现了，回调看上去阴跌不休，持续性也很久，当回调到60日均线时，下跌戛然而止，虽然没有放量，但就是这么神奇，其实这就是主力资金的控盘力量，不会轻易跌破60日均线，这里好不容易突破过来怎么能又轻易地退回去？多空双方的战场，被攻克一个阵地就不会轻易让敌人再来占领。60日均线从底部上行时也是多空双方最主要的一个战场，这

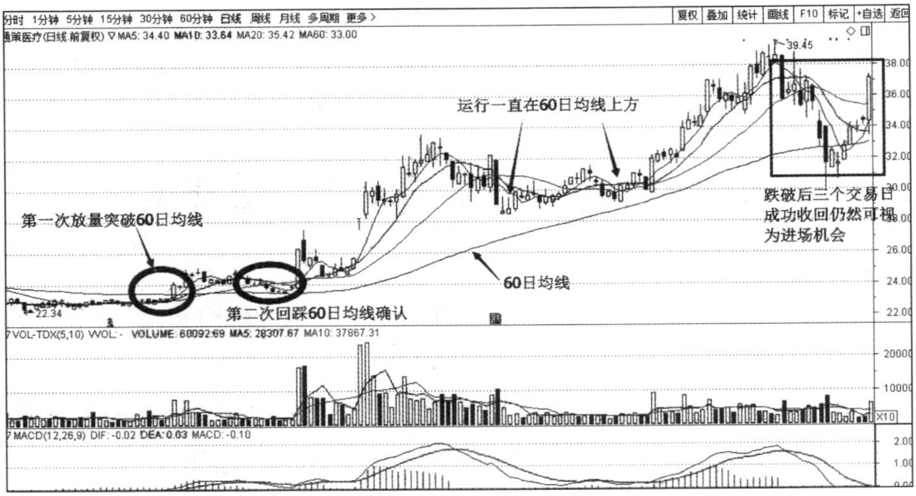

图5－1　通策医疗由弱变强突破60日均线走势

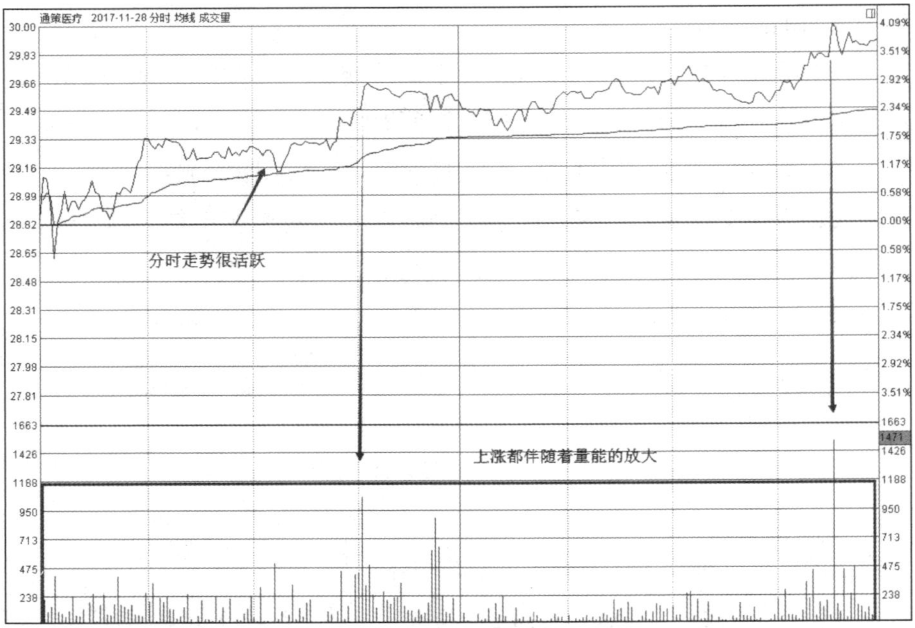

图5－2　通策医疗分时走势

里多头既然敢用放量的阳线上攻突破，就不会轻易放弃。在第二次回踩时就到这个60日均线的战场阵地，是多方退守的底线，如果失守又会花费很长的时间、很大的力气才能重新占领，在小幅缩量后，再次出现了多头的强势上攻，2017年10月10日拉出了突破60日均线以来的第一个涨停板。而且量能也成几倍放大，筹码充分交换，套牢盘较多，散户蜂拥而出，打出涨停后虽然又开始回调，但回调的低点却越来越高，离60日线越来越远，这是加速上涨的一种表现。第三次回踩只到了20日均线很快就再次拉出涨停板，快速上涨，彻底脱离成本区。

从图5－2通策医疗的分时图可以看出，该股每天的交易非常活跃，分时线来回波动，每时都有交易发生，根据前面讲过的选股逻辑，活跃股是我们选股的基本要求之一，在分时的拉升过程中同样伴随着量能的放大，也就是这样的上涨有实际资金的买入，一般趋势型中长线股的分时图拉升不会像黑马股表现得那么电光石火般激烈，但分时上的走势活跃度也是非常明显的，只有交易活跃才能有春天的到来。反之，如果交易太过于冷清，分时上经常处于横盘走势的心电图，操作这样的个股意义就不大。

通策医疗后期的上涨虽然不是非常凌厉，这是由于总体的启动角度并没有太大的爆发力，走出了趋势行情。但每次回调的底部都是高于前一次的底部，这就是典型的底部重心上移，由于60日均线离得太远，而上涨的力度又不是特别大，就只有时间换空间的上升趋势结构等待60日均线上移后才能再次做突破性的拉升。这是趋势股具有的一种特征，那么买卖点如何把握更好呢？

现将买点、卖点、止损点具体量化设置如下：

买点：当第二次回踩确认60日均线支撑有效，在60日均线附近出现缩量小阳线时为买点。

卖点：后期运行只要不破60日均线会长期持有，直到走出主升浪行情后，在高位出现放量阴线或放量（所谓的放量，是比之前正常上涨时量能明显放大，有时候是成倍放大）超过5%以上的长上影线时。

止损点：按支撑位买入后，如再跌破支撑位即为止损点（止损后如果

3个交易日收盘价再次站回到支撑位上方也可以买回）。因为是低吸原因，如没有特殊原因止损幅度不会太大。

关于以上买点、卖点、止损点三者的关系，交易时都是应该当作口决去执行，不能带有个人臆想的期望值，达到一个条件就执行一个交易。

总结如下：

（1）通策医疗符合突破60日均线后二次跌回不破60日均线震荡向上的要求。

（2）突破新高点均会放量，换手率变高，回调时缩量。

（3）每次回撤不破60日均线或破了60日均线3个交易日便能再次站上60日均线。

（4）走势独立，从图5-2的分时图可以看出有主力控盘的痕迹。

有以上4点基本可以判断通病医疗符合中线股的操作要求。

下面再看一个例子：002045 国光电器

从图5-3中可以看出，日线第一次站上60日均线放量后缩量回调，回调的低点已经回到了60日均线下方，在2019年8月12日收盘再次回到60日均线之上，这就是二次回踩确认的逻辑，这一日就是我们的中线股的技术性买点。可以看图5-3中的标注处，站回60日均线后，就开始稳步上行，上涨都伴随着量能的放大，而回调的阴线则是明显的缩量。随着重心开始上移，第三次回踩在30日均线得到了支撑，2019年10月10日爆发出一个放量的涨停板，开启了一波连续放量的拉升。股价从10月10日的低点6.61元，一个星期的时间便上涨到9.01元，涨幅超过30%。此时重心随着股价的飙升再次上移，后面的两次放量拉升均是回调到20日均线，不但离60日均线越来越远，与30日均线也拉开了距离。大小级别的均线均向上散发，形成了标准的上升通道趋势型牛股。需要注意的是，只要不是在拉主升浪阶段，中线白马股是很难一直在20日均线以上长久运行的（能够长时间运行于20日均线之上的均是在快速拉升阶段或者黑马股的爆发阶段）。最终在2019年12月23日、24日，国光电器再次回踩到30日均线，而此时也是一个安全的买点（我们此时买入是以30日均线为标准，当跌破 30 日均线时则要作止损处理）。笔者写到这里是 2019 年 12 月 26 日后期的拉升还没有开始，不妨作为一个练习。读者可以回顾一下该股是否走高，我们有了充分的买入条件“依天剑”，同时也有操作纪律“屠龙刀”作后盾，并不会产生太大的风险。

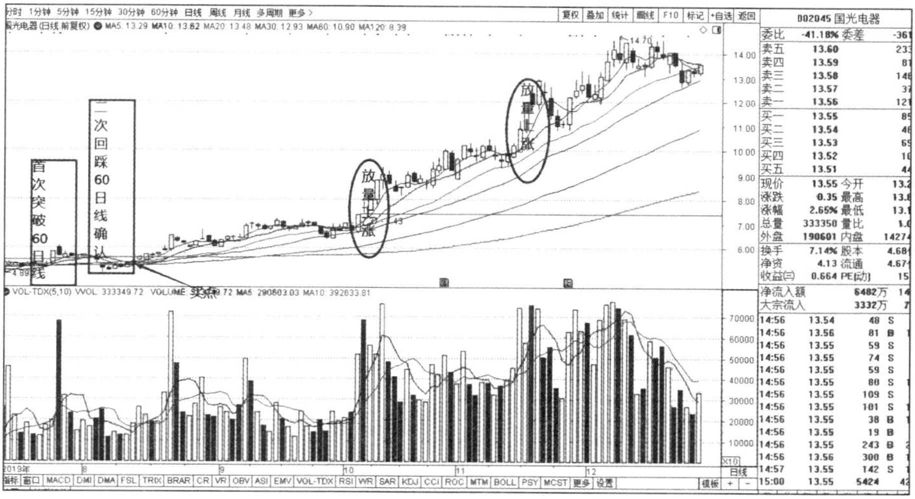

图 5 –3　国光电器日线战法买点

从图 5 –4 中国光电器的分时图可以看出其走势非常活跃，每分钟都在上下波动，说明每时每刻都有资金在里面博弈，这里只列举了一天的分时图，有兴趣的读者可以回顾这个阶段任何一天的分时图。明显的特征就是无论是日线还是分时在上涨拉升时均有量能放出，也就是有真金白银在推动着它的上涨。结合日线来看，总体上多头占着绝对的主动权。对比一下大盘同期的走势就会更加一目了然。

将国光电器的日线与上证日线同期对比可以发现，国光电器已经走出了标准的上升趋势，而上证指数多空双方一直在 3000 点附近来回争夺，一直维持着上不去又下不去的震荡格局。这也符合我们前文讲过的独立强于大盘走势的选股要求。

国光电器的日线拉升比前一个例子中的通策医疗更为凌厉，是因为股价相对目前还很低，是处于 15 元以下业绩优良的白马股，流通盘也低于 5 亿股。

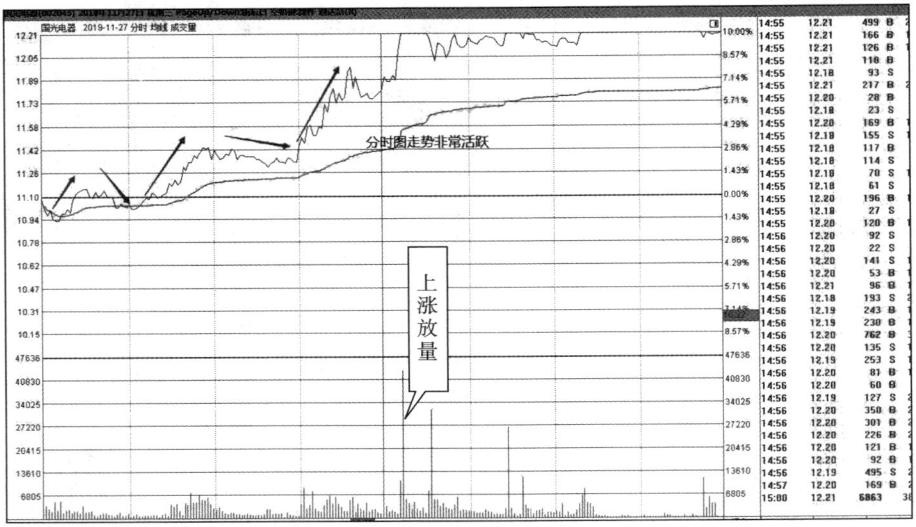

图 5－4　国光电器 2019 年 11 月 27 日分时

图 5－5　上证指数 2019 年 7 月 10 日—12 月 26 日走势

总结：国光电器符合以下要求：

（1）突破 60 日均线后二次回踩 60 日均线 3 日收回震荡向上。

（2）突破新高点时均会伴随着放量，换手率变高，回调时缩量。

（3）回撤低点不破 60 日均线且在 60 日均线上方越来越远。

（4）走势独立，有主力控盘痕迹，资金活跃度高。

从以上四点可以判断国光电器符合中线股的操作要求。

这类例子股市里还有很多，可以通过每日复盘来进行挑选。接下来讲波段股的买点卖点和止损点。

第二节　波段股的买卖点和止损点

我们常说“波段操作，高抛低吸”。但并不是所有的股票都适合波段操作。要操作波段股，首先要找出它的规律性，这是必须条件，也是操作波段股的核心。

进行任何操作时，首先都要具备选择此类型股的能力，市场是动态和变化的，但关键的核心要素只有四点：趋势、量能、价格、规律性。

（1）趋势。趋势一定要走出底部，突破60日均线后方可作为标的。

（2）量能。在突破60日均线后，每次上涨时均会频繁放量，下跌时明显缩量。

（3）价格。价格一般最好不超过20元为佳，突破60日均线以后的底部价格会越来越高，后一个底部会超过前一个底部。

（4）规律性。上面已经强调过操作波段股首先就是要找出它的规律性。找规律一般用两种方法：一种是用均线规律；另一种就是手动画线。规律性是一个比较灵活难掌握的要点，除了以上两种方法，有其他方法也可以采用，只要自己用起来顺手就可以。有的投资者喜欢用布林通道，有的投资者喜欢用其辅助指标，我们一般不将辅助指标作为规律性来对待，在交易中，辅助指标只能辅助我们分析，不能作为买卖决策的依据，因为辅助指标往往都是K线走出后才会表现出来，具有延后性。而且遇到连续涨停或连续跌停的情况，指标经常会出现钝化现象（指标钝化就是在将要死叉时又出现拉大幅拉升，将要下跌时又出现金叉等）。

接下来看一个典型的波段股操作实例。

从图5－6中可以看出，在框中的放量之前量能缩到极致，属于真正的地量，后面一波下跌虽然幅度大，但下跌时量能并未放大，这属于加速赶

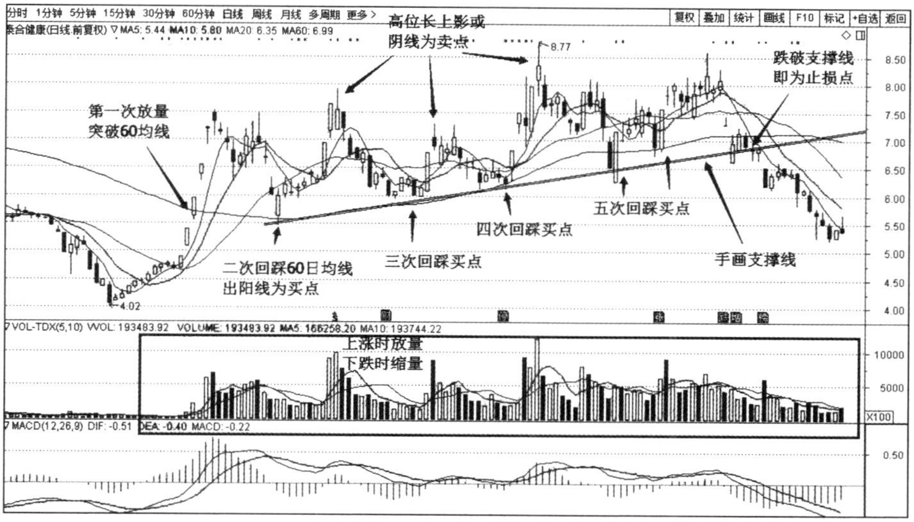

图5－6　泰合健康阶段走势

底，随后碎步小阳线的修复仍然没有量能的放出，这是自然的市场修复行为，并没有明显的主力资金介入迹象。当5日线与10日线金叉，10日线再与20日线金叉后，出现了第一次放量，随后开启了连板模式，量能也继续放大突破了60日均线，这是真正意义上的第一次主力资金的介入，因为这样的连板并非散户所为，这种连板效应在底部时市场合力也很难形成，必须要有主力资金点火方可走出连续涨停。但在没有突破之前我们无法判断主力是否会真正做突破，此时买入的风险仍然很多，只关注、不买入仍然是最安全的，很多时候在这个位置都会有多次假突破。因此，在这里买入的话不确定因素较多。

当第一次突破60日均线后，不具备连续上攻的动能，最终还是得回归本原，回调的支撑点刚好出现在60日均线，下跌便戛然而止，随后便开始了一波强势反弹。这个支撑点看似偶然，实则必然，在前面通策医疗的例子中我们也讲过，多方主力好不容易占领一个阵地，如果你是主力你会轻易地又放弃给空方吗？在力所能及的情况下当然不可能！这里的支撑就是一个安全介入点，从回调的幅度来说，7.5回调到5.5，超过20%的短线回调也较为充分。波段性的买点采用在支撑位置低吸的办法，主力也不是说想洗掉你就能洗掉的，正常情况下要洗掉你就必须跌破60日均线，那多方主力付出的成本就会更高，除非是你的资金体量大到主力无法控制，否则谁也不愿意花这么大的代价去洗一个散户投资者。买入的成本只要在低位具有成本优势就会有充分的主动权，买入后当上涨到前一个高点附近或突破前一个高点后会出现上涨乏力的两种信号：一种是在此位置出现放量阴线；另一种是在此位置出现放量的长上影线。此时应当先卖出保住利润，这样可以有效避免因为没赚钱或大赚变小赚而影响心态。图5-6中向上箭头的位置均是买点，向下箭头的位置是卖点，当高位出现放量阴线或长上影线卖出后，只要回调达到规律性支撑点，以上面的泰合健康为例，再次回调到60日均线支撑有效，即可再次买入，再次出现同前一次一样的卖点时，即可再次卖出，就这样循环操作交易一只股，综合利润会非常可观。只要支撑规律和上涨规律不变，就可以长期操作一只个股，笔者有一位北京的学员就专门用这一种方法，战绩非常突出。

通过上面的例子，现将波段性操作的买点、卖点、止损点总结如下：

买点：每当回调在60日均线附近或上方出现缩量阳线时，即为买点。

卖点：每当放量大阳线突破一个平台后在高位出现超过5%以上的上影线或2%以上的实体阴线时，即为卖点。

止损点：当跌破规律性支撑位时，即为止损点。

按规律性去低吸高抛，风险永远小于追涨杀跌，这也是做波段股的最佳买入策略，能使风险最小化、利润最大化。

这里再三强调的规律性并不一定只是均线或画线，也可能是箱体等。总之，只要是在一定范围或一定周期内作规律性波动，同期大环境下大盘无论好坏，仍然保持着自身的规律。这都是有主力强力控盘才能长期如此。

可能读者也经常会听说别人高抛低吸，那么何为高、何为低呢？上面的方法就是很好地解决一个高抛和低吸的量化标准，只要掌握了其中的精髓，操作就会变得简单。以上的波段操作要点不但解决了高抛低吸问题，还解决了止损点的问题。

接着再看一个实战例子。

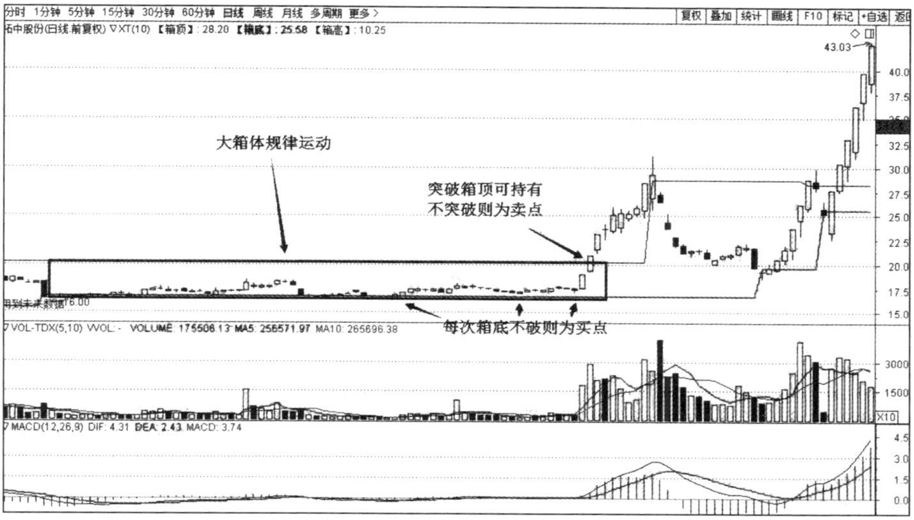

图 5－7　柘中股份 2016 年日线

图 5－7 中，柘中股份在大涨之前有过长时间的规律箱体运动，基本上是横向震荡，箱体的高点从 2016 年 7 月到 11 月底部不但没有跌破反而稍有上移，图中框处在未放量拉升涨停之前每次上涨都带有试探性，并不突破，更不会涨停，通过长时间地来回箱体运行，突破后就具备很强的爆发力，不鸣则已，一鸣惊人！突破箱体后主力开始了加速上攻快速脱离成本区（成本区也就是前面箱体震荡区域）。这也是股市常说的“横有多长，竖有多高”，突破箱体后的上涨幅度从 20 元涨到 30 元，上涨幅度高达 50%，而后的回调幅度也相对较大，跌破了前面的箱顶位置。但如果用均线来看，回调正好在 60 日均线位置，下跌便戛然而止，非常神奇的力量又出现了，而后又开启了新的暴力上涨征程，这一次上涨不到一个月，涨幅从最低 20 元最高涨到 49.9 元，接近 150% 的上涨空间。如果能熟练地利用好一只个股的规律性，像图 5－7 中的柘中股份，能把两次拉升的一半收入囊中，收益之高可想而知，一年有一次这样的操作就可以称为经典。每

个规律都在于自己从盘感中去总结和发现，一只个股在不同时期也有不同的运行轨迹。只要能静下心来长时间不受干扰地专注于一两只个股，就能更好、更熟练地掌握这只个股的规律性，也能更好地发挥出最高的交易水准，赚取更多的利润。

当然，任何操作都要谨防意外，有时是主力资金链断裂，有时则是大环境突然变得非常恶劣。所以，当规律被破坏时，必须要严格执行止损。偶尔的亏损在市场中是难免的，只要少赔多赚、积少成多，像柘中股份这样的暴力拉升买到一次就能让你足够与普通投资者拉开距离。

第三节　短线龙回头股的买卖点和止损点

在A股市场中有太多的投资者热衷于短线交易，笔者也有过这样的经历，市场中的各种意外实在是太多，虽然我们都说要注重个股的基本面，但市场经常会给我们教训，其实很多人不适合短线股的操作。而且在没有交易纪律作保障的情况下，短线交易很难保持利润的稳定性，到最后一看，还不如拿着曾经买入的股票持有相同时间的利润。

操作短线黑马时短期高利润伴着高风险。操作此类股要具备三个方面的能力：

（1）需要很强的技术分析能力。

（2）需要很敏锐的市场嗅觉和判断力。

（3）机械化的执行力。这是重点中的重点，技术再好、判断再精准，只要执行不到位，最后都是“赔了夫人又折兵”，执行力就是说到做到，是让风险最小化的最大保证。前文已经讲过“屠龙刀”的重要性，此处不再重复。

我们常说“千金难买牛回头”，这句话在很多时候都是我们对错过牛股发出的感叹，当一只股票走出了强势特征即牛股的特征，如果出现了回调，很多投资者会认为这可能是主力已经出货了，在低位时犹豫着不敢买入，后来发现又开始了更大的涨幅，这时候想买又怕追高，不买又怕错过，当实在忍受不住连续上涨的诱惑而买进时，很可能会成为真正的接盘侠。因为他们都没有量化买入条件，而是凭一腔热血在控制不住自己的情绪时出手。

那么什么才是牛股的回头，也就是常说的龙回头？本书反复强调的都是一个强势逻辑，大牛股一定是在涨停板中产生的，这一点可以由市场去检验。这条规律相信很多人也知道，但面对每天的那么多涨停怎么去选择？不是说选择大于努力吗？关键就在于选择的逻辑出了问题。这就是接下来我们要讲的“龙回头战法”，只要抓住以下几个要点，牛股龙回头就很难从你面前跑掉。

这样的个股必须满足以下条件和要求：

（1）在60日均线上运行，次新股除外。

（2）连续上涨幅度超过50%或短期出现连续涨停板。

（3）从5日均线到60日均线按大小级别排列向上散发。

（4）拉升过程中伴随着放量，放量的程度是以在拉升前来区分，因为换手率和成交量成正比，换手率要求拉升时是在拉升前缩量阶段的150%以上。

以上就是牛股的具体要求和条件，要买龙回头，必须先找出这种类型的个股，下面以002189利达光电为例说明。

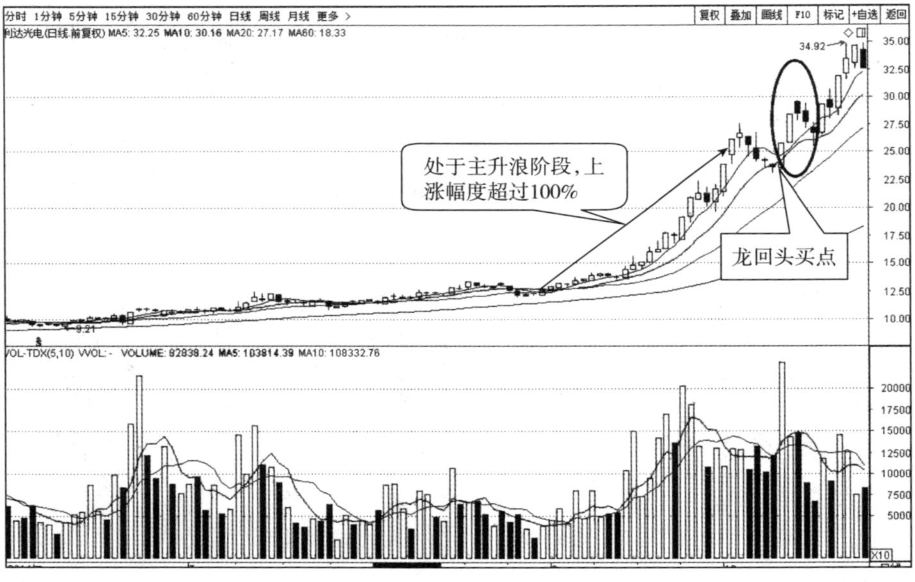

图5-8 利达光电2014年日线

图5－8中利达光电在主升浪开启前从量柱的高低可以看出也有过频繁的放量，在拉升前进入了明显的缩量阶段，从2014年8月底开始，价格从12元附近开启拉升主升浪，到10月10日涨出了第一波高点27.67元，一个多月的时间里，股价上涨130%，顺利翻倍！但笔者这里要讲的龙回头买点，并不是指这个主升浪，这个主升浪前的买点属于我们前文讲过的内容（波段性操作和中线买点均能够有更好的把握）。也就是说，万一错过了第一波主升浪的买点，而在第一波上涨过程中又不知何时跟进时，找到龙回头买点也算是一个补救措施，虽然不一定还能吃着“大肉”，但至少还能喝到一口“肉汤”。有时龙回头在第二波上涨时，梅开二度有大势配合时往往比第一波的涨幅更大。

龙回头买点的要求如下：

（1）回调幅度不能超过前面一波涨幅的25%。

（2）回调时放量不能超过拉升时放出的量能。

（3）回调不能超过20日均线，跌破20日均线必须在3个交易日内重新站上20日均线，否则无效。

（4）在20日均线或10日均线附近出现缩量小阳线或阳线十字星收于均线上方则为买点（阴线无买点）。

从图5－8中可以看出，第一波拉升高点后，回调4根小阴线，这4根阴线相对于前面上涨时的阴线放量均是缩量回调，当回调到10日均线时，停止了回调的脚步，出现了一根阳线当日即涨停，一旦遇到这种情况，在该股低开高走时，只要从分时图上盘口看出有大单频繁买入，价格超过10日均线的位置，即可跟进。这时的操作时间相对较短，一定要等待前面所说的两个条件满足，大单频繁买入反映在分时图上就是放量，价格超过10日均线位置。如果回调的底线是20日均线而不是10日均线呢？这种情况就说明回调的幅度更深了，在20日均线出现和10日均线是同样的技术逻辑，即大单频繁买入，分时上放量，上穿20日均线价格时，即可跟进，这里回调到哪里要由主力强势度和市场环境来决定，投资者要注意的就是持续地关注，等待买点的出现。

分享完买入的细节，接着讲卖点。买入股票后预期二次突破拉升，一般情况下牛股走出了主升浪的第一个阶段，由于均线很难持续跟上，形态上都会有回调的需要。此时的回调就给了投资者可乘之机，买入后无非两种可能：一种是符合预期的上涨；另一种就是不符合预期的下跌。先讲符合预期的上涨卖出要求，如果我们买入时是以10日均线为买入的起点，也就是第二波上涨是以10日均线的支撑为启动点，在后面的持有中，只要收盘不破10日均线，即可一直持有下去，只有当收盘跌破10日均线，就无条件卖出。如果我们买入时支撑的启动点是20日均线，那就持有到收盘跌破20日均线时立即无条件卖出。这里讲的跌破一定是收盘价跌破，盘中跌破很多时候收盘会继续强势收回，因此，盘中的跌破一般情况不用在意，但有一种盘中跌破的情形是必须要卖出的，即盘中的跌破时下跌力度大，呈直线下跌，而且有频繁大单卖出，这种下跌是有极大风险的，主力只有在无条件兑现利润时才会如此，不然则是公司出现了一些不可预知的风险，此时卖出是防止快速跌停后找不到卖出机会，更是为了防备后期的连续跌停。这样的卖出方式虽然卖不到最高点，但也能有很大的利润空间，又防止了因主力洗盘而丢掉了二次主升行情。另一种就是出现不如预期的卖出，即止损型的卖出。这种情况下按买入时的规律再确定止损位置，方法在前文已经讲过。

止损点：买入该股后，走势不及预期，反向下跌，只要跌破买入当日的最低点，即当止损处理。买入时如果是以股价上穿10日均线为启动点，如果当天收盘就退回到10日均线以下，次日开盘仍然在10日均线以下，15分钟如无法收复10日均线，低于买入当日的最低点价格（一般以开盘后15分钟的股价走势基本能看出当天的强弱程度），如果是以20日均线为启动点买入，当天或次日收盘低于20日均线，次日开盘15分钟无法站上20日均线且收盘低于买入当日的最低价，立即作止损。

现在来讲止损的原理，也就是为什么跌破买入当日的最低价时要作止损处理呢？因为当天买入的条件很明确，是日线上出现了低开，在10日均线或20日均线下方价格已经站上10日均线或20日均线，开盘在均线下方这条均线就是它的压力线，当股价回到均线价的上方，说明多方已经占据主动，这是发动第二波攻击的信号，但如果次日收盘已经跌破了买入当日的最低价（注意，不是买入价格，而是买入当天的最低价），这说明多头发动的二次上攻已经失败，发动了攻击又失败了，结果是很可怕的，当然是投降赔款！既然如此，这个买点也就不存在了，买点反过来成为下跌中继，没有继续持有的理由，只有当多方再次占据优势时方能买回与多方站在一起，这就是此类止损的逻辑分析。

龙回头战法要点口诀：

（1）在20日均线以上的缩量阳线上穿均线为买点。

（2）以买入启动点的支撑为标准，以后期的上涨过程中跌破支撑标准为卖点。

（3）买入当日或次日短期跌破买入当日的最低点即为止损点。

以上都是量化的买卖及止损要求，有具体的执行参考标准，只需执行即可。

下面再看一个实战例子：603169兰石重装。

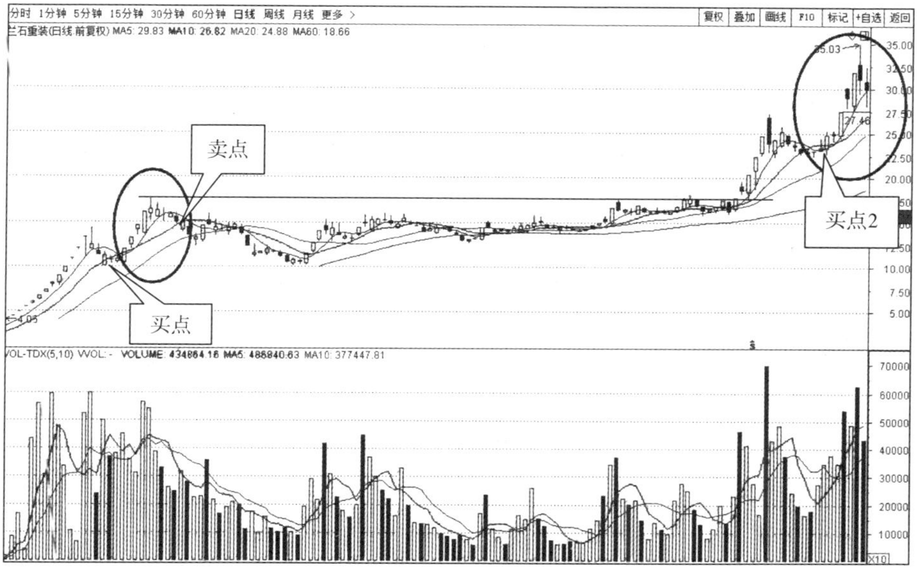

图5－9　兰石重装2014年、2015年部分日线

图 5－9 中兰石重装中两个椭圆处即龙回头战法的交易点位和获利空间，兰石重装这个图形中出现了二次龙回头的操作机会。先来看第一次机会，第一次机会的时候是新股上市后由于价格便宜的原因连续上涨，无论是新股还是上市很久的个股，必须要满足的一个要求就是在上涨的过程中一定要有过连续放量的行为，所以在上市之初连续的一字板时，主力也好，个人也罢，除了中新股的人，市场资金是无法参与的，也就无法左右该股的后期走势。因此，在前面缩量一字板阶段笔者在图形中并没有太多展示，一字板打开后的涨停日量柱明显地快速放大，能量是一字涨停时的几十倍甚至上百倍，换手也快速变大，第一个阳线自然涨停板日换手率达到 43%，第二个阳线自然涨停板换手达 56%，这两天的换手和成交量说明了什么呢？也就是说，差不多所有的筹码都交易了一次，市场资金的参与度非常高，后面的连续上涨也说明了这一点。但我们这里介绍的龙回头战法并不是开板时买入的技巧，而是要等第一波的拉升完毕，出现回调时再作考虑，从图 5－8 中左边椭圆处可以看到，第一波的拉升已经完成，出现了连续的回调，出现了三个跌停，在第三个跌停的时候已经跌破了 10 日均线，而且是开盘即跌停，空方强烈反扑，导致连续地快速跌停，但总体趋势仍然向上，在第三个跌停也就是开盘即跌停后，跌停很快被打开，多方再次反攻，从跌停到涨 4%，一波拉升 14%，这一波拉升气贯长虹，非常凌厉，虽然随后震荡回落，但幅度相对较小，这个震荡回落是多方二次收集廉价筹码的一个过程。也就是说，从这一个低开高走的阳线拉升可以清楚地看到股价重新站上了 10 日均线，收盘时虽然不涨不跌，但从跌停拉到前一日的收盘价，阳线的实体达到 10%，站回了 10 日均线，这是非常理想的买点。

在随后的两天虽然有回调，但低点已经离买入当日的低点越来越高，这种情况只要持有等涨即可，只需关注是否跌破买入当日的最低点，也就是 2014 年 11 月 7 日的最低点跌停价 16.49 元。在后期出现了连续 4 个涨停板的拉升，涨幅较大，但对于牛股来说，不用去预测哪里是它的顶部，“牛股不言顶，熊股不言底”，这是股市最基本的道理。我们买入是以价格当时站上 10 日均线为依据，后期大涨过后止盈的依据仍然是跌破 10 日线。所以，在图中的卖点位置执行卖出操作即可。此位置后面虽然有反复的多空争夺，但后面的下调空间和时间都比较长，没有必要持有一只股票这样长时间地等待调整，做交易就是要做到高效率。卖出后如果有二次机会再等二次交易机会，没有则放弃。高位止盈卖出和止损卖出都不可犹豫，如果自己还没有出局时主力资金已经出货，没有新的主力进场是很难有机会翻身的。

图 5－9 中的右边椭圆处，则是在 60 日均线上方运行了一段时间后，拉出了一波主升行情，从图 5－9 中的压力线画线部分可以清楚地看到这波主升是创出了历史新高后的一波大幅拉升。这里仍然可以看作第一波的拉升，第一波拉升结束后的回调非常明显，当回调到 10 日均线附近缩量的小阴小阳线，但这并没有入场的信号，直到右边椭圆中的买点 2 出现，当日开盘就在 10 日均线上，随后小幅拉升，此时也就是进场信号，买点出现了，应当果断入场，机不可失，时不再来。买入后只要不跌破买入当天的最低价，持有等涨即可，只管耐心持有，无论主力如何表演、如何洗盘。我们买入的依据是以 10 日线为启动点，只要不破 10 日线就不用止盈，拉升过后只要回调收盘跌破 10 日线就无条件止盈出局，跌破了就不要再想着主力洗盘还会拉升，只管执行卖出即可；如果是以 20 日均线买入二次启动点，那么方法同样如此，只要收盘跌破 20 日均线，即可无条件卖出止盈。止损的要求则是跌破买入当日的最低价，无论次日还是后面第三日，只要没有大力拉升，后面的收盘跌破买入当天的最低价都要无条件止损。当年笔者在该股左边椭圆处带着一帮人进行过实盘操作，曾经留下过一次小小的辉煌。右边椭圆处没操作上，因为当时手上持有别的个股。

以上就是龙回头战法的精要，此种战法一定要等走出牛股气势的第一波，以前很多投资者担心的是已经涨高了，万一主力出货了，此时买入肯定是凶多吉少，但是要知道真正的牛股很多都会有惯性冲高，很难一次就直接出货，就算不创新高，很多也会做出双顶结构，还有一些牛股第二波拉升的幅度比第一波更为猛烈，这取决于主力的资金实力和当时的市场环境，该战法正是利用了这一点。只要严格按照上面的量化买点、卖点、止损点的要求去交易，亏损是可控的，而赢利则可大可小，少则10%～20%，多则翻倍甚至更多。

第四节　通过分时图寻找买卖点

交易中可能很多人忽略了分时图的作用，特别是对于做强势股的投资者来说，分时图更是不可缺少的强大分析工具。分时图的走势会为我们提供很多盘面信息，而且是当天非常准确的盘面信息，如量能、强度这两大关键因素。股票的上涨和下跌是由进场和出场的量能决定的，分时图的量能代表的是实时量，对于做市场热点或用量价技术的人来说是最重要的一个方面。分时线的走势轨迹其实也代表了主力的操盘痕迹，以及该主力的操盘手法属于哪一种类型，同时也能看出主力的偏好和资金实力。一般情况下，如果由于市场大环境的原因而上涨的个股，在分时图上一般都不会出现太过激烈的波动。而有强大主力资金介入的个股，特别是次新类个股及创业板类型的小股票，分时图的波动均比较大，上蹿下跳，每分每秒都会出现价格上下波动。没有资金关注的个股市场交易不活跃，分时图上往往表现为“心电图”似的走势，即长时间横盘—上涨（下跌）—继续横盘—上涨（下跌），如此循环。

看分时图时首先要明白分时图中的三线原理，下面用实例进行讲解。如图 5 – 10 所示。

从图 5 – 10 中银之杰的分时图可以看出，该股小幅高开后分时震荡上行，开盘时分时线在分时均价线与 0 轴之间，属于高开低走的结构，虽然高开强势并不明显，开盘交易 15 分钟后震荡上行分时线开始上穿分时均价线，上穿后几次回踩都处于分时均价线上方，碰到分时均价线立即停止继续下探，这是代表强势的一个重要特征。随着几波小幅的震荡拉升，分时均价线的角度随着分时线也开始上移，整个早上一直处于强势的震荡上行，多方力量并未发起总攻，直到午后，在分时上积累了两个多小时的筹

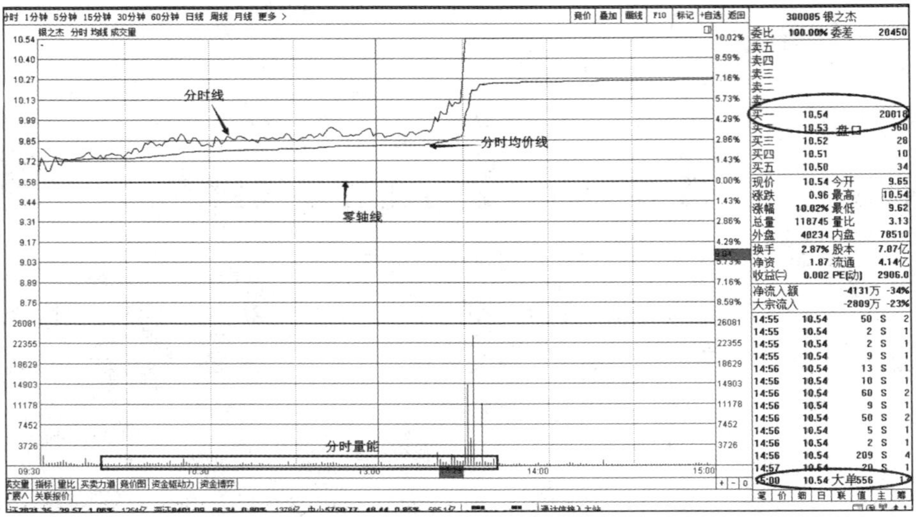

图 5－10　银之杰分时买点

码后，空方的力量变得越来越弱小，股价开始爆发性拉升，最后成功封上涨停板。开盘 15 分钟后，基本可以根据这三条线的位置排列看出当天个股的强弱程度。下面将重要的三线关系即白色分时线、黄色均价线与 0 轴线之间的关系排列如下。

强势股的走势：当天强势个股三线排列一般均如图 5－10 所示，即白色分时线在黄色均价线上方运行，而黄色均价线在 0 轴线上方，即上下排列为白色分时线→黄色均价线→ 0 轴线。

弱势股的走势：当天弱势股的三线排列和强股正好相反，它们的上下排列顺序为 0 轴线→黄色均价线→白色分时线。

白色分时线、黄色均价线、0 轴三线的排列顺序代表的是当天该股的表现强度，在实战中也辅以成交量及盘口等进行具体分析，但三线排列是重点。从排列顺序也可以看出主力的决心，时间越长，控盘越高，代表主力的能力越强，开始横盘期间实则为主力吸收筹码的过程，也是多空博弈的过程，此阶段多空双方都不会贸然进攻。一旦多空双方一方进攻另一方败退，这种平衡就会被打破，就会出现短期的直线拉升或下跌。也就是此时我们应当作出买入或卖出的快速判断，机不可失，时不再来。如果是错过了买点，你还可以有下一次机会继续跟踪；如果是错过了卖点，那损失的就是真金白银。所以无论买卖，当机会或风险在盘面上出现的时候，千万别犹豫。

这三线的排列给了我们从盘面看上去一个非常直观的判断方法，为了让操作更加有效，最好在盘中辅以盘口及量能等加以补充。没有在机构里操过盘的人，对盘口一般只能看大单的卖出与买入，以普通的通达信软件为例，卖单的后缀显示的是 S，买单的后缀是 B，无论是买单还是卖单，只要超过 500 手即 5 万股以上的单子，盘口中的单子数字颜色会变成蓝色。分时中的量能体现在分时图下方的高低不平的柱子上。图 5－10 中方框处，柱子越高，量能越大；柱子越低，量能越小。在上涨时柱子变高，也就是常说的放量上涨，是主力进场的信号；反之，在下跌时柱子变高，则是放量下跌，是主力离场的信号。这些都是交易中的小细节。实盘的经验只能靠自己去积累，实战的心路历程只能自己去体会，这是任何高明的老师都无法教给你的。接下来看一个弱势股分时图的例子。

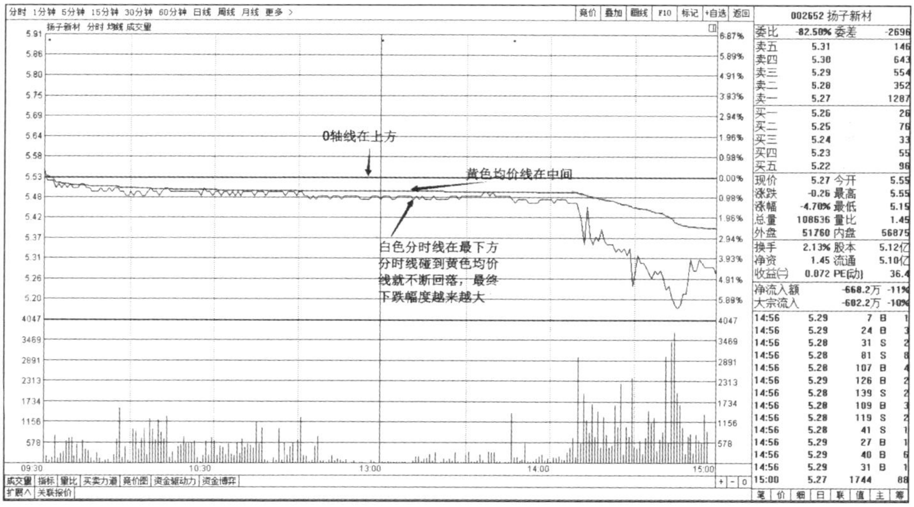

图 5－11　扬子新材弱势分时

从图 5－11 中扬子新材的排列顺序可以看出当天走势较弱，开盘时小高开后便震荡下跌，很快分时线便下穿分时均价线，属于弱势反向排列。

即黄色均价线→分时线→0 轴线的高低排列，在 15 分钟后仍然处于这种弱势震荡格局，分时线一直被分时均价线压制运行，只要分时线碰到分时均价线便掉头向下，而后分时线和分时均价线的角度均开始出现下移，空方势力占着绝对的优势，多头很想反抗，但每次反抗都是无功而返，每一次反抗换来的结果就是更深一步的下跌。这种情况一直持续了 3 个多小时，多方阵地失守，完全放弃抵抗，股价开始大幅跳水，量能也开始放大，虽然多头几次回抽，仍然如前面一样，每次回抽换来的结果都是更深的下跌，最终，收盘跌去 5%，分时线也离分时均价线越来越远。说得简单易懂点，就是全天无行情，是主力被吊打的行情。遇到此类情况，早盘就要足够重视，等到跳水时再想出局，亏损就会再次扩大。接下来讲几种在实战中非常好运用的分时买入战法。

第一种分时买入法：分时周期性震荡突破买入法。

要点一：开盘后股价围绕分时均线走势作规律性区间震荡。

要点二：横盘震荡幅度不能超过 3.5% 为宜。

要点三：横盘震荡时间不能少于 30 分钟。

要点四：发力突破震荡区间时伴随着放量。

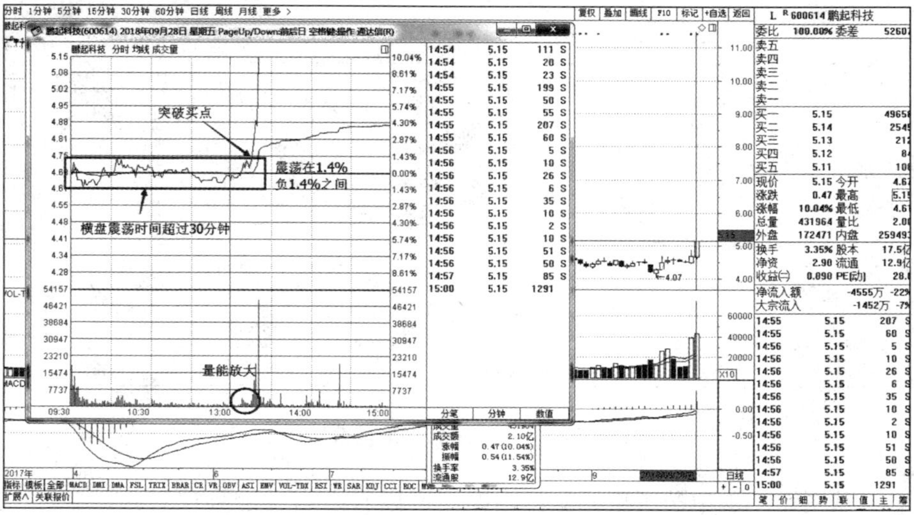

图 5－12　鹏起科技日线及分时

从图 5－12 中鹏起科技的例子可以看出，该股日线位置处于阶段性底部区域，开盘后该股小幅下探后就围绕着分时均线上下震荡，持续一两个小时均未再创新低，这也可以看出主力的控盘程度较高，另一面反映出它的强势。早上两小时除了开始前 30 分钟有过一次小冲锋后，一直处于震荡回落的态势，多次跌破分时均价线，而且也跌破了 0 轴线，此时是看不到任何入场机会的，但从下方的量柱可以看到，虽然震荡下跌，但量柱却是明显地越来越短，这说明做空能量并不强大，越来越小，已经接近衰竭。虽然如此，但仍然不可以入场，量能虽然越来越小，但没有做多量能发动攻击之前，是看不出上涨的希望的。虽然连续下探，但仍然维持在开盘时上午的分时低点上方，跌归跌，并未再创新低，直到下午开盘后 5 分钟资金开始入场试探性攻击，随后开始点火，突破分时区间，量能也快速放大，此时如果在盘中，可以明显看到很多大单连续性买入，也就是扫货行为。放量突破分时震荡区间的高点即为买点，从图 5－12 中分时线可以看到突破分时震荡的区间高点后，拉升的速度非常之快，只有两波便拉升至涨停，中间有一个小停顿，时间也非常短暂，此时只要稍有犹豫，不是抢单买入的情况下是很难买进该股的，等你撤单再挂单，几次操作下来已经封死了涨停板。此买入法，缺点是必须要有充足的时间看盘而且是高度集中精力，买入时间就在资金点火的一瞬间。“时间就是金钱”这句话，在此时最能体现它的价值。

接下来我们再来看另一个案例：002813 路畅科技。

图 5－13 中路畅科技开盘小幅拉高 1.5% 便震荡回落，分时线也很快便跌穿分时均价线，一直在 0 轴上方作规律性震荡，从图中方框处可以清楚地看到，震荡下跌归下跌，但并没有跌破开盘时的低点，在第三次回调到开盘时的低点后，分时线再次上穿分时均价线，几次回落都支撑在分时均价线的上方，也就是由开始的弱势震荡变成了强势震荡，持续时间一个多小时，震荡幅度为 1.4%，震幅越小，控盘程度越高。10 点 50 分资金开始入场，量能放大，同时突破震荡区间，资金点火发力上攻，买点随即出现，但这时候多数情况下，我们在盘中因为有可能没看到或反应不及时而

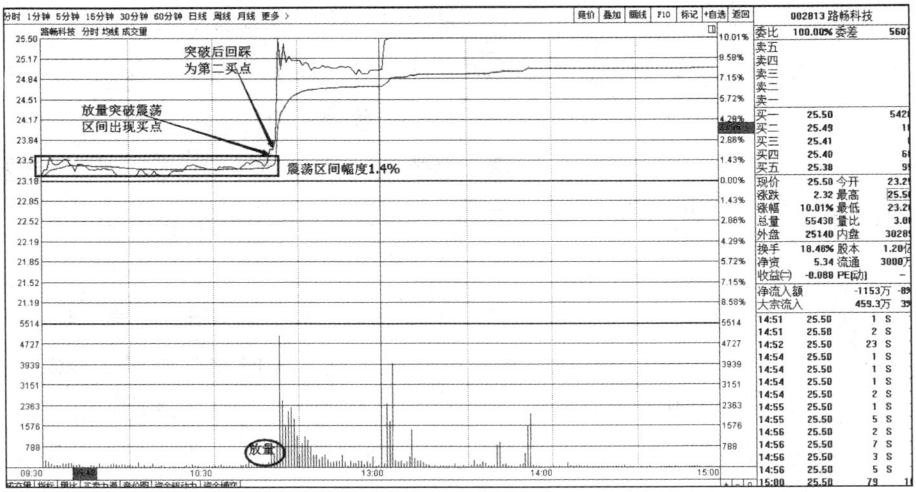

图 5－13　路畅科技分时买点

错过了第一买点，此时别慌。如果当时涨幅不大，仍然可以跟进，资金既然已经点火，主力的钱比你多，不用担心太多，放心坐“顺风车”。如果瞬间涨幅过大，看有没有第二买点出现，即突破拉高后的分时回踩动作，也就是图 5－13 中的第二买点，根据笔者多年的实战经验，有六成以上的概率都会有回踩，包括前面的鹏起科技拉升涨停时，分时在中间也有过一次停顿，一般这类回踩速度都相当快，当回踩而又有很多资金跟进，盘口处的买一有很多大单顶着时，应当抓住这日内最后的买入机会快速挂卖三或卖五盘口的价格跟进。如果你挂单过慢而又是现价，这时候由于波动过快，很难买进。所以，挂单时切勿因贪小便宜而误了涨停板。而是发现机会就学习狼性精神，为了吃到一口肉而扑上去。当然也有一些资金一旦发动攻击便会快速拉至涨停，也就是不给跟进的机会，这种情况一般我们要看量能和换手的配合程度，如果是量能不足的涨停，上涨的空间也会相对有限，丢掉了也不值得惋惜，寻找下一个目标便是。这里指的是自然性的主力导致的涨停，排除重大消息影响的因素。

当然，开始练习这种操作时，可以小仓位练习，当成功率大大提高时，不用别人提醒，自己也会加大仓位，总之一句话：“任何投资都是以利润为王道!”

以上的买入方法在实战中结合盘口很重要，如果盘口上连续出现大买单，在涨幅还离震荡区间不是很远的情况下，可以坚决跟进，回踩时如果下面大买单非常多，此时千万别挂在下面排队等买，根据价格优先和时间优先的原则，排在买一、买二、买三或更低的买价，实战中往往买不进，再次拉升后，撤单再追就容易追到高点，如果已经接近涨停，如果主力第二天用冲高回落的方式洗盘，账面上会出现较大的浮亏，容易引发止损。

这就是从分时图寻找涨停买点的精要所在。下面学习用分时图寻找卖出机会。

分时卖出法：分时周期性震荡跌破卖出法。

前面讲了关于买入方法和技巧的案例，卖出和买入存在一定的相反逻辑，通过分时图主要是捕捉主力的动向而作出我们的判断，当主力想抛掉手中的筹码变现时，会出现很多的诱惑似拉升或直接砸盘。我们经常发现自己追进股票后快速回落，当天就吃“大面”，第二天继续低开，短期亏损巨大。我记得曾不止一人对我说过，好像有一双眼睛在盯着似的，一旦买入，股票立即停止上涨，开始不断下跌，开始的时候想等一等，结果越陷越深，最后实在无法忍受时就卖出了，卖出后股票立马上涨。此时捶胸顿足后悔卖出，跟进又不敢，放弃又可惜，迷茫而又无解。其实这些都是普通散户的通病。股市经常把人性的缺点无限放大，而优点则受到极大的限制。人性本就贪婪而又恐惧，只是我们经常将两者反过来罢了。所以，市场流传着“会买的是徒弟，会卖的是师傅，会空仓休息的是大师”的说法，就是说，对于卖出点，很多人都是犹豫不决的。下面讲几种主力出货常用的分时技术形态。

（1）分时线、分时均价线在0轴上方出货

当日高开后低走或高开后瞬间冲高后一路低走。此种情况下，要关注日线所处位置来综合分析是出货还是主力介入信号。如果是出货，我们就要寻找机会卖出。前面讲了买入方法，现在主要来看卖出点位及方法。

先来看案例：002356 赫美集团。

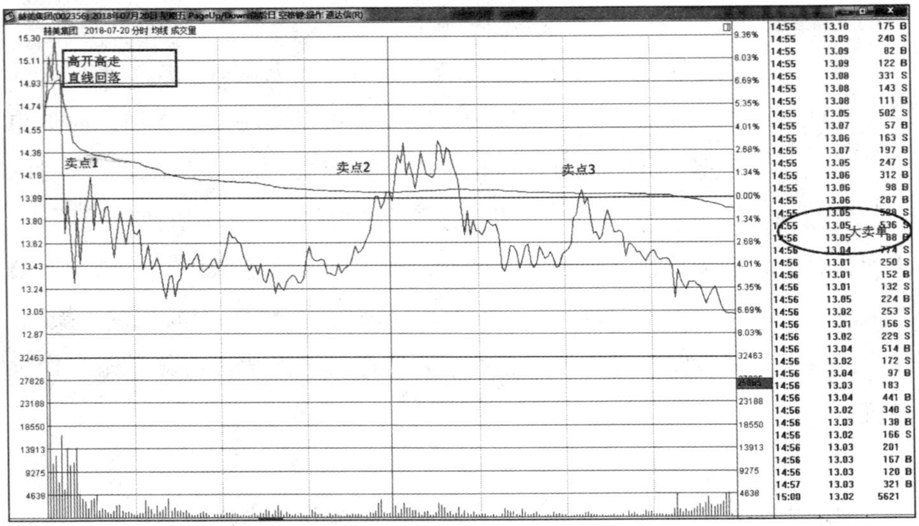

图 5 – 14　赫美集团分时卖点

从图 5 – 14 中赫美集团分时图可以看出，该股高开幅度超过 4%，随后急速拉升至接近涨停的位置，但量能未能继续有效放大，无力封板。在集合竞价后开始的 1 分钟量能急速放大，这说明多空严重分歧、主力内部意见也不统一，此时跟进相对来说危险较大。那么如果此时持有该股是否要卖出呢？当然也不要急于在开盘时作判断，开盘后的快速拉升，特别是第二波拉升，明显量能少于前一波，市场跟多意愿不强，如果我们再配合日线回头看，2018 年 7 月 20 日前有连续三个涨停板，这意味着冲击第四涨停失败。

拉到 9.36% 而不封板，也就是该板不板是什么意思呢？此时多方一旦失利，因为前面的连续大涨积累了大量的获利盘，也过度消耗了做多的动能，引起获利盘的兑现，股价快速回落，而且回落速度实在太快，经常导致我们无法在这么短的时间内准确挂单卖出。当反应过来时，股价已经回落超过 10%。这时候很容易击溃我们的心理防线，而不顾一切地恐慌性卖出，发生“踩踏”，股价的回落速度也是如此。在此奉劝大家一句：“急跌不卖股！”因为这样的下跌速度无论你是散户还是主力都无法出逃。等它慢慢修复回拉，回拉到离分时均价线附近的位置时即可卖出（分时均价线会成为当日最大的压力位），此时最容易犯的错误是，误认为又要上涨而舍不得卖出，犹豫不决。图 5 - 14 中的卖点 1 就是快速回落后反弹离均价线最近的一个位置，所以该位置分时掉头向下，应当果断卖出。如果此时错过了机会，那么在经历过第二波下跌后临近中午收盘时，分时线回到了分时均价线附近。而当碰到分时均价线，分时线再次掉头向下回落，同时观察量能是否放大，盘口是否有连续大买单出现，如果没有，此时则为卖点 2，此时分时的回拉也只是形态的修复，而不是真正的上涨。更何况日线处于高处时多头这种反扑基本上没有实质意义，一旦人气散了，市场情绪恐慌，主力想拉也会力不从心。如果错过了卖点 1 和卖点 2，那么第三次回拉到分时均价线时千万不要再错过，不要因为纠结少赚多少钱而不愿意卖出。如果因为自己的贪婪而不肯卖出，等后期大跌时已经没有后悔药，自己面壁思过吧。

再看案例：002692 睿康股份。

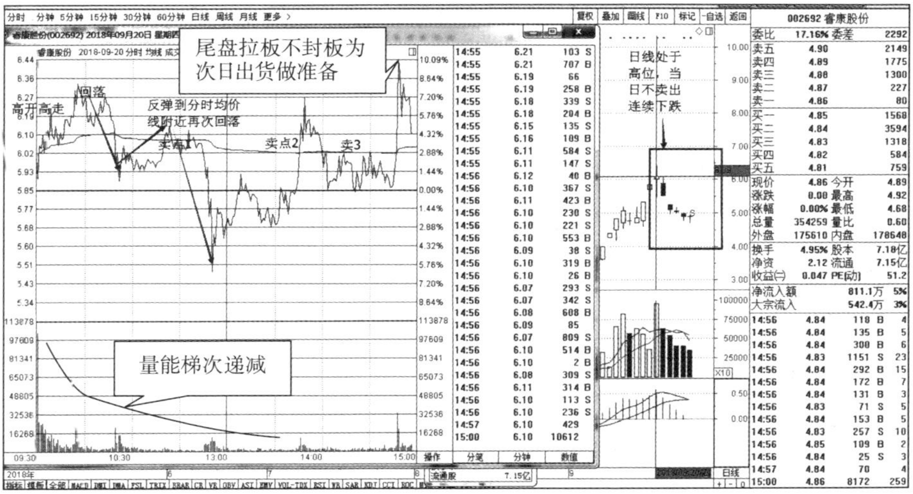

图 5 - 15 睿康股份 2018 年 9 月 20 日日线及分时

图 5 - 15 中睿康股份也是高开高走，而且连续拉升维持强势，日线前期也有过连续的大幅上涨，但拉第二波时，市场跟多意愿不强，开始回落

到均线上方再拉高，但做多意愿更弱，分时反弹高点低于前一波高点。随后再次下跌，在分时均价线位置卖点 1 出现，在均价线附近纠缠一段时间后，开启新的一波下跌，跌幅加快、加大。随后开始逐步反弹，下午又开始了一波无量快速拉升打穿分时均价线，此时卖点 2 出现，应当果断离场，但这个主力的迷惑阵布得很好，再一波小跌后，尾盘再次拉高到涨停，但不封板，吸引打板资金跟风，主力的真正目的是卖出而不是封涨停板。随着跟风资金的介入，主力则大力出货，尾盘又出现了放量。果然，在接下来的几天里，该股连续下跌，股价从当日最高的涨停位置 6.44 元，一个星期最低跌到 4.68 元。

很多时候我们不要看到上涨就抱有幻想，其实每次上涨时更要注意风险，“风险是涨出来的”这句话，很多人也只是一知半解，一只个股上涨的时间和空间非常重要，如果是处于高位的放量上涨，则可能是加速赶顶，并不是什么好现象；日线在高位的尾盘拉升同样如此，如果主力坚定地看多想继续拉升，为什么还会犹豫到一天行情的最后几分钟才拉升呢？这至少说明两个问题：一是主力资金对于一天的行情没有绝对把握；二是对于这个高位的股价自己也不认可，想利用尾盘的拉升诱惑让跟风者上套，投资者很多时候的亏损就是由于经常被主力的类似动作所迷惑，细节处理不到位而导致。在以前交易的过程中也有不同的投资者问过我，为什么很多我追涨买入的票就能继续上涨，而他追涨进去就会被套？这就是细节决定成败！

（2）分时线、分时均价线在 0 轴附近或下方出货

此类情形分为两种：

第一种，开盘在 0 轴附近，跌幅较小，开盘后在一定区间内（分时线在分时均价线附近或下方）反复纠缠运行，一方面有着强势控盘的特征；另一方面也是多空双方平衡的一种均势。谁也不敢贸然发动进攻，但分时均价线会向下倾斜，分时线的走势也是越来越弱，每次回拉只要碰到分时均价线附近则掉头向下，走势极为疲软。而当大盘下跌或板块跳水等发生，如跌破震荡的规律性区间时，会出现加速下跌。

对于此种类型，可以不用关注日线的位置，无论是在高位还是在低位，在诸如此类开盘后长时间的多空博弈而多方失利的情况下，都应当卖出离场。因为日线如果处于下跌阶段的底部，出现这种情形则是跌穿底部继续开启新的一波下跌信号；如果是在阶段性高点，则是上攻无力而转为下跌或下跌重新寻找支撑点的一个转折点。因此，针对分时上的这种走势，日线所在的位置并不重要，重要的是要保住本金不要冒这种完全在赌运气的风险。前面讲过，其实一般情况下，开盘15分钟后股票的走势基本上就处于稳定状态，基本上可以看出一天是强势还是弱势。对于15分钟后分时线回拉碰到分时均价线就掉头向下，而且分时线和分时均价线都存在不同程度下移的情形，持续的弱势不但等不来快速反弹，还更容易等到快速大幅跳水。

下面来看一个案例：002562 扬子新材。

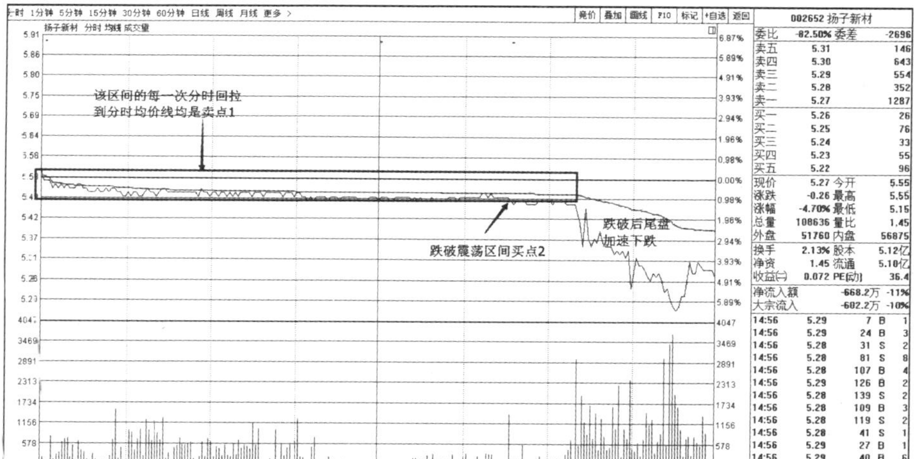

图5－16　扬子新材分时卖点

从图5－16中可以看出，开盘后分时线走势较弱，分时均价线向下倾斜，随后每一次回拉到分时均价线附近遇阻，随后震荡幅度越来越小，3个小时并未创新低，多空双方保持一定的平衡性，此时每一次分时线回到分时均价线的位置均是卖点1。

到了下午1时45分跌破震荡区间，跌破震荡区域时则为卖点2，此时也是最后的卖出机会，如果继续犹豫，就会失去这最后的出局机会，果然到2时10分开始加速下跌。虽然尾盘有所回拉，但大势已去，无法挽回。

这其中有一个细节：在开始加速下跌时量能快速放大，如果当时注意观察盘口，会发现当时有很多大卖单涌出，所以股价直线下行。

道理很简单，横盘往往代表着一种均势，一旦保持的长时间多空平衡被打破，那失败的一方即会溃败，一泻千里。所以当跌破区间而又大单涌出时，应当果断出局。以上要点在实战中并不复杂，只要专注就很容易掌握，只要执行卖出操作就可以避免这种不必要的亏损。但很多时候人的意念往往会左右执行纪律。

第二种，开盘在0轴下方，跌幅较大（开盘即3%以上的跌幅），然后反复在分时均线下方运行，碰到分时均线便掉头向下。

再看案例：002649 博彦科技。

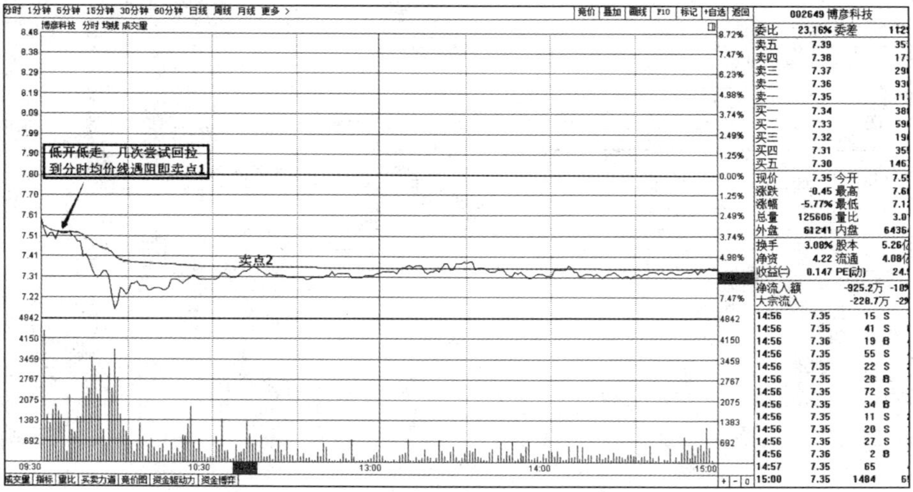

图5－17　博彦科技分时卖点

从图5－17中可以看出，当时低开低走后，准备横盘对抗，但分时线开盘的第一波跳水让分时均价线也快速下移，随着黄线分时均价线的下移，白色分时线与黄色均价线再次相遇，但白色分时线无力上穿黄色均价线，受压在均价线位置连续两次努力无果，时间上对抗了不到15分钟，随即开始快速连续跳水。当空方势力得到了充分的宣泄后，白色分时线才开始缓慢回升，同时黄色均价线也开始向下移动，经过一个多小时的修复后，两线再次相遇，仍然遇阻出现卖点2，随后一天白色分时线围绕着黄色均价线反复震荡，直到当日收盘。

此类低开幅度如果接近3%以下的个股走势极度弱势时，15分钟内分时线没有上穿分时均价线，而是继续下跌，随着跌幅加大，分时线离分时均价线越来越远，此时第一卖点出现，图5－17中箭头处为卖点1，应当果断离场。也就是说，在几分钟内要作出准确、果断的抉择。因为一旦犹豫，当大跌开始后，容易连续跳水而引起不理智的杀跌行为而卖在最低点。恐惧会让人变得焦虑，其实这些都是主力故意设置的陷阱。其实急速跳水时，你卖不出去，主力也同样卖不出去，所以一定要记住“急跌不卖股”，除非是你早有准备卖在开始急跌的阶段，也就是如图5－14所示卖点1的位置。

“会买的是徒弟，会卖的是师傅”这句话道出了很多股民的心声，因为很多人都有过买了股票后本来有过赢利，但因为不会卖出兑现利润，然后变成亏损，小亏不出再变成巨亏。特别是在当前A股市场，一不留神就爆雷，一言不合就跌停，总是给人一种心惊胆跳而又无能为力的感觉。

再看实际案例：300103达刚路机。

图5－18中达刚路机和扬子新材有雷同之处，只是波动相对活跃一些，开盘后分时线同样一直被分时均价线压着运行，盘中有过两次反攻行为，分时线上穿分时均价线，但量能无法放大，这样的反抗只能激发空方更加地亢奋。因此，几次反抗无果后，尾盘出现放量跳水。当这种分时线上穿分时均价线时，在量能上的配合非常重要，如果分时线在拉升，而量能在不断萎缩，这是一个量价的背离结构，不可能有持续上涨的可能，也就是市场不认可的假拉升行为，此时也就是最佳的卖出机会。

以上内容是在交易中将分时图中的波动以及量能和盘口结合使用，在实战中经常是一目了然的，当你熟练地运用了分时图、量能、盘口的关

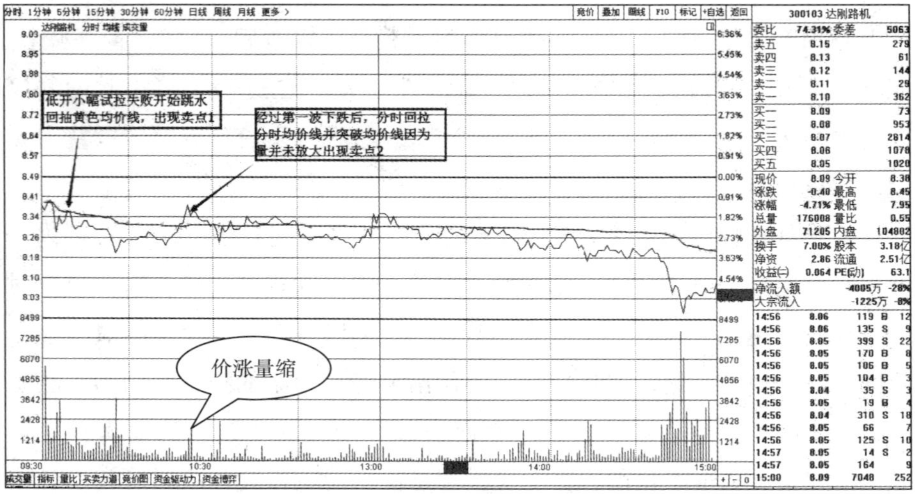

图 5－18　达刚路机分时卖点

系，也能很容易做到精准地买入和卖出，在外人看来觉得不可思议的事情即买入后就上涨、卖出后就下跌！你自己会做到成竹在胸，也就不再神奇，一切都是那么自然。

无论是买股还是卖股，遇到极端情况时我们虽然要反应敏捷，但也不要形成恐慌性追涨或杀跌。无论主力如何凶悍，其手中的筹码要派发出去，必须要有资金的承接才能成功，否则，你卖不出去，主力也一样卖不出去，而且主力的筹码比你还多，很多时候我们是自己吓自己。市场的能力要强过主力的能力，不要相信主力，要相信市场，主力不可能轻易让你赚取利润，市场则不然，它对谁都是公平的。

第六章 涨停战法

有了前面的基础和框架，本章进入涨停战法的经典模式，这些战法是笔者多年实战的心血总结，只要用心去练习，做涨停板没有想象的那么难！只是在不同的时间要用不同的方法去适应市场，并不是每一种战法都适用于所有的市场，何况在某种特定的时期也很难找到符合多种战法、所有条件都满足的个股。下面要讲的战法，最好是把图形刻在脑子里，这一定要多练习才能做到，后期只要看到符合的个股很快就能识别，选股的功力一定要勤学苦练，没有捷径可走。

记得以前有投资者问我，你怎么做了这么多涨停？其实，这只是一段时间内符合这种模式的个股较多。对于我们每一个A股投资者来说，由于制度原因±10%，手中的个股涨停当然是最高的投资回报了。加上“T+1”的交易规则，当天的涨停并不是实际收益，要第二天涨停才是可以变现的筹码。也就是说，并不是所有的涨停都一定是好事，可能目前很少有人这样说。某些涨停板只是“钓鱼”，一旦鱼上了钩，后面就是最惨烈的下跌。所以，对待涨停股我们也要有一颗平常心。而且有些涨停是不能操作的，在这里，笔者都会用实战例子告诉读者：“最好不要成为被别人收割的韭菜。”

第一节　涨停模式一：倒锤子线伏击涨停

要诀：

（1）前期走势为平台整理或逐步向上的碎步阳线。

（2）如果是平台整理，要处于支撑线位置出现倒锤子星阳线；如果是底部形态，短周期5日均线要上穿10日均线形成金叉。

（3）倒锤子线出现在底部时，前期要有充足的缩量，最好换手率低于2%，但出现倒锤子阳线时成交量和前面相比明显放大；如果出现在平台整理后，支撑线位置的倒锤子线放量不宜过大，要缩量或温和放量（和底部时的情况略有不同）。

下面来看案例：300390 天华超净。

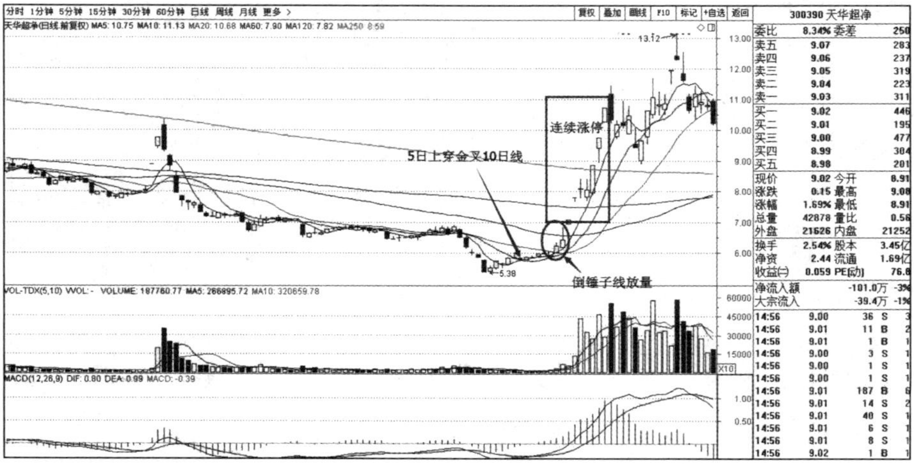

图6－1　天华超净底部倒锤子阳线

从图6－1中可以看到该股经过了几轮下跌，一直处于下跌通道中，但在涨停之前出现了缩量修复，5 日均线与 10 日均线形成金叉，随后主力开始试探性进攻，低开高走。日线的量能开始放大，出现倒锤子阳线。但上涨幅度并不大，通过低开高走再回落走出长上影线，这是主力在底部收集筹码惯用的手法。而且连续出现几天这种形态，因为这是底部形态，不通过回落的方式直接上攻，在没有特大利好的情况下很难成功。用冲高回落就是让人感觉到主力很弱，导致把手中的筹码乖乖地交出去，而主力也就达到了目的。试探成功后，在接下来的几天开启了该股的涨停之路。连续打出涨停板，到达前期放量高点后开始了两天的洗盘，随后继续连续涨停板，摆脱底部建仓的成本区，主力此时浮盈较多，而且市场气势已经做出来，成为众人追逐的对象时，主力就会开始慢慢出货。

以上就是图解天华超净建仓吸筹→拉升→震仓→出货的过程。由于该股流通盘较小，只有 1.67 亿股，股价启动时也低于 10 元，无论是建仓还是出货都不会耗费太长时间。

以上只是纯技术性的分析方法，其实每一只股票主力都会迎合市场风口题材来拉升，这样能达到到事半功倍的效果，总体而言，股票的拉升有综合的条件配合是最好不过的。当时天华超净就是迎合锂电池、独角兽等概念的题材风口而拉升，当时市场独角兽概念被媒体轮番炒作，宁德时代的上市更为市场添了一把火，天华超净主力顺势拉升就是最佳时机，甚至超出了预期。

总结一下，天华超净符合以下条件：

（1）底部出现逐步向上碎步阳线。

（2）5 日均线与 10 日均线形成金叉。

（3）出现倒锤子阳线前有充足的缩量（前期日换手多数低于 2%）。

以上三点符合底部倒锤子阳线潜伏涨停的要求。

再来看一个同类型的实战案例：002137 麦达数字。

图 6 -2 中，麦达数字在底部 5 日均线与 10 日均线金叉前仍然有过长期大幅下跌，而且下跌的过程中连续缩量非常明显，在金叉前出现十字星完成探底后，再用一个涨停板来奠定底部基础，该股和图 6 -1 一样，在同

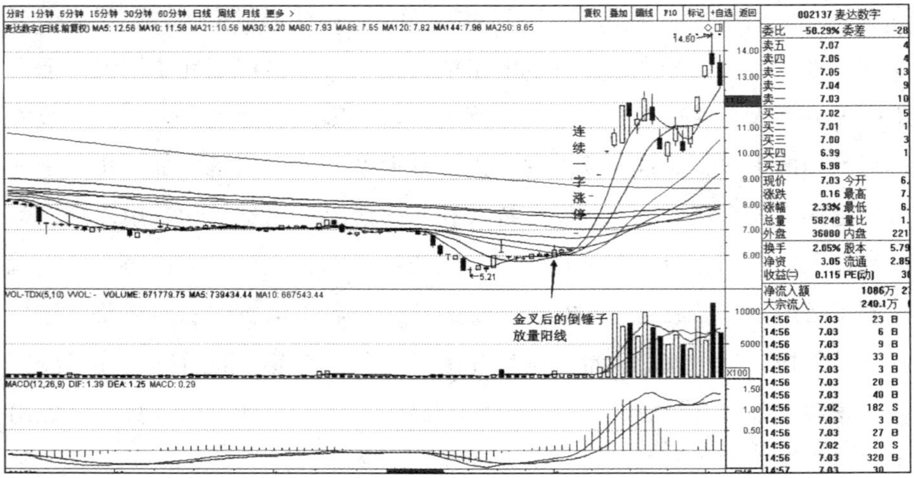

图 6－2　麦达数字底部倒锤子阳线

样的时期也是具备独角兽概念的炒作风口（天华超净与麦达数字时间同为 2018 年 2 月下旬到 3 月）。

当底部技术形态具备后，只差一个炒作的风口由头，在 5 日均线与 10 日均线金叉后，股价开始横盘震荡等待时机，在 3 月 1 日小低开后高走，做尝试性拉升，最高涨幅超过 7%，随后抵抗性回落，最终收出倒锤子阳线。这个阳线的意义就是主力作试探性进攻，也就是拉升的前兆。所以，一旦有了这个现象就值得去重点关注了。在倒锤子阳线后缩量盘整两天就开启了连续涨停之路，连续 5 个一字涨停，连续一字涨停对很多投资者来说已经是可遇而不可求的了。理财产品一年也很难超过 15% 的收益，而连续涨停板仅仅一个星期收益就接近 60%，这也就更好地理解了很多投资者在股市虽然很受伤，但仍然对股票趋之若骛、热情不减的原因，这也是股市的魅力所在！所以做投资要的就是收益回报，没有那么多冠冕堂皇的理由！

总结如下：

（1）底部出现逐步向上的碎步阳线。

（2）底部修复后 5 日均线金叉 10 日均线。

（3）倒锤子阳线之前充分缩量。

满足倒锤子阳线底部伏击涨停的全部要素。

此类操作由于底部长期缩量后而构成的攻击状态，相对来说安全性较高，但只要出现跌破买入当时倒锤子阳线的最低价时即作止损处理。要机械化地执行，不要主观性地持有。止损是任何一种操作中防止被“割韭菜”而打残保护自己的最佳方法，千万不可大意。会卖并不是指每次都是获利卖出，更主要的是会止损卖出，不让自己的亏损变得无限大而又无能为力。

以前笔者在深圳益田路、金田路专门找题材风口做涨停。我们必须要做到铁的纪律一样的执行力，也就是买入后如果第二天的走势不及预期出现了风险，能止损的情况下均会以风一样的速度、铁一样的手腕去执行，没有任何后面上涨再卖的意念。对于普通人来说，要做到这一点可能真的太难了。如果善于总结就会发现，很多时候的大亏损均是这种犹豫造成的，本来是小赚的或者是已经赚了百分之几十的，或者是小亏……最后变成了大亏。赚钱时的幸运都差不多，亏钱时的不幸却有千万种理由。

前面两个例子均是底部构成条件的案例，后面来学习还处于上涨途中的案例：300085 银之杰。

图 6 - 3 中的银之杰是标准处于上涨通道中，此时的操作相对来说更容易判断一些，比做底部要简单，一只大牛股的形成并非一朝一夕。关键点在于，上涨通道时，倒锤子线要出在规律性支撑线位置，而且放量不宜过大，可以比回调时缩量稍有放大，但不能放巨量（巨量就是当时超过前段拉升期的单日量甚至成倍增长的量），而且当在支撑线附近又和均线黏合在一起，出现倒锤子阳线也是下一波上涨的信号，一般在市场环境配合的情况下，后期出大阳突破或涨停的概率较大。

此类型总结起来的要点如下：

（1）处于上涨通道中期。

（2）在支撑线位置。

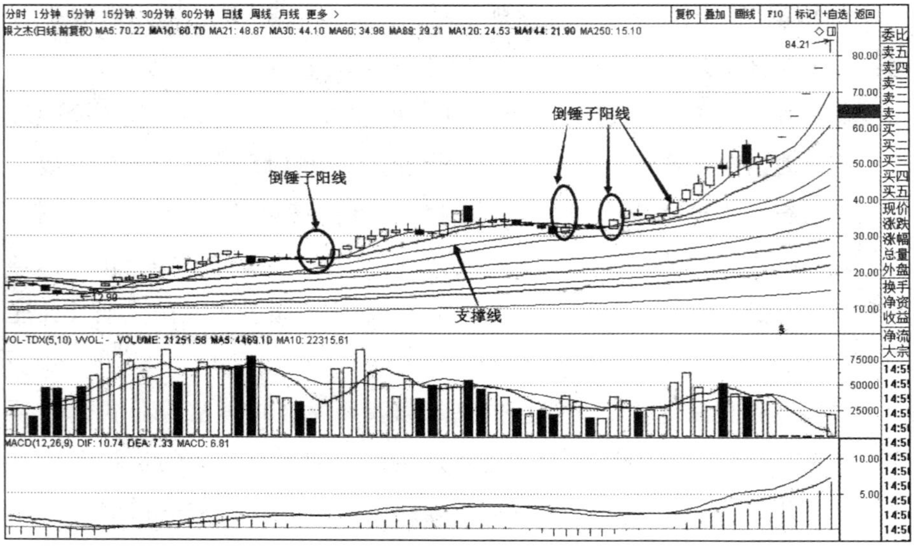

图6－3　银之杰倒锤子阳线开启上涨

（3）有均线黏合并拐头向上。

（4）倒锤子阳线温和放量或缩量。

图6－3中的银之杰符合以上四点要求，银之杰也从2012年最低价6.45元涨到2015年的147.4元，上涨时间跨度达28个月，上涨空间超过20倍，我们只要操作到其中一段确定性的利润，也就有可观的收益。

再来看一个实战案例：600150中国船舶。

图6－4中的中国船舶是曾经的“仙股”，也是A股市场上股价第一只在2007年超过贵州茅台的股。图6－4是超过贵州茅台之前的走势，一直非常健康又强势稳定。超过贵州茅台后就进入了长时间的黑暗期，到现在连续亏损而变成ST股。

从图6－4中可以看出，几次突破拉升前都有倒锤子阳线在前面奠定基础，然后再强势拉升。而且倒锤子阳线出现时均线都黏在一起，一旦大阳突破向上，均线就会向上散发形成攻击状态。

总结一下中国船舶同样满足以下要求：

（1）处于上涨通道中期。

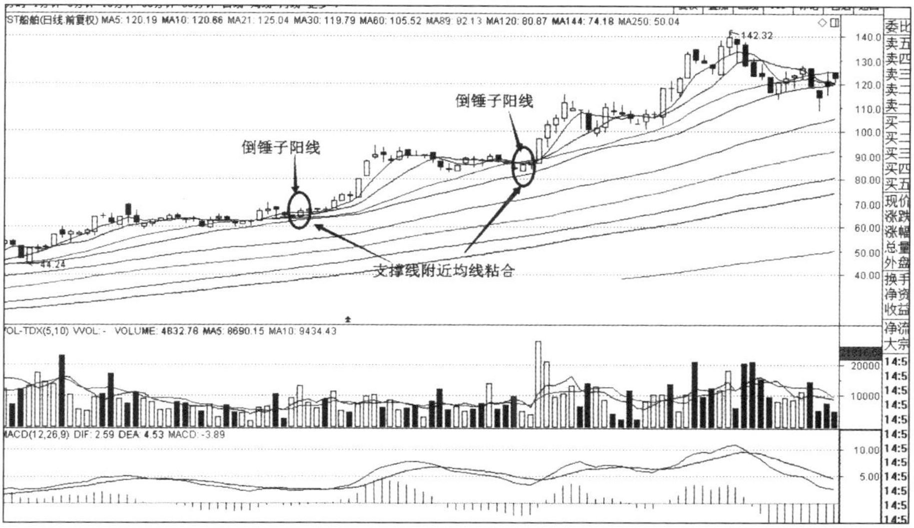

图6－4　中国船舶倒锤子线开启上涨

（2）在支撑线位置。

（3）有均线黏合并拐头向上。

（4）倒锤子阳线温和放量或缩量。

以上类型一般多见于长期处于上涨趋势的白马股，多数情况下均是每一次出现倒锤子阳时均会出现第二波突破上涨，经过实战总结，在震荡市和牛市有此类个股，成功概率达七成以上。但有些个股也会出现后期的连续大幅拉升，股价狂飙。后期的大幅拉升是为了加速上攻引起市场的强烈关注后有利于主力的撤退。

此类操作方法的优点是：买入的位置相对较低，不属于追涨。如果后面的走势不及预期，出现下跌破坏结构形成，当跌破支撑线或倒锤子阳线的最低价时，即可作止损处理。只要按纪律操作，此类止损幅度正常一般不会超过5%，当然“黑天鹅”事件除外。只要止损能够控制，余下的事就好办了，此类型走势一旦走出符合预期的涨势，利润一般不难超过15%。也就是说，做对一起可以止损三次，更何况成功率占七成。

缺点：找到如此规律性上涨的白马股相对不易，特别是在市场不稳定的时期，大盘的不稳定会造成个股的大幅波动，上蹿下跳就更难有很好的规律一说。

在底部出现符合的条件时，倒锤子阳线战法涨停的概率更大一些，如果是上升通道时，市场环境的影响更大一些。无论是底部还是上升通道，当破坏结构时均要止损，以防止意外事件的发生。

第二节　涨停模式二："双响炮"开启涨停

何为"双响炮"？就是前面必须有涨停出现，涨停过后经过短周期的调整（一般三天到一个月为宜，最好是在两周之内出现），再次出现涨停，即"涨停+调整+涨停"，而且后涨停打出的高度高于前涨停。也就是说，这是一种"涨停+"的模式，但在后涨停之前不会出现连续的拉升。

战法要点：

（1）股票结构处于底部或上涨初期。

（2）回调不过前面涨停前的最低点（前一个涨停前，下跌阶段的最低点，也就是回调不能创新低）。

（3）调整周期交易日在23日内（长假除外）。

（4）后涨停位置必须高于前涨停。

先看实战案例：603032德新交运。

图6-5中德新交运在经过连续下跌打出新低10.38元后出现了底部的第一个涨停，有的人可能会问："这种涨停我们能参与吗？"当然不能！这时候我们不是主力，根本不知道这是下跌中继还是底部，无法判断多方的攻击状态时就没必要参与，一只股票要真正上涨必须有盘底的迹象（突发性重大利好消息类个股除外）。从单纯技术角度来分析，就算有五成以上的胜率也最好不要参与。所以看第一个涨停根本不能确定是否真正开启反弹。当底部的第一个涨停后，开始了连续6天的调整，6天中最低调到10.68元，注意这里有一个重点，调整前涨停当天的最低价是10.55元，前期下跌的最低价是10.38元，后面6天的调整没有破涨停当天的最低价，也就是前面涨停的阳线实体未被空头吃掉。离前面的最低10.38元当然就更远，这说明走势的重心在向上移动，持续下跌的过程中是看不到这一点

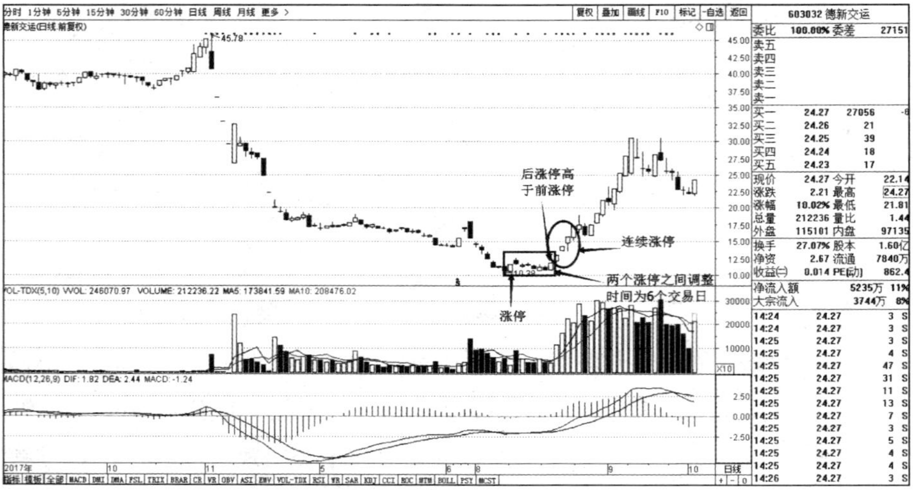

图 6－5　德新交运“双响炮”开启连续涨停

的。一定要等后面再次强势确认后才能认可这一要素的成立。调整到第 7 日的时候小幅高开，随后一浪拉到涨停，全天封死涨停不动摇。该日的涨停价为 11.79 元，高于前面涨停价的 11.66 元，由于涨停较早非常坚决，当日的成交量略低于前一个涨停的成交量，但强势度得到了更进一步的确认，在接下来的几天开启了连续涨停之路！

接下来看德新交运的买点，当后面的涨停与前面的涨停构成“双响炮”时，第二天开盘时即是我们重点关注的买入机会。如果高开太多超过 8% 的涨幅时勿追，高开太多如果秒板，除非有重大利好消息的配合，不然就是主力利用高开出货的行为。所以遇到涨停过后的大幅高开一定要提高警惕，这种形态和出货手法也是以前笔者在游资大本营时常用的手法。做股票要保持一颗大智若愚的“平常心”。如果是高开连续秒板，对于这种市场无法参与的个股，我们不要也没什么后悔。当你一旦追高遇到主力出货而吃“大面”时，一次就会让你受重伤，特别是对于喜欢重仓打短线的投资者，一年遇到两三次这样的“大碗面”，就会让你的资金非死即残，惨痛的经历会让一些投资者不再想投资股票。笔者还是散户时有过许多这种刻骨铭心的体会，所以必须提醒大家的是，投资看似简单，实际上要付出很多的学习成本和资金成本。

总结一下，德新交运满足以下要求：

（1）德新交运处于底部。

（2）回调不过前新低。

（3）调整周期为14个交易日，小于23个交易日。

（4）后涨停高于前涨停。

以上四点符合“双响炮”涨停战法模式。

再看实战案例：600532宏达矿业。

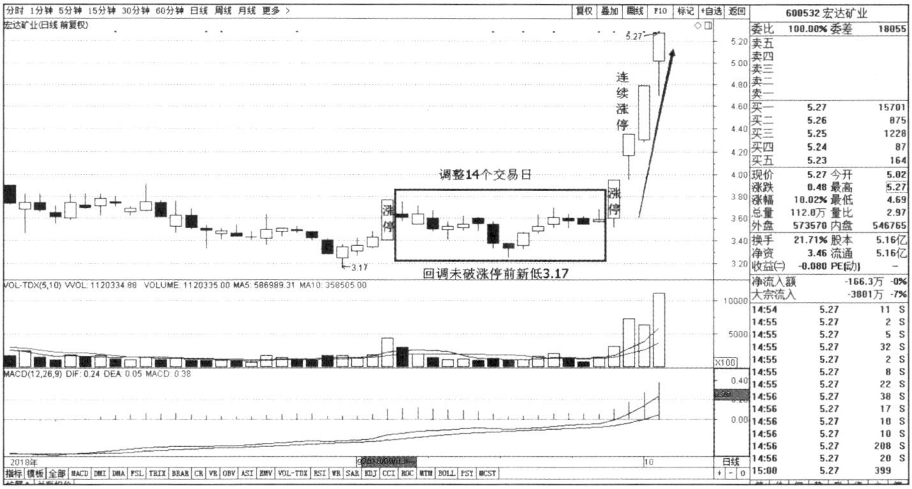

图6－6　宏达矿业“双响炮”开启连续涨停

图6－6中宏达矿业在第一个涨停前也创出了底部新低3.17元，新低后的第一个涨停仍然不是我们的操作机会，后面的调整时间比前一个例子德新交运要长。调整时间为14个交易日，没有超过23个交易日（23个交易日即自然月一个月）。涨停后的回调低点并没有破前低3.17元，前面的低点是回调的极限，破了低点“双响炮”形态结构则不成立。后面的涨停高于前面的涨停，整体趋势重心上移，后续开启连板之路。后一个涨停的第二日开盘高开6%，瞬间打到涨停后全天开始回落走势，直到尾盘主力再次拉升涨停封板，这个洗盘过程非常具有强迫性，特别是第一天已经买入的或者是前期持

有的，均容易被洗出局，高开低走很容易给人一种主力出货或主力较弱的假象，量能也明显比前一天高出一倍，主力吸货非常充分，后市空间还会更高。

总结一下，宏达矿业满足以下要求：

（1）股票结构处于底部。

（2）回调不过前面涨停前的最低点（就是前一个涨停前下跌阶段的最低点，回调不创新低）。

（3）调整周期交易日在 23 日内（长假除外），调整 14 个交易日。

（4）后涨停位置必须高于前涨停。

以上四点“双响炮”要求全部满足，后面即可跟进。很多黑马股启动都具有“双响炮”的结构特征。

继续看实战案例：600462 九有股份。

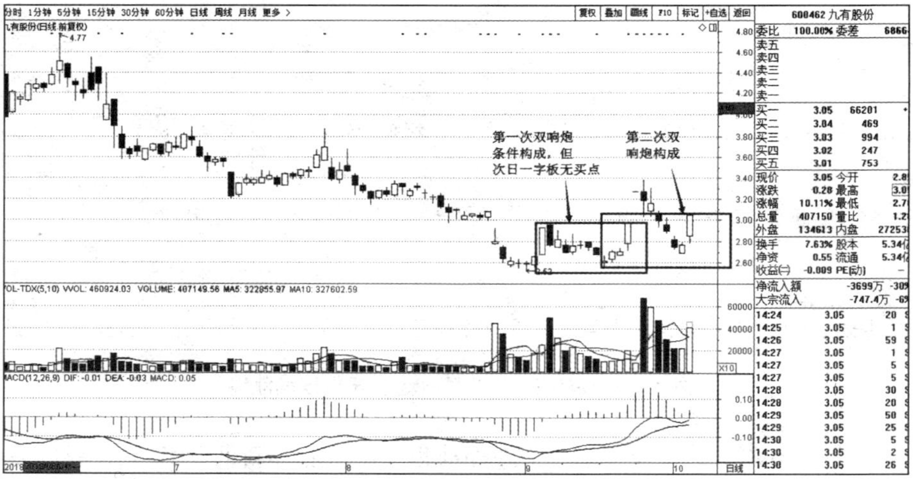

图 6－7　九有股份“双响炮”启动涨停

图 6－7 中九有股份在底部出现了两次“双响炮”结构，第一次结构形成后第二天一字涨停，没有买入操作机会。像这种情况都要坦然面对，前文已说过，这种一字板没有足够的市场参与逻辑，除非是有非常重大、特大的利好，否则不可能走得太远！果然，在一字板后就开始放水连续下跌，但并未跌穿前涨停阶段的最低点，再次出现涨停和前面的涨停构成第

二次“双响炮”攻击状态。此时，就该关注下一个交易日的交易机会。笔者写到这里，由于后期走势还未走出，可以作为作业，读者有兴趣可以去跟进后面的走势（二次“双响炮”涨停时间为2018年11月5日）。这样做的目的就是告诉读者朋友，有些人可能怀疑前面讲的都是走出来的历史，属于“事后诸葛亮”。因此，用一个还未知的例子来验证。

如果多次出现这种“双响炮”结构的个股，底部越来越高，还有一种可能就是主力来回做波段吸筹，而且将形态走出最佳攻击状。也就是说，当买入后如果涨势放缓，即要卖出，而不要把短线做成中线、中线做成长线。太多小赚和小亏变巨亏都是因为和股票赌气，自己对自己说“不赚钱就不走”，市场并不会因为谁而改变，个股走强时我们顺势而上，搭上主力的“财富列车”，如果破坏了我们的规则、预期、承受能力，都要毫不手软地止损。在买入一只股票时都要对股票的涨或跌有一个预期，涨时也不要得意忘形忘记风险，跌时也不要因为慌乱而任意杀跌，风险意识不强会造成太多的不幸。

“双响炮”战法的止损分两种情况：

第一种，当买入后当天收盘低于后面涨停的位置时，说明多头上攻失败，即使后期还要涨，也不是短期之内的事。所以在后一个涨停的次日买入后，收盘只要低于后涨停的价格，就必须在买入的次日止损。

第二种，买入当日大幅冲高甚至涨停但封不死涨停，然后整天处于冲高回落的走势。收盘时出现放大量的阴线或“避雷针”似的长上影线时，也是进攻失败的强烈信号，也要于次日即作止损处理。不要心存幻想，想着又会连续拉升涨停，这个位置不排除有时候主力洗盘会有这种高位回落的手法，但作为中小投资者，安全永远是第一位的，笔者经过多年的实战统计，再次连续大涨的概率低于30%，70%的概率是下跌，而且速度快、幅度大。

下面用图6-8来表达止损的位置。

止损要点：

（1）买入当天收盘跌破前一日的涨停价，次日无条件止损。

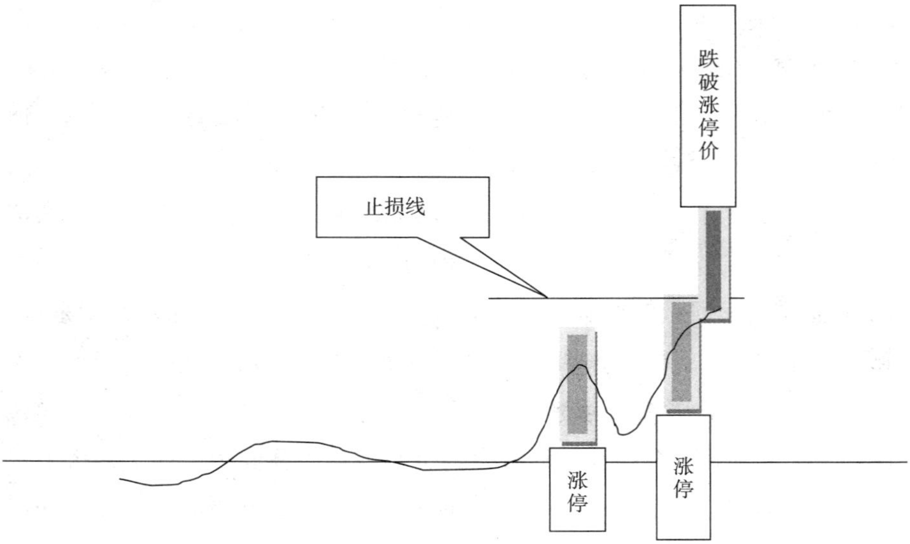

图6－8　“双响炮”涨停结构及止损线示意图

(2) 买入当日冲高5%以上大幅回落收阴，伴随着巨大成交量的阴线或长上影线（长上影线幅度达到5%以上）时，次日无条件止损。

以上两个条件中构成任何一个均要止损，并不是两个条件同时满足才止损。

“双响炮”涨停战法的优劣。

“双响炮”结构战法的优点：此类结构图形的个股较为常见。通过每日复盘做功课，能很快找出“双响炮”结构个股，而且该种结构一般出现在上涨初期或中期较多。

“双响炮”结构战法的缺点：在上涨初期时，由于主力经常可能处于建仓阶段，波动较为激烈，没有严格的操作纪律也容易导致亏损，这一点可以通过加强实盘锻炼来弥补。

第三节　涨停模式三：底部反转涨停战法

在与很多股民朋友的交谈中，有一部分人说很想在底部买一只股票，买了过后就不再看了，其实他们要表达的意思准确来讲就是想买到一只股票的最低点，也就是买了过后不再有下跌，从此开始反转。有的人更直接地问："请给我一只不再下跌的股票，我买了就放几年，但一定是不会再下跌的!"这种想法也是很多投资人的追求。这种交易也是典型的左侧交易。

多数情况下，这种想法只是一种非常美好的愿望，而且当股价在底部区域时，本来就存在很多不确定性，要想买在最低点，而且变成长期获利，目前没有哪一种理论或实战方法能够做到。所以无论哪一种买入方法，我们都是做概率高的，具有很高的确定性的才具有实际操作意义，不然就是在以赌徒的心态在赌输赢。

我们是否真的就无法找到底部反转可以买入的票呢？当然不是！这类股票具有一定的时间性和周期性，并不是你随时要就随时有的，底部也分为绝对底部和周期性底部。但无论哪种底部，均是一个上涨的契机！一个底部的形成并非一时或一日所能确定，如果是长期的下跌过程中，哪怕出现了阶段性涨停也不能凭一个涨停即判断出绝对的底部。

一个底部的形成需要具备以下条件来综合判断：时间周期、量能周期、重心上移等。笔者的实战经验总结起来，可将底部反转或反弹分为三种类型：

（1）缩量盘底重心上移型。

（2）"V"形反转。

（3）"单针探底＋跳空缺口＋涨停"。

第一种类型：缩量盘底重心上移型

具体条件：

（1）下跌周期长达3个月以上（时间）。

（2）下跌过程中有充分的缩量过程，在下跌后期日换手率常低于2.5%（量能）。

（3）下跌空间超过50%以上（空间）。

（4）流通盘小于3亿股为佳。

（5）底部爆量放大阳线，实体越长越大越好。

（6）有重大利好消息面的刺激相配合。

讲时间周期：从时间上说，长期下跌的个股各种周期都呈下跌状态，但最重要的一点，也就是下跌阶段的幅度一定要越来越小。经过大盘连续的波动，这个规律牢不可破，走出自己的节奏（注意，一定要经历过大盘的大起大落而有自己独特的稳定走势，并不一定要跟涨，但也不会大幅跟跌）。到后期日内震幅多数情况都在5%以内。

量能周期：在下跌过程中下跌的量能越来越弱，也就是越下跌，越缩量，最后是长期缩量，无论大盘如何波动，下跌的量能越来越弱，最终接近衰竭（日换手率经常低于2.5%，甚至更低），这一点可以通过换手率来确定，因为换手率和成交量成正比。根据单纯的量能数据无法判断大小，因为流通盘的大小各不相同。

重心上移：当跌势变缓，走到后期不但跌幅变小，而且逐渐出现横盘或修复，而重心开始上移。重心上移需要二到三次以上的底部确认最好。通过重心的上移能明显看出主力护盘的决心和主力控盘的能力。这一点可以通过不断地实战在实盘中去体会，也可以假设你是主力，该如何进行下一步计划。

以上三点中重心上移并不是所有的底部股均会出现，对于极少数“V”形反转连续涨停拉升的个股，可以忽略此条件。这三个条件的本质也就是量价关系，下跌时间周期越长，说明风险释放越充分，任何事物都是阴阳转换、盛极而衰；反之，衰到极点开始变强。没有只涨不跌的股市，也没有只跌不涨的股市。

以下通过实战案例进行解析：

实战案例一：300023 宝德股份。

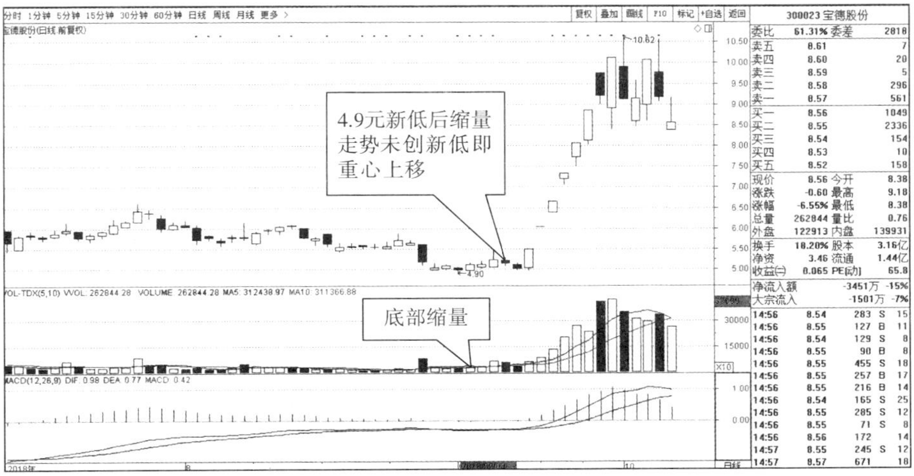

图6－9　宝德股份底部缩量盘底重心上移

图6－9 中，宝德股份在走强前经历了连续的下跌，而且下跌的量能越来越弱，不断经历着下跌—横盘震荡—再下跌—再横盘的走势，直到走出 4.9 元的低点后继续横盘震荡回调，但并未创出新低，在这个过程中，多数情况下日换手率均低于 2.5%。最终在底部开启了第一个涨停板，这个涨停板之前连续两个月均无一日涨停！长期的疲弱走到了极致，股票就是一个多空博弈转换的过程。衰到极点突然走出涨停，这是一个强势的信号，必须引起重点关注。第二天出现了一字板没有参与的机会，而且量能比起前一日的涨停明显放大，说明有强大的主力资金蜂拥而入直接挂在涨停价大量买入，强势得到快速确认，如果得到市场的高度认可，股价即可起飞，在第二涨停的次日继续高开 7%，这时即“上车”机会，当时集合竞价时有很多大单排队买入，也就是“财富列车”快速驶来，此时不能犹豫，当机立断应当以高挂的价格快速挂单买入，高挂多少以当时的盘口

而论。

当第二涨停过后的次日高开已经接近前面下跌高点的位置，而且前两日由于涨停过快，没有充分的筹码交换，坚定做多的主力吸入的筹码不足，所以高开在此位置可以继续吸入大量抛盘筹码。一般这种涨停给你考虑的时间不多，经常都是在开盘前即要作出决定而挂单，稍有迟疑便错过了最佳买点。

300023 宝德股份满足的要点如下：

（1）时间周期：长期下跌，在下跌末期的波动幅度越来越小，日内震幅常低于 5%。

（2）量能周期：在下跌末期，换手率常低于 2.5%。

（3）重心上移：在 4.9 元的新低出现后，回调低点不再跌破 4.9 元。

（4）流通盘 1.44 亿股，小于 2 亿股。

（5）前一波下跌价格从 11.8 元附近下跌到 4.9 元，跌幅超过 50%。

（6）公司具有壳资源概念，具有资产重组预期利好相配合。

宝德股份后面连续涨停，成为市场本阶段的明星股，最终在第 7 个涨停才被打开，此类个股可遇不可求，当时被炒作的由头是超跌低价股反弹。一年能成功操作两次这类个股，就算利润以 25% 计，两次加上复利也达 55% 的收益。当然，这只是数字理论的逻辑，实际操作时，成功一次要控制好节奏，成功很容易让人忘记风险而得意忘形，要控制自己的贪婪并不容易。

实战案例二：002795 永和智控。

图 6－10 中永和智控在开启连续涨停之前，也有过长时间的下跌周期，经过了三次底部确认后才开始连续涨停。而且前一波历史低点 10.63 元后，量能缩小非常明显，新低后缩量修复小涨了一波，接近最后一波下跌的高点时，再次回落缩量调整，但这次回落之前的上涨在两周之内出现了两次涨停，而且成交量成倍放大，明显有资金介入，只是资金的强弱程度还不能确定，回调的底部高于前一波下跌的低部，即未创新低。最后一次向上修复虽然有过几次放量，但高度不够，冲高回落，而且放量，此时无法判

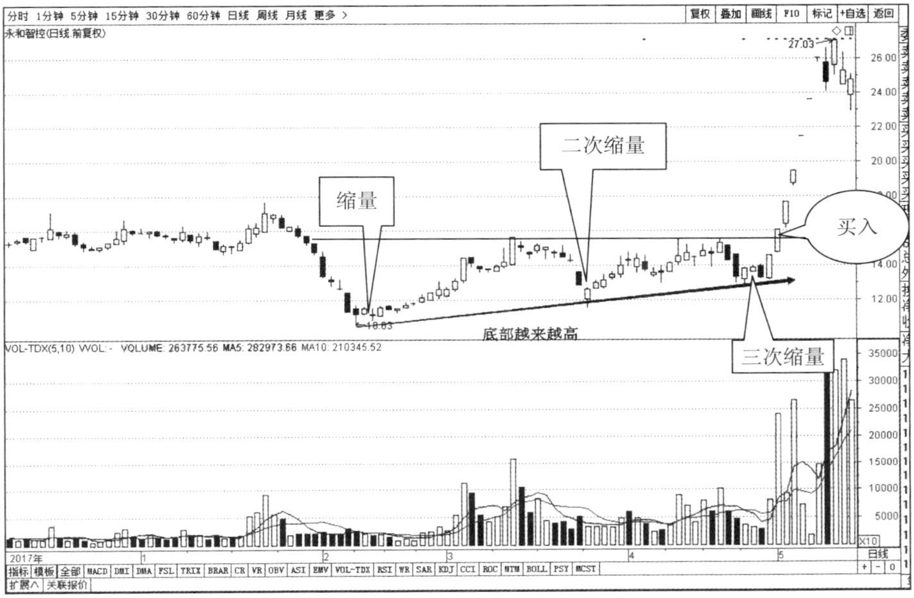

图6－10　永和智控缩量盘底重心上移

断主力是洗盘还是在吸货，从阳线多于阴线的角度来看是吸货，但从形态上来看未过前一波的高点，属于量涨价跌的走势，不符合买入要求。直到第三次缩量回调再次走强，不跌破第二次回调新低时终于出现了涨停板，涨停次日高开 2%，只用 8 分钟完成涨停，随后打开再涨停，出现烂板，反复开板再封板。但强势非常明显，因为分时走势线并未跌破黄色分时均价线。最终在早上收盘前封死涨停，全天未开板。这里反复打开而且在高位持续吸货，不破黄色分时均价线，表明了主力的决心和能力的强大。等于说是来者通吃，有抛就接，经过早上的激战，多头牢牢掌握着主动权，下午不开板说明空头已经彻底溃败，进一步夯实了强势的根基，量能承接非常充分，到最后就形成了市场合力，一旦形成市场合力，上涨的空间就会非常巨大，并不会因为某个人或某个机构的卖出而出现很大的风险，后续开启连板模式也印证了这一点。但是对于图 6－10 永和智控要注意一点，后面的三个涨停板均为一字涨停板，在一字涨停板之前有充分的量能承接，导致后面加速上涨，但是后面的涨停也显示出做多动能越来越弱，主力急功近利，基本上想的是上涨一步到位，一旦积累了太大的获利空间，开板时风险就会变得很大，如果没有新的资金接力，那么将很快出现阶段性顶部。

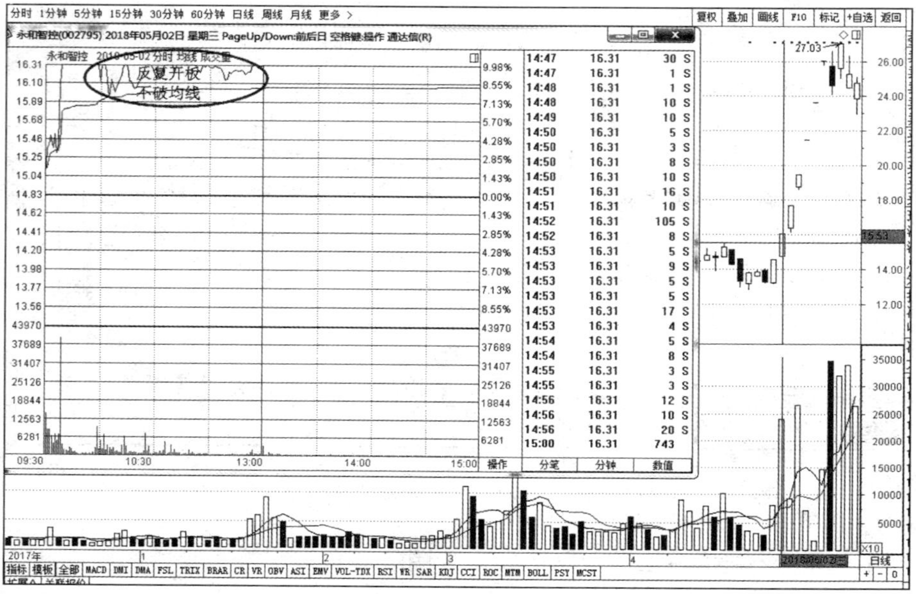

图6－11　永和智控2018年5月2日分时

图6－11中该股的买点就在首板次日反复开板而下跌空间越来越小，即将封板时介入，就当时的股价而言，看上去就是当日高点，从分时图的位置判断出主力的实力和意图后，爆发在即。再通过日线位置来看，突破了反弹以来三次上攻的高点，而且是涨停强势突破，“吃大肉”就在此时，机不可失，时不再来。

操作此类股票时，要有充足的时间，且盘前功课要做得非常到位，开盘的前半个小时就要作决策，在作决策之前首先要看看大环境，大盘如果出现非常大的风险时，仓位要严格控制在二成以下，大环境不是非常恶劣的情况下，个股走出强有力的步骤时，仓位可以超过二成，这一般都会成为引领市场上涨带动市场人气的标的股。如果操作这类股票都不赚钱，那还有什么股能让你有大的收益？

底部缩量重心上移涨停的止损方法：按照前面的实战案例，正常买入均是在底部涨停出现后次日介入，当买入该股后只要跌破买入前的一个涨停价位置，即要用铁一样的纪律执行止损。因为在启动的第一个涨停时，主力往往需要寻找合适的时间来启动该股，启动后又回到花很大力气攻击过关的位置，这就会引发一系列的风险。这就犹如战场上占领阵地，一方花了很大的代价打下一个阵地，岂能轻易就放弃让敌人占领？注意这种情况下，不要异想天开地寻找低点去补仓。短线强势股一旦回吐不再强势，就不要轻易补仓，而是止损出局。等满足涨停战法的条件再进入也不迟，补仓过后如果主力进攻失败，这样时间会变得非常漫长。我们普通投资者的优势就是筹码不多、来去如风，不像主力手上有大量的筹码，一时半会儿不能出清。交易中只要按模式交易、严格的纪律去执行，不犯大错就有机会翻身。

第二种类型："V"形反转

"V"形反转的要点如下：

具体条件：

（1）下跌周期1个月（时间）。

（2）不但要有下跌还要有急跌，越到后期跌幅越大，日线、周线同时产生背离，在下跌的后期日换手率常低于2.5%（量能）。

（3）下跌空间超过50%以上（空间）。

（4）流通盘小于3亿股为佳。

（5）底部爆量走出大阳线，最好是低开高走的大阳线，阳线的实体越长越好（量能）。

（6）突破下跌通道的位置必须是涨停（强度）。

（7）有重大利好消息面的刺激相配合。

"V"形反转在底部并没有重心上移的过程，而是直接反弹，这种情况是股价被错杀，各种力量迅速介入而导致快速走高，甚至没有中间的震荡缩量过程。有时候长期的下跌还会有接近反转时加速赶底出现放量急跌的现象。但底部之前一定会有长期的缩量下跌，这个是必不可少的条件，下跌周期量化在 3 个月以上。

下面来看看“V”形反转的实战案例：

“V”形反转实战案例一：300668 杰恩设计。

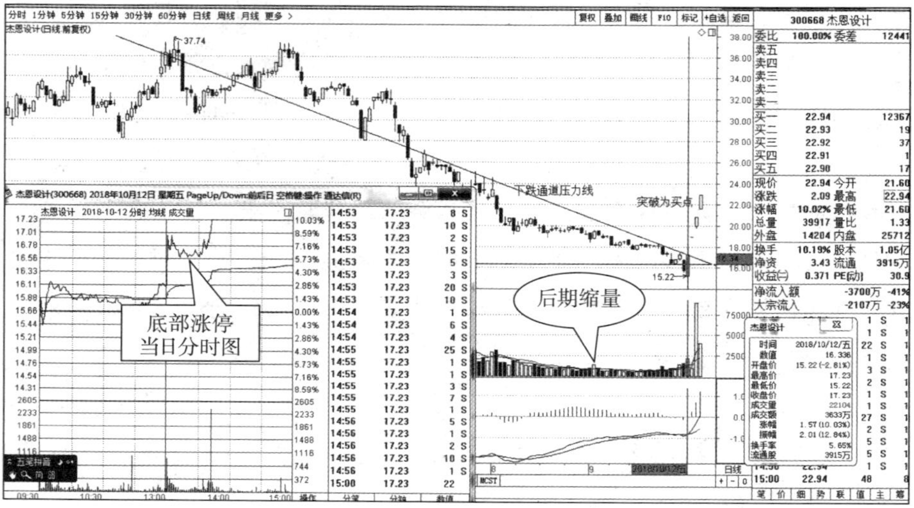

图 6－12　杰恩设计“V”形反转涨停

图 6－12 中杰恩设计的走势是典型的下跌趋势，2018 年 10 月 12 日底部突破爆量涨停，而当日是星期五，10 月 13 日深圳市政府出台文件：为了防止本地上市公司因股权质押下跌而产生风险，深圳市将投入 100 亿元为深圳本地优质上市公司注入资金，将银行的质押股权收购，为上市公司托底。从该股当时的涨停来看，也是下午涨停，而且资金介入的力度极大。分时上的两次拉升都放出大量。主力应当是提前得到消息闻风而动，该消息周末发布！果然周一该股一字涨停，资金开盘即抢单，机构更是前一日即挂涨停买入！这是消息面的炒作由头。

按我们底部反转“V”形涨停战法来看，该股下跌过程超过 1 个月（下跌接近 3 个月），而且越到后期缩量越明显，日换手率常低于 2.5%，底部突然爆出涨停板大阳线，量能充沛，资金介入充分。但当日不能买入，因为当日的涨停正好在下跌通道的压力位置（这条压力线读者可以自已用通达信的软件的画线工具画出来，将后期的三个高点连成一条直线即可）。底部大阳涨停后的次日，一字涨停突破下跌通道，虽然是买点但无法买入，因为无论你开盘时如何挂单，你都无法和机构抢筹码。一字涨停后的高开有足够的介入机会。第三板时有几次开板的机会，而且每次开板短线资金都是蜂拥而上，很快便封死涨停，开板是因为大盘的连续大跌而引起，这时候大盘的下跌而带来的机会是很难得的机会，应当果断买入！

此类个股的形成要走得更高或更妖，有消息面的配合为佳，消息面最好是官方的或者上市公司已经确认的消息，对于小道消息要小心，可能是主力放的“烟雾弹”，买进就会成为“接盘侠”。只要是市场能够形成合力，盘口大单连续买入，就不会有太大问题，因为主力资金敢这么买一定有它的理由，我们只管搭上“顺风车”即可！

任何技术要求在重大的利好和利空面前都是不堪一击的。比如，重大支撑位在一个“地雷”消息曝出来，什么支撑均不存在；反之，个股正处于重大压力位时，在重大利好面前也会像纸片一样容易冲破，成不了什么压力，在多数情况下技术信号是非常有效的。因为无论买还是卖，要有量、有价地结合分析，主力想要得到筹码和兑现利润都会从盘面上显露出来。在主力吸筹不充分的情况下突然性的暴涨和暴跌确实存在一定的运气因素，这一点笔者并不否认，但我更相信运气会青睐经常做功课而有充分准备的人！

“V”形反转实战案例二：000025 特力 A。

特力 A 当时的流通盘只有 1.67 亿股，属于小盘股，适逢国企业改革风口，再加上曝出业绩增长 3 倍（业绩的真实性虽然不能确认，但要看市场的认可力度，哪怕就是主力炒作的噱头，只要市场认可形成合力即可）。

图 6－13 中特力 A 下跌周期刚好接近一个月，从 2015 年 6 月 8 日开始回调，随后下跌的幅度越来越大，越来越快，股价从最高的 32.49 元回调到 7 月 8 日的 9.88 元，跌了 2/3 还多。但这一波下跌量能始终没有放大，越到最后，跌停越来越多，基本上是连续跌停，但换手率也越来越小，最后两个均为一字跌停！换手率只有 0.5%，到了 2015 年 7 月 9 日，从

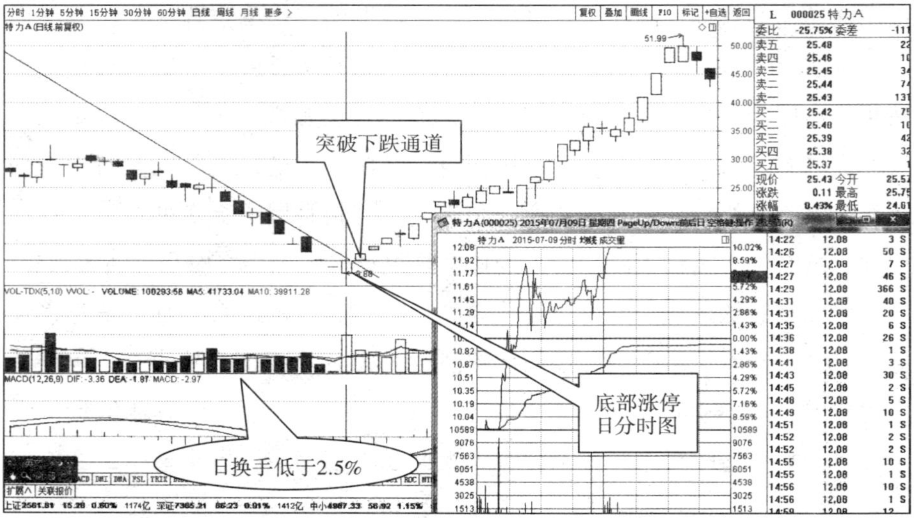

图 6－13　特力 A 底部“V”形反转

图 6－13的分时图中我们可以看到开盘仍然是一字跌停，但开盘后不久资金开始连续介入，当时的跌停板几万手封单被很快收掉，跌停板被打开，随后又有几万手大单压出，10 分钟的时间再次被吃掉所有的封单。随后开始大幅上涨，两波拉升 10%，极弱变极强，最终收盘攻击涨停板。底部出现从跌停板到涨停板 20% 的实体大阳线，这也就是条件（5）所说的底部阳线的实体越长越好，最好是低开高走的模式，低开高走是空头衰竭、多头开始反攻的信号，加上大单的不停涌入，会进一步巩固反攻的强势力度。这种天地板的涨停目前是市场最强的品种，没有之一！跌停到涨停在 A 股的制度下没有比这更强烈的了。后面开启连板模式，走出了大反转！此类股票实战操作时，战机稍纵即逝，看到机会一定要坚决、果断地跟进！

消息面：当时曝出特力 A 业绩增长近 3 倍，又恰逢国企改革火热之时，特力 A 属于深圳国改股。炒作的由头在风口上时，就会成为风助火势，越燃越猛。还有一个更关键的因素就是，因为流通股当时只有 1.67 亿股左右，属于小盘股，价格在 10 元左右 ，具备低价和盘小的条件，有利于资金的阻击！而其他国企改革股流通盘子均比较大，不适合主力资金阻击。

“V”形反转的个股在开始启动时很难在第一时间发现，但第一个涨停板在下跌通道中不确定性的因素也比较多，所以只有打破下跌的趋势后才会考虑买点。对于底部的理解这一种是最难操作和把握的，如果不能形成市场合力，最后还是会回到下跌的通道中。所以“V”形的个股一旦失败，下跌就更猛烈！

“V”形反转的止损方法：

在前面的图形中已经讲过，将最后的三个高点连成一条压力线，当“V”形反转时要突破该压力线才可以买入，买入后该压力线就会变成支持线。既然选择突破，那主力一定是下了很大的决心才敢有此行动，不会轻易放弃这个位置，这也是它们的底线。在多方进攻时，空方失守是空头的失败，但这种一般来说大趋势仍然是空方占有优势，多头强势占领突破下跌通道，一定是有备而来，如果此位置失守再次跌破，多头就会乖乖地缴械投降。

所以，止损位置就是这条支撑线（原来的压力线），只要收盘跌破即止损，不能有丝毫犹豫。收盘往往是一天战斗到最后的结果，放弃的一方就是认输的表现。止损也是为了保护自己，给自己改错的机会，千万不能一错再错，切勿侥幸心理作怪持有到跌得无法承受时，不理智地在最低点出局。

要想在股市生存得久，错了要认错，永远要跟胜利的一方站在一起，当多方胜利时我们买入股票，当多头失利时我们卖出股票。只要把握好这一点，我们就不会犯大错，保住本金就有机会再战。

经过笔者的实战统计：底部“V”形反转的止损概率约为25%，这和底部启动的阳线实体与成交量有很大的关系，前面的条件中讲过，实体越长越好，最好不要带有长下影线的涨停板。

第三种底部反转涨停类型：“单针探底＋涨停＋跳空”

具体条件：

（1）下跌周期1个月以上（时间）。

（2）下跌空间50%以上（空间）。

（3）流通盘小于3亿股为佳。

（4）底部最后一根K线必须具有下影线（影线的长度在3%以上），次日高开形成跳空缺口拉出涨停板，注意这里的跳空缺口不能回补，回补无效，即“探底+涨停+跳空缺口”的模式，缺一不可。

（5）突破下跌通道的位置必须是涨停（强度）。

这里要说明一下，这种模式和第二种“V”形反转有两点区别：

第一，“V”形反转是突发性的，在底部的最后一根K线有可能是阴线，也可能是低开高走的大阳线。但无论是哪一种，夯实底部的标志性K线是底部的放量阳线涨停板。而现在我们讲的第三种跳空缺口类型则不然，夯实底部标志性的K线是探底时形成长下影线的最后一根K线，一般来说，这根线的量能不会很大，和前面下跌的缩量K线不会有太大的变化。但该K线一定会形成下跌后回拉，回拉时最好要形成阳十字星或下影为3%左右的阳线，不能是高开低走回拉一部分的这类锤子阴线和剧烈波动的阴线。这个探底的过程其实就是主力收集筹码后的尝试性拉升，也叫脉动式拉升。这种行为一般是股票跌到低位而且量能缩到极致时才会发生。如果这根K线出现放量行为则不属于该涨停模式。

第二，该模式的底部既可以是“V”形，又可以是圆形底，还可以是上升趋势的形态，只要总体的大结构是经历过1个月以上的时间下跌，而跌幅最高点与最低点之间在50%以上即可（这个幅度的计算是阶段的高点到最低点之间，并不是买点之间，出现这种组合形态模式时，说明股价已经走出底部反弹了一段时间，比如模式出现时，已经从底部反弹了20%才出现也是符合的）。

实战案例一：603016新宏泰。

如图6-14所示，该股经历过长期的下跌，下跌过程中几次反弹都以失败告终，底部的探底脉动式拉升非常明显，形成了底部十字星。这也是拉升之前的异常表现，说明经过连续下跌之后做多动能开始试盘，随时准备拉升，次日开盘在前半个小时即强势涨停，全天封死涨停板不动摇，这个涨停说明资金探底后测试压力成功。做多的决心很坚决！底部涨停的次日，出现高开跳空缺口，形成了“探底+涨停+跳空缺口”的底部反转的

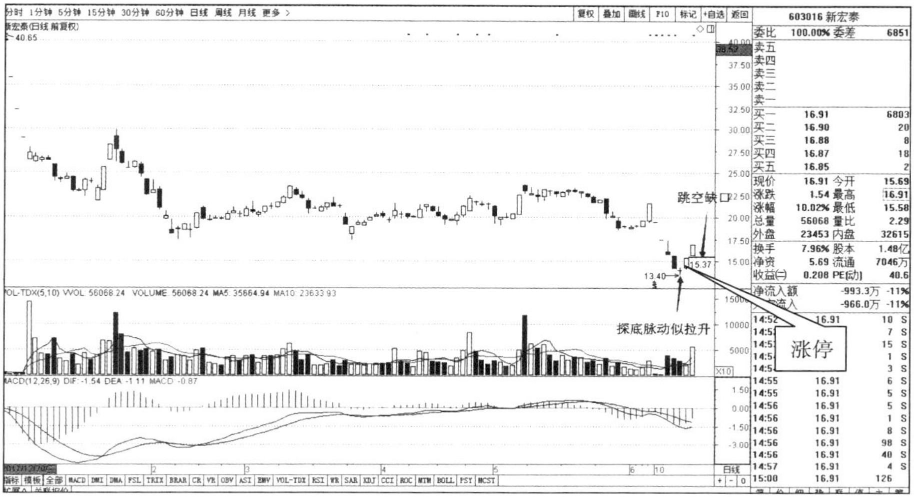

图6－14　新宏泰“单针探底＋涨停＋跳空缺口”

形态组合模式，即试盘成功后，主力资金采取无交易区间的缺口来加速向上脱离底部成本，拉升意图明显而坚决；“探底＋涨停＋跳空缺口”的形态组合模式在结构上直接完成原来的下跌通道，也就是底部反转。反转之后，主力会进一步采取拉升或洗盘后拉升的方式来快速摆脱底部区域；该股流通盘只有7046万股，符合小盘股的原则；在远端次新股中价格只有15元左右，属于次新股的低价类型；涨停的时间选择在早上前半个小时，属于典型的强势逻辑。这也是最完美的组合模式，跳空缺口的位置就是最佳的买点。这一类型应当列为我们买入的首选操作标的。

要点总结如下：

（1）下跌周期超过1个月。

（2）下跌空间超过50%。

（3）流通盘小于3亿股。

（4）形成了“单针探底＋涨停＋跳空缺口”的形态组合。

（5）底部涨停打破了下跌通道。

实战案例二：603040 新坐标。

如图6－15所示，该股经历了3个月以上的下跌，从高点73.28元下

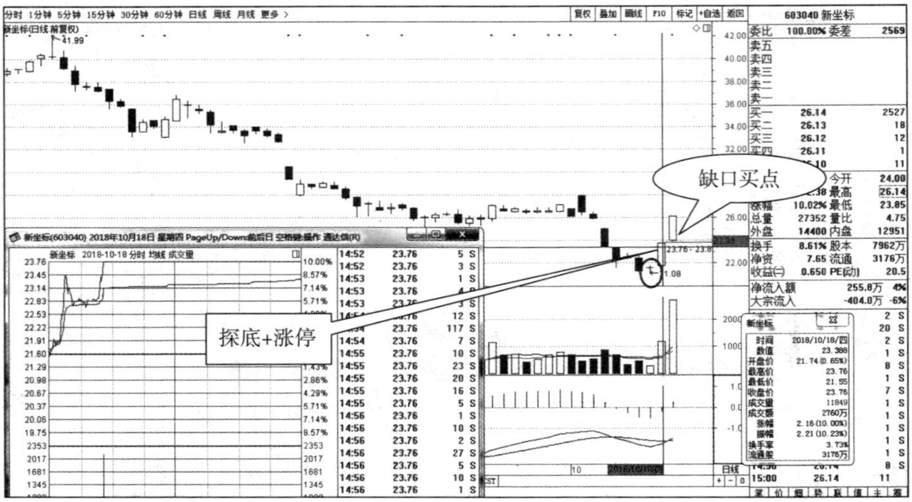

图 6－15　新坐标“单针探底＋涨停＋跳空缺口”

跌到 21.08 元，幅度超过 50%，为反转留下了足够的空间，满足空间阶段性底部要求。底部的脉动式拉升即单针探底非常明显，主力开始介入尝试做多，测试压力，异动非常明显，也是拉升前的表现之一，这说明多方已经完成筹码收集，单针探底试盘成功，次日急速拉升涨停板。从分时图中可以看出，涨停时间在 10 点之前，属于难得的强势特征；满足了“单针探底＋涨停”的要求；涨停的次日出现了向上的跳空缺口，并继续向上拉升，此时构成了“探底＋涨停＋跳空缺口”的经典形态组合模式。在结构上打破了该股长期以来的疲弱态势，符合反转的特征；再看流通盘，只有 3176 万股，属于袖珍型个股，该股的缺点是价格在散户的眼中较高，超过 20 元的股在散户眼里都属于高价股概念。但由于它的股本与流通股本较小，这一缺点可以忽略不计，流通在 1 亿股以下的，价格在 50 元以内都可以接受！这属于小盘股，也是市场资金特别是游资与私募基金阻击的对象；三大条件配合近乎完美的表现，在跳空处即我们的阻击点，应当果断“上车”！

要点总结如下：

（1）下跌周期超过 1 个月。

（2）下跌空间超过 50%。

（3）流通盘小于 3 亿股。

（4）形成了“单针探底 + 涨停 + 跳空缺口”的形态组合。

（5）底部涨停打破了下跌通道。

综上所述，该股的阶段性底部出现的第一个涨停板前的单针探底的异动行为说明多方的筹码收集已经完成，后续采取“单针探底 + 涨停 + 跳空缺口”的模式来快速向上摆脱底本成本区域，打破越本下跌的形态结构。有足够的反弹空间，又有充足的量能配合，脱离了底部区域，这样的形态只有一个方向：上涨！

说明三点：

（1）这种战法在后面的跳空缺口处买入，当天并不一定会连续涨停，也许是大阳线，但最好最强的就是跳空后继续涨停，即构成“探底 + 涨停 + 跳空涨停”的模式。这是反转中最经典也是最安全的一种模式，如果涨停的次日有大涨但不涨停，或许是主力开始洗盘，或许是主力资金实力一般，或许是筹码不够。总之，后面短期的上涨高度会打折扣。

（2）在底部的涨停板也许当天是下午涨停或尾盘涨停，这种情况一般会弱于我们的案例。但成功的概率也可以达到 75%，当然如果找不到最强最好的组合形态时，我们才会考虑做稍有不完美的组合。

（3）此类型的底部可以是“V”形，也可以在底部有过盘底的过程或者得到修复后已经开始走上升趋势，只要总体大结构是经历过 50% 以上的跌幅和 1 个月以上的下跌时间即可。这是与第二类“V”形反转的第二个区别点。以下用一个实际案例进行区分。

案例三：600536 中国软件。

图 6－16 中国软件就不像前面的两个例子直接从底部出现我们的“探底 + 涨停 + 缺口”的组合形态模式，从图 6－16 中我们可以看到中国软件的总体下跌空间巨大，从 32.05 元下跌到最低点 11 元，而后期是经历过一轮上涨后再次回落，关键就在于这里到阶段性底部时，出现了我们的“探底 + 涨停 + 缺口”的模式，计算这个下跌的幅度不能以前面最近的一个高

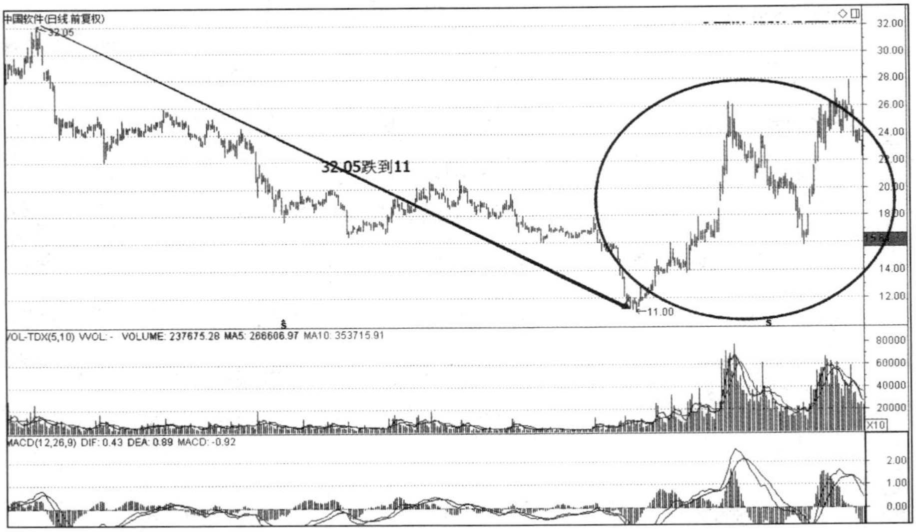

图 6－16　中国软件日 K 线部分全景

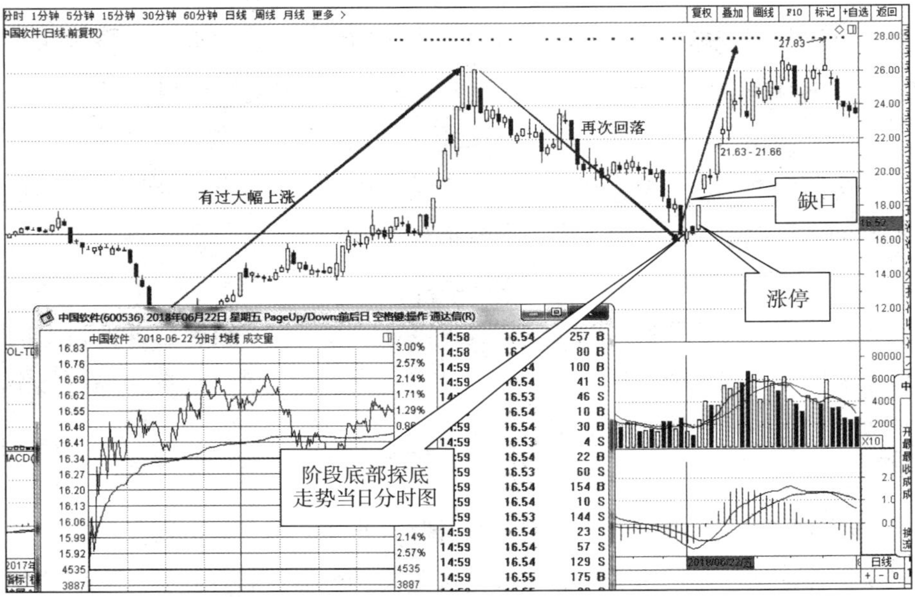

图 6－17　中国软件（图 6－16 圈中部分）分时探底

点来算，而是要以图 6 - 16 部分全景的整体结构来判断它的反弹是否还具有空间。这就是第 3 点强调的，可以是底部出现“V”形，也可以是圆形或者上升修复过程中的上升趋势形。总之，在前期经历过 1 个月以上的下跌期间，50% 以上的跌幅即可。

止损要点：当买入个股后，如跌破缺口的位置即要作止损，因为这种模式是“探底 + 涨停 + 跳空缺口”，任何一个条件均是必不可少的。只要破坏一个条件，该模式则不成立，也是主力失败和无能的一个表现。股市切勿与无能的一方为伍！如果买入后上涨，后期回调到缺口的位置就是强大的支撑位，可以关注该位置的支撑力度，若不跌破则是难得的加仓点，若跌破则是止损点。

为什么这么说呢？单针探底说明主力筹码收集完成即将准备拉升，探底后的涨停则是测试压力成功的特征，跳空缺口是强势确立的关键！这三环是环环相扣，少一环均不能成为模式的组合。最关键一环则是最后一环即强势的跳空，跳空缺口若回补，则强势不再有。因此，缺口回补时应止损。

第三种“探底 + 涨停 + 跳空”模式的优点：处于阶段底部，获利空间较大，甚至有可能成为一只牛股的启动点，如果是一只大牛股长期上涨几年甚至更久，那就可能靠一只股票就实现了财务自由的梦想。

缺点：该类型的股不太好找，一般是经历过大熊市或者个股由于各种不利因素经历了连续走低才能达到时间和空间的要求，而且只是单纯地从技术角度来分析，这种长期下跌的个股很多都是出现了严重的危机和问题才会走出这种形态，当然大熊市导致的个股错杀是最好的捡便宜机会。

作为一名投资者，不需要什么都会，只要把最经典的一种用到极致即可。就像武侠小说里的武者一样，把一种功夫练到极致就可以成为独家本领，甚至是无敌般地存在。练好一招制敌、一剑封喉的本领需要强大的决心和坚定执着的耐心！

第四节 涨停模式四：龙头股涨停战法

散户投资者很多都听说过“龙头”的概念，有时会听说“某某股是某某行业的龙头企业，某某股是现在的龙头股”。那么，究竟何为龙头？

龙头分为行业龙头和市场龙头，这个概念凭字面意思也很好理解，行业龙头就是具有核心技术，在行业中处于主导地位，起着带动作用或者在市场上具有垄断地位的上市公司；市场龙头则不然，是由市场资金来决定的，市场资金认可，可以走出牛股的结构和气势，具有带领市场风向标的个股才能称为市场龙头。

我们这里只讨论技术面上的龙头，也就是股市中从市场走出的龙头个股，不在乎它是不是某某行业的龙头企业，行业的龙头和股市的龙头不能画等号。能长期稳坐龙头宝座的个股很容易受到游资、私募等资金的青睐，属于给点阳光就灿烂的个股。而那些即使是某行业的龙头，经常被股票市场边缘化，偶尔借大盘的走强而涨停，后期也很难具备较强的延续性。

市场龙头股（以下简称龙头股）的特征如下：

（1）龙头股走势是独立的，明显强于大盘，涨跌受大盘的波动影响较小。

（2）龙头股具有引领市场风向的能力。

（3）股性活跃、量能充沛，得到市场认可。

（4）处于当时的题材风口上，要有其他非龙头股“小弟”的助攻，以彰显它的龙头地位。

（5）最好具有盘小价低的优势，盘小是指小于3亿股以下的流通盘为佳，当然，当有些行业板块具有重大利好时，可以将流通盘放大到5亿股，价格在20元以下为佳，如果是低于2000万股的流通盘，价格可以升高到50元以内。

龙头股的操作顺序如下：

（1）首先要选定一波上涨周期，在上涨周期中再选出热点板块，热点板块选出来之后，再从板块中选出引领该板块上涨的龙头个股，选出来之后作为优先品种，等待时机介入，这是选股顺序，也叫首选龙头。

（2）如果选出来的龙头个股因为过于强势没机会介入，或者是操作完龙头股后，可以考虑该龙头股带领板块的补涨行情。龙头股与补涨股一般不会发生在同一时间，强势的逻辑时间会出现交替，所以并不会耽误，关键在于一个节奏点的把握，把握得好，可以大大提高资金的使用效率。这叫次做补涨。

（3）操作热点板块中的个股，龙头过后做补涨，这很容易验证自己的操作能力和选股是否正确，如果买入后发现自己的判断失误，或者说龙头股选择出现偏差，无论当时短线处于微亏还是盈利，都应当即时止损出局调仓换股。特别是底部起涨时的洗盘期，这是给我们最佳的纠错机会，也是最佳的调仓换股时机！这叫知错则改。

（4）我们在操作一只股票之前要做大量的功课和准备，机会永远都是给有准备的人，要想做到龙头必须养成每日复盘的习惯，对盘面的每一个信号都不要放过，成功的背后是汗水的堆积。只要我们发现了龙头个股给出的机会就要果断出击，“先下手为强，后下手遭殃！”这叫当机立断。

万一错过了龙头股，骑在龙腰（龙二、龙三）上也比吃鱼尾强。关键点在于确认一波上涨的行情或一个板块的上涨行情，实在做不了龙头的情况下，骑在龙腰上也不要朝三暮四，每个人的这性格不同，龙头股并不一定适合所有的人操作。因为龙头股在启动阶段拉升很猛烈，盘中给你考虑的时间并不多，只有在盘前作了充分的准备和大量的功课，在盘中才能在短时间作出决定，我们所说的盘感往往是摔了无数个跟头以后而让临盘时有了自然反应。

确定行情后，切勿频繁操作、割肉追次涨股，因为市场行情每天都有涨停板，手中的个股如果走得不够强劲，很容易动摇自己的信心而出局追次涨股（次涨并不是龙头），因为龙头股往往涨幅较大，散户的心理状态往往不敢追，而容易追进跟涨的次涨股，也就是助攻“小弟”！

下面进入实战案例环节：

实战案例一：600903 贵州燃气。

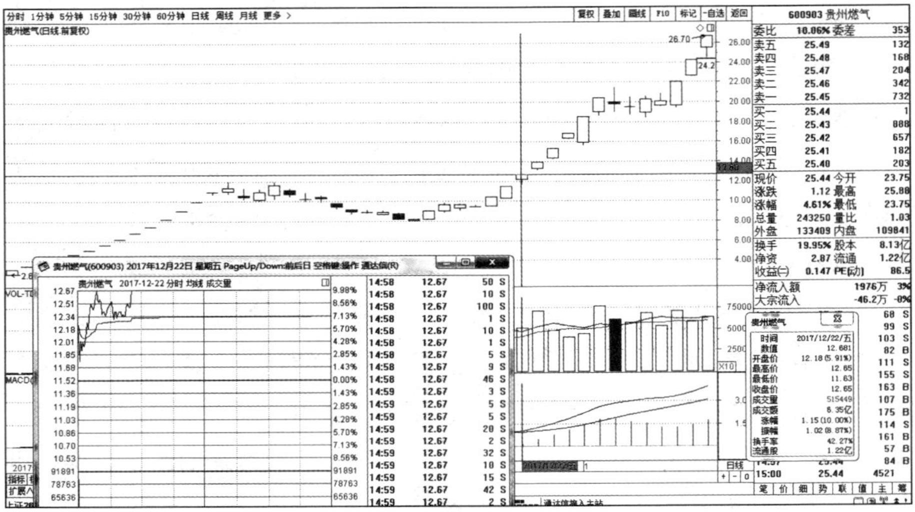

图 6－18 贵州燃气龙头实战买点

图 6－18 中贵州燃气这只牛股当时的形成原因在于，恰逢 2017 年年底，供气供热本来就是一个炒点，当然贵州并没有供热一说，这只是主力找的噱头。而且这是一只小盘次新股，要知道每逢年底，资金面都会变得特别紧张。而小盘股一旦形成市场人气，不会占用市场太大的资金，符合我们选择小盘股的逻辑；再看价格，贵州燃气的发行价为 2. 21 元，虽然上市后第一波最高涨到了 12. 07 元，翻了 6 倍，但对于很多发行价动则 10 元以上的股来说便宜不少。第一波高点出现后经历了 12 个交易日的调整，最后缩量缩出了新低，抛盘明显减少，当然仅凭缩量这一点不足以判断底部的出现，所以要等它由弱变强，以资金介入程度和上涨强度来作进一步的判断，当回调的底部出现第一个放量涨停时，还是不能确认它的延续性，所以当时笔者也并未介入，而是把它作为关注标的。次日大涨但未涨停，

到了 12 月 22 日的跳空高开，在高开前有连续两日涨停，而且量能明显放大，各路神仙资金介入了，这里的高开直接突破了前期的高点，明显属于加速阶段！

所以，当时笔者买入后，在公司群及朋友群里也让大家去关注买入机会，从图 6－18 中可以看出，当日虽然高开，但经历了一个小时的多空激战最终封上涨停。在前半个小时封了一次涨停板，但持续时间只有 10 秒即打开，后面的回落关键点在于，分时线并没有跌破黄色分时均价线，这是绝对强势的特征，有大量的时间操作！但如果不明白其中的逻辑和原因，而又经历了连续的大涨，很多人是不敢参与其中的。经历了这一个涨停后，主力已经成功脱离成本区，开始了大力冲刺，12 月 25 日的高开也证明了这一点，但 25 日早盘封板后受大盘的波动影响，出现了开板，开板后一直围绕分时均价线上下波动，但并未跌破开盘时走出的低点，也就是无日内新低。遇到这类情况，一定不要慌乱出局，因为日线已经走出了最强势级别，为何这么说？25 日由于是周一，也就是当时一周的开始，周线出现跳空上涨的情况属于整个市场最强品种。所以在 25 日开盘时笔者还在强力推荐并在群里指出贵州燃气将成为年内大黑马！

如果收盘不补周线缺口或者日线不破 5 日均线时都仍然处于最强势的级别，不要因为分时的波动而慌乱出局，最终尾盘再次回封！笔者的坚持有了回报，持有到 12 月 27 日被强制停牌，直到元旦假期过后，新的一年开始，也是新的一周开始，周线、月线、年线都换了新天。开盘当时波动较大，盘中最低跌幅达 7%，跌归跌，量能、换手并不大，而且不破 5 日均线仍然持有观察！果不其然，还没回过神来，两波就拉到了涨停板，封死涨停不再打开。最后卖出是在 2018 年 1 月 9 日，这一天开盘时有过一次冲高，但随后呈梯次回落，分时的每一波反弹越来越弱，全天多数时间在分时均线下方，收盘时正好被 5 日均线压制，所以选择在当日出局。出局后次日，贵州燃气出现了低开高走，最终市场合力又将它推向了涨停的高潮，这次与我无缘，没有继续跟进！其实这次突破仍然是一个买点，我卖出后就把它从我的股票池里删除了，也没有去留意，当时的判断是它的调整开始了，4 天时间的调整还不够充分，所以再次大力拉升的可能性并不大，可是这次我错了，在高位突破仍然拉出五连板！也就是卖出后没再关注，而贵州燃气反而开启了新的一波暴力连板。所以说“牛股不言顶，熊股不言底”！对于事物的判断我们只要按纪律去执行，赚到自己看得到的那一部分利润就可以了。

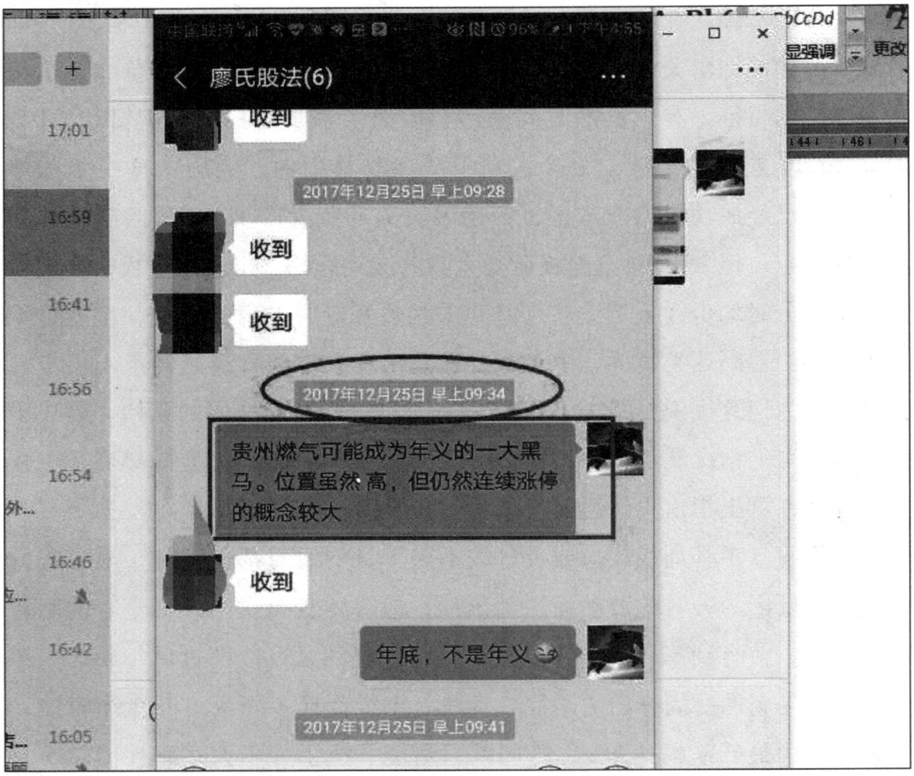

图 6－19　笔者 2017 年 12 月 25 日推荐记录

这里有一个小插曲：有一个和笔者同一天介入的朋友，他买入后在我卖出的时候他由于在外地忙而耽误了，然后又忘记了这件事，把后面的五连板也收入囊中，1 月 23 日才卖出，后面多赚四个涨停，按复利来计算比我多赚 50%，按同时介入的 12 元价格算，他比我多翻了 1.5 倍，所以做股票要保持一颗平常心！运气成分也占 5%！

实战案例二：002930 宏川智慧。

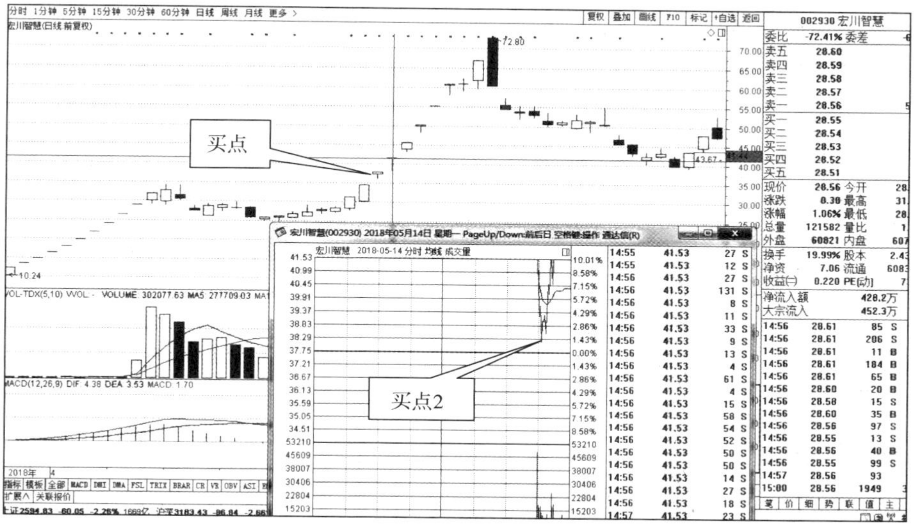

图 6 -20　宏川智慧龙头买点

图 6 -20 中的宏川智慧也是一只上市不久的次新股：其一，从技术图形上分析，宏川智慧上市后从第一个高点出现没有再封涨停后，同样也是回调了 12 个交易日（注意：前面的案例中贵州燃气也是回调 12 个交易日），和贵州燃气当时的技术图形基本一模一样，历史总是惊人的相似；其二，当时的智能物流与粤港澳属于热点板块，更重要的次新股属于热门中的热门，三者相加更加夯实了它走牛的条件；其三，从盘子来看流通股本只有 6083 万股，属于典型的小盘股；其四，再看价格，在第二波启动前处于 30 元以下，前面我们强调过选股的要求，盘子在千万级不到 1 亿股的流通时，可以适当将价格提高到 50 元以内；其五，看日线量能，回调第 7 个交易日时，量能缩到最小，随后开始走碎步阳上升修复，但在后面的碎步阳线，量能温和放大，这说明有资金在不断流入收集筹码，但总体相对前面高点的量能来说，仍然处于缩量阶段，也就具备了缩量回调的条件。

当这些条件都具备了，即市场条件、技术标准、量能等都具备了的时候，只差“星星之火”，即可呈现“燎原之势”！在调整的第 13 个交易日，主力资金开始大力介入，量能也开始快速放大，早上涨停后频繁打开，最终在尾盘时封死涨停，是典型的放量烂板，虽然市场参与程度较高，但强度仍然不能确定，还需要耐心等待！第二波启涨的第一个涨停次日仍然是低开高走，低开后急速向上拉升，最终在11时30分收市之前封死涨停，全天未再开板，强势进一步确认！连续二板的次日开始跳空高开突破前期最高点，和贵州燃气当时如出一辙，手法都非常相似！高开后9时31分封板，虽然也还有不少抛单，但强势度和前面不可同日而语，可以确认宏川为当时的市场龙头，买入的最佳机会即在此时到来！应当机立断，果断买入！

笔者当时买入的仓位较小，原因有两点：①想着下探时再加仓，所以只是试探性买入一成仓；②大盘当时反弹到阶段性高点，关于大盘的对比图，投资者可以自己去回顾时间在2018年5月11日的大盘平开低走，特别是小盘股更是无休止地下跌，所以下手不够狠！

当日封死涨停后不再打开，确认了加速的走势，准备在次日，也就是图6-20中分时图的日期，准备加仓买入，但开盘被顶死一字板，无缘买点！下午笔者在实盘现场给某公司讲实战培训课，也将宏川作为例子讲解，由于受大盘下午跳水的拖累，很多高位涨停股都被砸开涨停，炸板率当时达75%，在本来就较弱的市场环境下，部分资金的信心出现了动摇，很多个股炸板主力出逃！宏川智慧在下午2时30分不到也出现炸板急跌，此时我在现场课上让大家实盘在38.5元买进该股，当然也做好了次日不符合预期止损的准备。具体的止损要求后面会有详细的规则。这是出于对龙头股的信仰才会有如此犀利的操作。最终，经历了10多分钟的多空激战，再次封上涨停板，再打开，再封板，收盘最终封死涨停。当日收盘后查看了龙虎榜，最大的游资欢乐海岸已于当日卖出，当时欢乐海岸是游资里最为凶悍的。但尾盘的回封让我相信市场已经认可了宏川的龙头地位，接下来的几天继续开启的暴力拉升连板模式也印证了这一点。

之所以说到欢乐海岸，是想说明一点：一旦形成市场合力，并不是哪个游资想砸盘就能砸下去的；反之，如果形成踩踏事件，也不是哪个主力想护盘就能护得住的。也就是说，不要把主力想得神通广大、无所不能，遇到突发性的重大利空，无论是大环境、关联板块，还是个股本身的突发负面事件，主力一样会吃“大面”，一样蒙受重大损失，如果是强大的游资，它们会有铁一样的操作纪律去执行止损原则，这一点也是一般个人难以做到的。不过我们可以通过后面的操作心法和特种训练来达到这种要求。所以，主力并不是万能的。一只股票要走出大牛，要有外因和内因及技术条件的组合构成，而不是单一的某个条件，这也是对人性的一种诠释！

实战案例三：002166 莱茵生物。

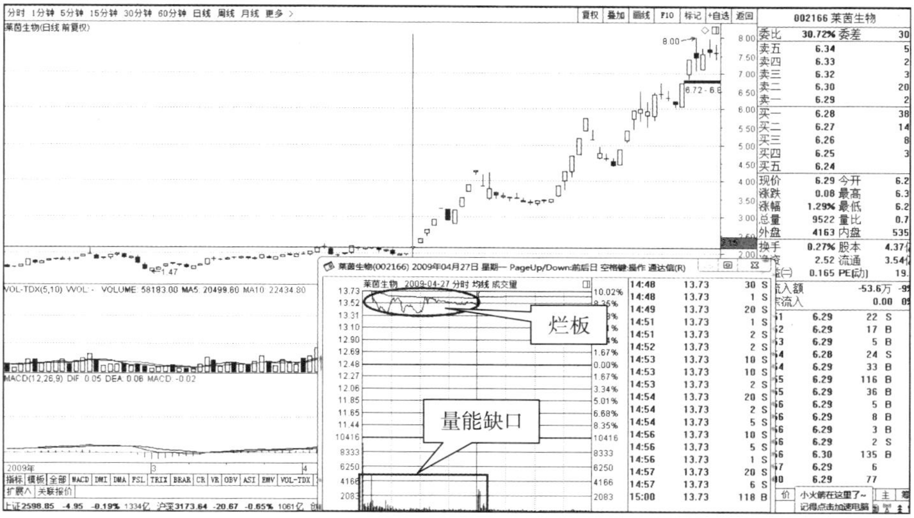

图 6－21　莱茵生物龙头买点

图 6－20 是莱茵生物在 2009 年的那一波大涨的走势，任何大牛股的形成都有其特定的题材风口作配合，我们前面的几个例子都有各种不同的原因，莱茵生物也不例外。从图 6－21 中可以看出，莱茵生物在开启大涨之前，该股就已经震荡向上，走出了上升通道的趋势性结构。在第一个涨停的分时，可以看到当天是一字涨停后开板在 7% 附近震荡，越到后面震荡的幅度和量能都在不断缩小，和开盘时与开板时的放量形成了典型的量能缺口（方框处所示）。下午开盘后，大单横扫，很快便将股价牢牢封死在涨停上！早盘的持续震荡让该股在启动时有了充分的量能承接，二次封板

确认了后市的爆发力。

笔者在这只股票上的操作历程如下：当时在红岭路的一家机构，在这里买入了大量的筹码，当时流通盘不超过6000万股，不是图6－21显示的3.54亿股（莱茵生物在后期进行过两次除权，2010年5月13日一次10送10，2015年10月20日一次10送20）。这里的跳空涨停也是一个技术形态上的突破，符合黑马股启动的方式，也符合小流通市值的原因，启动时价格在13元左右，也属于低价股范筹，这些都是以前我们机构的必选项，一点也不会马虎。莱茵生物在前期就已经有主力资金在运作，看走势图非常明显有一股资金在不断把它向上推高。我们介入时也可以说是给它加了一把“火”，让它“燃烧”起来！当时记得很清楚，在开始试探性买入时，有盘口114手警示单出现。这个盘口语言起一些暗示作用，主力资金之间是不会用语言交流的，盘口即语言。当然，普通投资者不用太多去关心这方面，只要注意我们事物的核心即龙头股的五大要求即可。不要越学越复杂，反而在实战时顾虑更多，不利于操作。这么说是想告诉读者，该股我们机构只是参与了“点火”，但我们并不是主力，也不是做庄，更何况机构与机构之间为了利益也会产生分歧。

除了流通盘、技术形态、股价这些条件都具备之外，再看题材风口。题材风口对于做黑马股来说是最重要的一点，能够决定该股能在否短期内快速聚集人气，形成燎原之势。2009年4月底正值春季，出现了甲型H1N1流感病毒，市场上流传甲型H1N1流感的治疗药物达菲的原料是从八角提取的草莽酸，草莽酸正是莱茵生物的主要产品之一。消息一出，市场疯狂追捧，后面开启了五连板！在2009年5月4日五连板后被证监会强制停牌核查，随后莱茵生物发布公告称公司并未接到草莽酸订单，而且公司的草莽酸产能有限，最大日产能大约500公斤。5月8日复牌一个半小时即封死跌停板，这一天的跌停放出了巨大的能量，分歧看空的资金疯狂出逃，这一天也是笔者操作生涯中很难忘的一天，该股于5月8日复市，早上10时半临时复牌，复盘后即有机构资金也有大户和散户争相逃命，开始的时候我们在18.5元附近尝试买入，但抛盘太多，买入几单试手后停止买入，封死跌停后在尾盘又加码买入。读者可能会问，为什么会在跌停上去买入呢？我们所说的条件可以作对比，因为当时莱茵生物启动时得到了其他所有生物医药股的助攻，也就是我们条件里说的要有助攻“小弟”！而莱茵生物跌停时，助攻小弟海王生物反而出现了小涨。下面看一下同期的海王生物的走势。

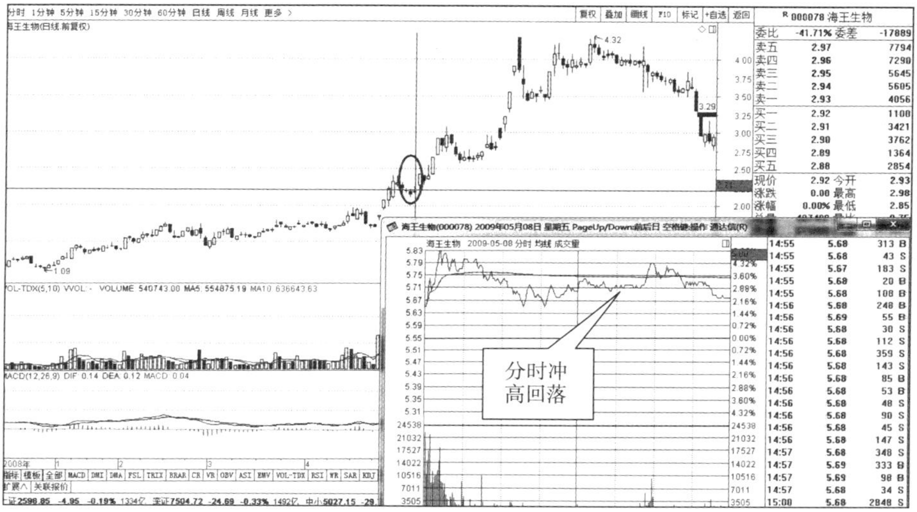

图6－22　海王生物2009年日线及5月8日分时

从图6－22中海王生物2009年5月8日分时图可以看出，早上冲高回落，收盘时仍然涨幅超过2%，而莱茵生物当日则是封死跌停板。市场追捧的龙头跌停，助攻“小弟”反而保持上涨，这说明这个题材概念的炒作远没有结束，这也就是当时我们在跌停日买入的原因。这一天莱茵生物的换手率高达21.6%，量能和换手率创当时上市以来的历史新高，这样的放量跌停看上去多空博弈空头占有绝对的优势，但在日线和周线上的强势则表明多头非常强大。果然，在跌停的次日（5月8日）惯性低开2.87%后，多头主力资金开始反击，反击的力度非常大，8分钟时间两波拉到涨停板。空方也未放弃，抛单随之而来，多空再次高位搏杀，最终在中午前完全封死涨停。这时已经形成了市场合力，不是谁想砸盘就能改变它的走势。因为市场资金蜂拥而至，形成了市场合力，人气很旺。量能、换手率再创历史新高！既然跌不下去，就只能涨上去！接下来是疯狂的四连板后再次被证监会二次停牌核查，第二次复牌时由于有了前一次的教训，量能明显减少，也就是大众都有惜售心理，直到第二个跌停打开上攻时，才再次放出巨量，多空再次激战后开始了9个交易日的平静，20日均线也上行成为日K线支撑位置后，再次开启了连板模式，而且又是连续五连板，市场越来越疯狂地追捧，被证监会再次停牌。2009年5月被两次强制停牌，6月再次停牌，两个月被三次停牌，在当时成为一个非常火爆的新闻热点。2009年6月24日复牌后主力仍然故伎重演，毫不犹豫地打到跌停，这一天我们也发出了卖出的指令，只卖出去一半便封死跌停。6月25日大低开后很快便再次跌停，但随后主力又打开跌停，多空争夺再次陷入白热化，这一天我们明确发出卖出指令，在29元附近将手上的筹码悉数抛尽。虽然后面小幅调整两天后，莱茵生物继续上涨三连板，但凌厉之势已大不如前，后面最高涨到了50元，而我们出货的均价在30元左右，没有去赚最后一个铜板，符合我们的操作模式！当时莱茵生物主力的手法非常犀利，每天都是市场争论的热点，从初期的合力一致，到后期高位的严重分歧，当时笔者是有过深刻体会的。这种大起大落，如果没有明确的操作龙头股的方法，随意追高很容易被洗到低点出局，损失会很惨重！

实战案例四：601700 风范股份。

从图6－23中可清晰地看出，在底部连续爆发涨停板之前，均是处于缩量小阴小阳线的走势较多，也就是长期缩量。这个案例相对来说有一定的特殊性，特殊在于该股的全流通，盘子超过了13亿股。和龙头股的要求（3亿股以内）相比盘子较大，但它的价格在启动前低于3元，属于“白菜价”股，也就是说，总体市值并不高。启动连续三个涨停板后，无论是量能还是强度都符合龙头股的特征，而风范股份的概念有“智能电网＋特高压＋无人机”，主营业务为电气设备，属于高端装备制造业。2018年年底，该股最主要的因素是价格较低，迎来市场风口国家电网混改，开启了波澜壮阔的10连板。笔者也参与了该股的操作，图中第5涨停处是实战买点。图6－24是实盘交易记录。

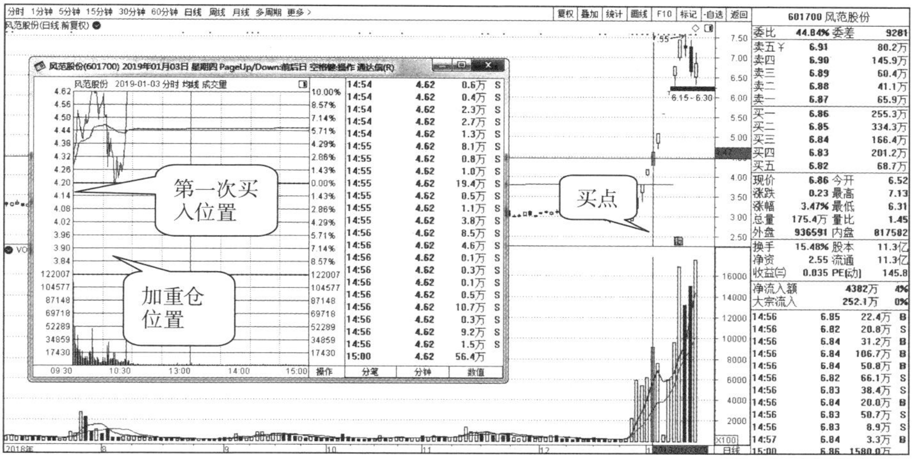

图 6－23　风范股份龙头买点

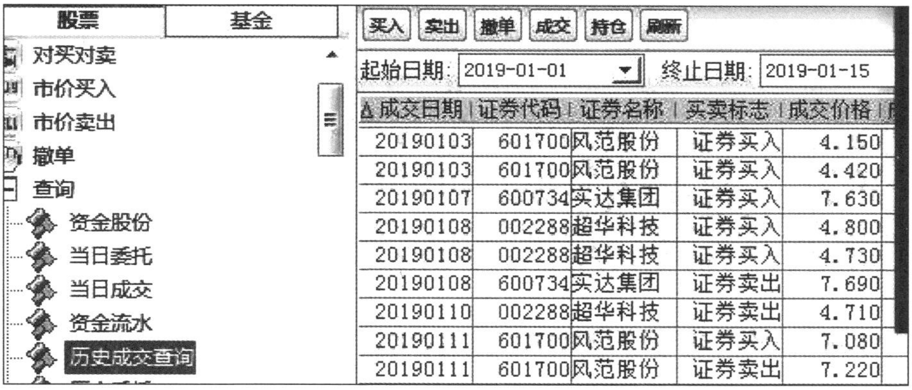

成交日期	证券代码	证券名称	买卖标志	成交价格
20190103	601700	风范股份	证券买入	4.150
20190103	601700	风范股份	证券买入	4.420
20190107	600734	实达集团	证券买入	7.630
20190108	002288	超华科技	证券买入	4.800
20190108	002288	超华科技	证券买入	4.730
20190108	600734	实达集团	证券卖出	7.690
20190110	002288	超华科技	证券卖出	4.710
20190111	601700	风范股份	证券买入	7.080
20190111	601700	风范股份	证券卖出	7.220

图 6－24　风范股份实盘记录

笔者在 1 月 2 日出现买点时资金不到位，错过了机会，因此买点推后一天，当天给了一个最佳买入位置，时间只有几秒钟，但也被笔者精准地抓住了。2019 年 1 月 3 日开盘后开始寻找买入机会，开盘前 9：25 便挂单在 4.2 元位置买入 1/2，但开盘后并未出现回调，直接高开高走第一波拉升便超过了 7%，在第一波分时回落到 4.42 元时买入 2/3，买进后不久便封上涨停板。此时，将开盘前挂的 4.2 元买单撤掉，后来因大盘快速下跌影响涨停板被打开，快速下跌，很快便从涨停板跌到 －1%。此时，笔者果断将余下的资金在4.15元重仓买入，仓位达9.5成，仅余下不到1成资金打游击。而该股分时上4.15元的价格只有几秒钟的时间，也是分时上的最低点位，这笔操作可算是完美。经过当日两次多空的分歧博弈后，多头最后还是占据上风，再次封上涨停板，日线结构上成功实现五连板。接下来的几天便开启了连续十个涨停板之旅。在1月11日还将余下的0.5成资金做了一次低吸高抛（见图6－24），因为当日聚会错过了最佳卖出位置，虽然也成功T出2%的空间，但这并不是最理想的结果。

以上四大成功案例只是笔者实战中的一部分，这里就不再列举。操作个股时一再强调要相信市场给我们的力量和信号，不要迷信某个机构或上市公司，市场永远是对的。市场给出的信号只为我们提供了入场或离场的信号，进场时我们一定要有非常充分的市场逻辑并量化技术买点，要对买入的个股明日将要发生的各种情况作出预期，也就是操作的预案。买入后走势也无非上涨、下跌、横盘。当然，最糟糕的莫过于踩雷遭遇一字跌停。所以在买入股票时，我们一定不能做赌徒，要留有充分灵活的资金配置来应对。符合条件时交易不要怕犯错，错了就改正，交易本来就是在不断的纠错中前行。怕的是将错就错、一错再错！资金配置方面后面有专门的章节进行讲解。下面先来看笔者当时的一个失败案例。

实战案例五：300686 智动力

如图6－25所示，智动力在底部经历过很长时间的趋势性上涨，结构上具备了牛股的形态条件。在2018年7月6日开启了第一个涨停，这个涨停打破了继续调整的节奏，收盘收出了半年新高。首板开启的次日开盘后即进入调整模式，持续在低于分时均价线附近震荡，直到尾盘最后半小时再次拉升涨停，又一次成功突袭，首板和二板量能都快速放大，连续两天日换手率超过了50%，符合量能要求；第二板的次日跳空高开后很快便封住了涨停，这一次没有任何犹豫，主力意志比较坚决。但按照笔者前面的操作模式还是不能跟进，原因很简单：距历史新高只有一步之遥，很多股都因这一步之遥而转向下跌。所以，此处不能赌创新高的预期，创新高加速是操作的硬性条件之一。

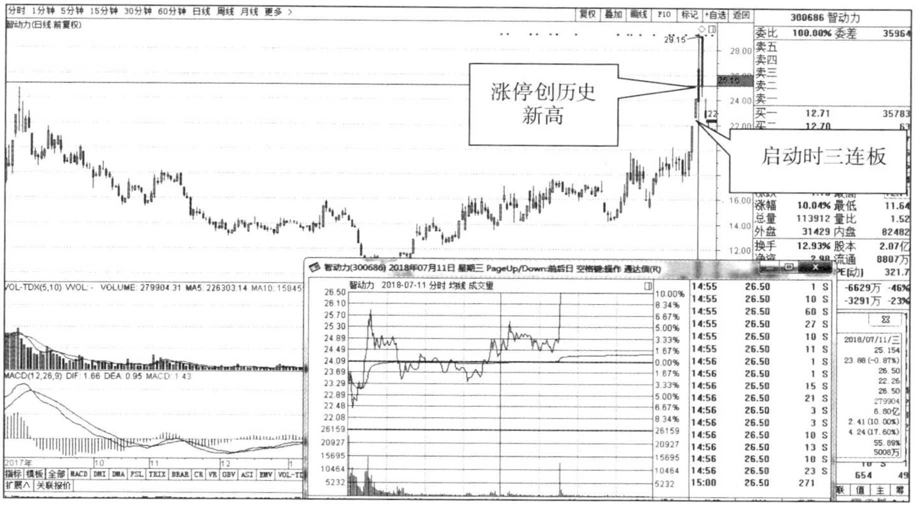

图 6 – 25　300686 智动力

再看龙头股的其他条件，流通盘子 8807 万股符合盘小的要求；股价启动后 23 元以上，稍高；市场关注度较高；从分时可以看出股性较为活跃，成交量明显放大，趋势向上良好；最后一点就是市场热点风口，当时智动力上涨的主要原因就是 2018 年 7 月 5 日除权 10 股送 6 股，7 月 6 日才开启了第一个涨停板（当天大盘走出了大跌后拉回深 V 走势）。除权前价格在 30 元以上，7 月 9 日星期一大盘大涨对应智动力的第二涨停，第二板与大盘同步强势！7 月 10 日第三涨停对应大盘高位震荡，也就得出一个结论：同期强于大盘的走势，走势独立，符合龙头股的特征。通过上面的逻辑条件梳理，即题材风口、流通盘、股价、趋势、强度、量能等，可以得出智动力此时基本上满足龙头股战法的条件。所以，在智动力的第四涨停中当股价突破了历史新高时，笔者在 25 元打出了第一笔买单，随后股价分时上快速回落到黄色分时均价线以下，高位出现了很大的震幅，第二次上穿黄色分时均价线时，24. 1 元打出了第二笔买单，股价再次回落，第三次上穿黄色分时均价线时，24. 05 元打出第三笔买单，2018 年 7 月 11 日下午 1 时 45 分主力资金开始强力进攻，封死涨停板 26. 5 元，大盘虽然高位震荡，但全天没再开板！7 月 12 日也就是笔者买入的次日，开盘被顶死一字板 29. 15 元，但盘口上涨停的大买单不多。当天早上开盘，抛单很快出现。笔者也决定减仓，刚打出第一张卖单成交，准备卖第二笔时，被连续几千手的大单砸开涨停，随后股价呈自由落体式下跌，仅仅两分钟就跌去了 12. 5%，不但涨停没了，还破了买入当时的涨停价，利润瞬间被吞噬掉。

此时笔者选择了坚持，而没有作任何操作。前文强调过“急跌不卖股”，这样的下跌，无论是谁都跑不了，主力资金也不例外。因为笔者多年的实战中有一个专门做“妖股”的心得——“急跌不卖股，反弹再减仓”。最后股价反弹到前一日的涨停收盘价即 26. 15 元时便再难上行，连续 5 次都无法突破前一日的收盘价。我坚信它会回拉一次黄色分时均价线，所以一直在等待（这里有想当然的意念成分），每一个不符合规则的意念，自己都将为之埋单，对于自己的盘感过于自信。这种情况，相信很多读者也都有过，以自己的意念和市场较劲，明知不可为而为之。分时 5 次无法突破这是典型的重大压力，说明前一日的收盘涨停价已经虚高，主力已经利用早盘的一字板将获利筹码出了个干净！余下的就是市场散户的自相搏杀。既然无法突破 25. 15 元，那就只有一个下跌的方向。下面来看智动力 7 月 12 日分时以及顶部日线结构。

从图 6 – 26 中可以看出，分时在尾盘再次出现放量的下跌，各种犹豫的资金争相逃命。到收盘放出巨量，换手率达到 68%，高位阴线放巨量，这是技术上主力出逃最为典型的特征。收盘时虽然还有浮盈，但从最高到最低，就像坐了一次“电梯”，利润也基本被吞噬。次日的低开幅度达 7%，出现一个大的跳空缺口，股价上行到 24. 15 元便再次掉头向下，同样是多次无法突破该位置，缺口都无法回补，弱到了极点。而且当时开盘即在 5 日均线以下，由极强变成了弱势股，符合卖出的条件，最终在 23. 8 元全部止损出局。

以上这个案例是典型的游资操作类型，当时炒作高送转概念，这种概念本来就不具备持续性，而且是在大盘大起大落波动较大的情况下。游资的风格就是快速高效地进出！

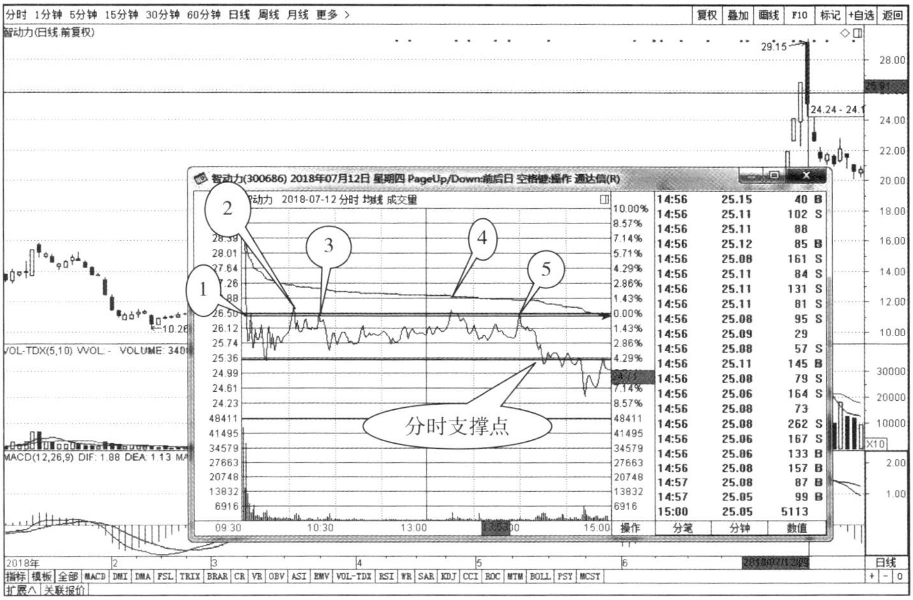

图 6－26　智动力顶部结构及分时走势

之所以写这个操作失败的案例，是想告诉读者，无论你的技术达到什么样的境界，都要敬畏市场，而且必须要有非常严格的操作纪律，不能被自己的贪婪和恐惧意念所左右。

龙头股涨停战法的优点：涨势凌厉，操作成功一次即可以短期让资金快速增长，赚到很多投资者一年都赚不到的利润。既然是龙头，代表的是市场人气最为集中的个股，其他个股的表现望尘莫及。

龙头股涨停战法的缺点：①市场要经过一段周期培育才会出现一次，普遍性不高，找股比较困难；②由于是突破买入，位置相对偏高，高位容易出现大幅震荡，高利润的同时也伴随着高风险；③操作时要有很强的盘感，操作点位要精准，要有充足的时间看盘，要有很强的技术功底。

前面所讲的这些涨停战法，每一种都是笔者在实战中不断运用后，加以量化、完善、总结而得出的，希望能帮助到在股海中还在苦苦挣扎的你。这些涨停战法中不同的战法会出现在不同的时期，比如大底部做反转和“V”形反转这种类型一般都要等到大盘和个股都有长久的下跌周期后，才会有更多这种类型的个股；“双响跑”则是在上涨初期、上涨中期或上涨后期都可能出现的一种结构；倒锤子线出现在不同的阶段用法也有所不同；龙头股战法则不确定出现在什么阶段，只要是市场认可的龙头，在高位只能更高，低位则是反转走牛，能走出多高要看市场情绪和量能承接。如此种种，各有各的优点，各有各的不足，每种战法的优劣在前文也有过详细而全面的总结，只要用心去体会和实战会有你意想不到的实战效果，运用过后吸纳精华，并结合读者自己的特点，就是自己的交易模式。“温故而知新”，就是在学习的同时能悟到新的内容和知识点。

前文所写的这些涨停战法模式均是笔者经过多次实战后总结出来的，有较高的成功率，希望读者能够按照强化训练的要求进行练习。这些只是笔者涨停战法的一部分，由于篇幅有限，还有一些涨停战法没有写入。写得再多，如果不能练到炉火纯青，形成自己的交易模式，也没有多大意义。涨停战法的精髓就是化繁为简、贵精不贵多！

接下来介绍涨停中的陷阱。

第五节　涨停陷阱

下面来讲哪些涨停可能存在陷阱而不能随意参与。涨停虽然容易让人兴奋和激动，并不是每个涨停后期都会给你一口“肉”吃，因为你赚的利润不是其他投资者的就是主力的，股票市场本身并不产生财富，要明白股市的本质！有人赚，肯定就有人亏。因为笔者对涨停板的研究时间有 10 年之久，无论在机构还是以散户名义交易，对涨停板都情有独钟。下面我们就底部不能参与的涨停、顶部不能参与的涨停和一些普通的不能参与的涨停，分别从不同的角度进行讲解。

第一种：底部不能参与的涨停。

下面来看实例 002558 巨人网络。

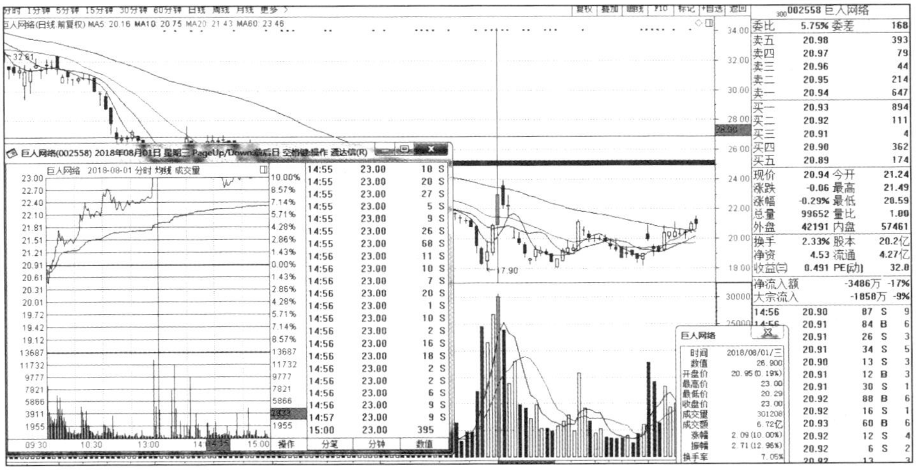

图 6－27　巨人网络下跌周期涨停

图6－27中巨人网络从日线级别来看，是典型的下跌通道，在最后出现了放量赶底的走势，在底部的放量下跌大阴线看上去确实会让投资者会感到恐慌，加上当时的大盘环境也非常恶劣，这种恐慌破位下跌很容易形成“踩踏”逃命走势。连续的放量大阴线也证明了很多开始坚持的资金崩溃出局。底部随后低开高走，走出一根小阳线后，次日放量拉出涨停板大阳线（尾盘打开涨停），出现两个涨停后，日线底部走出了“V”形结构（注意，这个“V”形和前文的“V”形反转涨停战法不一样。首先，流通盘超过了3亿股，总股本更是高达20亿股；其次，反转的第一根K线并不是涨停板，第二个涨停尾盘还有开板，说明封板并不坚决，抛盘较多，实力并不强大），注意要区别于前文所讲的“V”形反转涨停战法。在连续3天的放量上涨后，到达日线的60日均线位置，股价在此遇阻，能量也无法继续放大。刚刚确立的强势地位也被打回原形，这种涨停进去就是坑，后期虽然又再次走上了60日均线，但应当归功于大势回暖的原因，如果大盘继续恶化，该股就会跌无止境。在选股环节我们讲过，对于弱于大盘或跟随大盘的个股，在震荡市场中都是要回避的，也就没有买入的理由。

总结如下：

（1）长期处于下跌趋势的个股，在底部出现反转，不能一次性涨停突破60日均线；

（2）在最后一跌时不能是放量；

（3）底部“V”形的第一个涨停封板不牢频繁打开涨停；

（4）底部涨停时分时图上的拉升不流畅，或在尾盘涨停。

以上四个条件并不是要全部满足，有其中一个条件成立都不要参与，这四条包含了形态、量能、强度等方面的盘面信息，有一种条件存在就多一分风险。

第二种：高位涨停陷阱。

高位涨停很多时候是主力庄家出货时常用的涨停出货手法之一，目的就在于吸引更多的投资者跟风，再加上该股各种正面的利好刺激，市场就会趋之若鹜，而主力就在散户兴奋的时候在涨停板悄悄地把筹码兑现，这是最高明的出货方式。

来看一个实例：300667 必创科技。

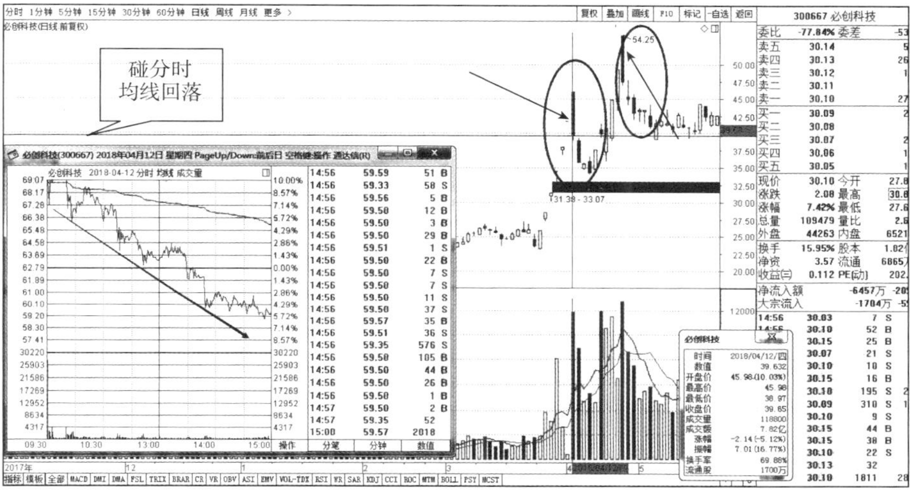

图 6－28　必创科技涨停出货

从图 6－28 中必创科技在左边椭圆处的箭头处的分时图可以看出，开盘即是涨停板，随后打开又快速封上涨停板，这个高位涨停之前已经有连续 6 个涨停板，加上当日的涨停板是第 7 个涨停板。回封涨停后，会有很多专业技术打板投资者排队在涨停处买入，这时主力会在撤单的同时又挂单，因为主力的账户多、资金多、筹码也多，涨停盘口的买单开始的时候一定是以主力资金为主，散户投资者为辅，主力一共挂上了多少手买单他们是知道的，那么在涨停处的买单减去主力在盘口上的买单就是散户投资者的买单，也就是“韭菜单”。要想把散户的单排在前面，神不知鬼不觉地卖掉手上的筹码，怎么做呢？那就是用不同的账户一起操作，比如涨停时有 13000 手买单，主力自己的买单是 9000 手，其真正目的并不是想买入，而是想卖出，还有 4000 手是“韭菜单”，主力就会在撤掉 9000 手的同时也挂单买入 9000 手，这一撤一挂，从盘口上看没有什么变化，原来买单是多少，现在还是多少。但“韭菜”的单子自然就靠前了，这时他们就会有计划地卖出，但买入的人可不是主力而是散户，此时的涨停也只是制造气势和假象，让人跟风而已。当排在前面的散户投资者这4000手单都成交后，主力就会把9000手买单全部撤掉，然后就出现了不计一切代价的砸盘，就是图6－28中这种快速下跌的走势。此种情形，市场当然也会有更多的抄底或补仓资金介入，会导致股价的短暂回升，如果这个买盘的力量不能够强大到吃完出货一方筹码的程度，下跌就是不可避免的。从图6－28中可以看到打开跌停快速下跌后第一波买盘出现，股价快速回升到分时均线的位置，再也无力上攻，连续两次在分时均线处停顿，但一直没有大买单出现，也没有量能放大的情形，没有更多的做多资金入场接盘，已经获利较多的主力和个人都会兑现利润，“空军”云集，酝酿新的一波下跌，下跌后的反抽力度越来越弱，每次分时上的反抽都没有量能的配合，盘口上也没出现大买单。此时，只要有反弹，无论是主力还是其他获利的投资者都在找机会卖出，形成单边下跌，最终收盘从涨停到下跌5.12%，如果在这个涨停上冲动地买入，结果是当天收盘就会亏损超过15%，单日这么高的亏损幅度，往往会超出很多投资人的承受极限。

既然下跌已经开始，这一个顶部涨停变巨阴线之后的次日，再次低开，形成恐慌情绪！小冲高后日线上留下缺口继续一路下行。很多在前一天买进的投资者此时往往会面临是否要卖出的艰难抉择，若卖出，两天亏损20%，但持有又看不到希望，这时候人性的弱点往往会给予最后一击，多数人会选择等反弹！最后反弹没等到，收盘时跌停。市场经常会把你最后的一丝希望击得粉碎！可能有的人说“那我扛着好了”“后面不是涨起来了吗?”“不是又解套了吗?”这正是我要重点说的问题，如果操作没有纪律性（也就是前文所讲的“屠龙刀”），而是扛过来了，扛过来一次，第二次也许就会让你再也无法翻身，那就不是亏20%的问题了，也许就是50%或者更多。如果有过一次侥幸，下次这种心理就会左右你的理智和纪律的执行。

图6－29中主力用了同样的操作手法，就是针对第一次侥幸成功解套的人。第一次经历了短期大跌后，无论你是割肉了，还是继续持有，投资

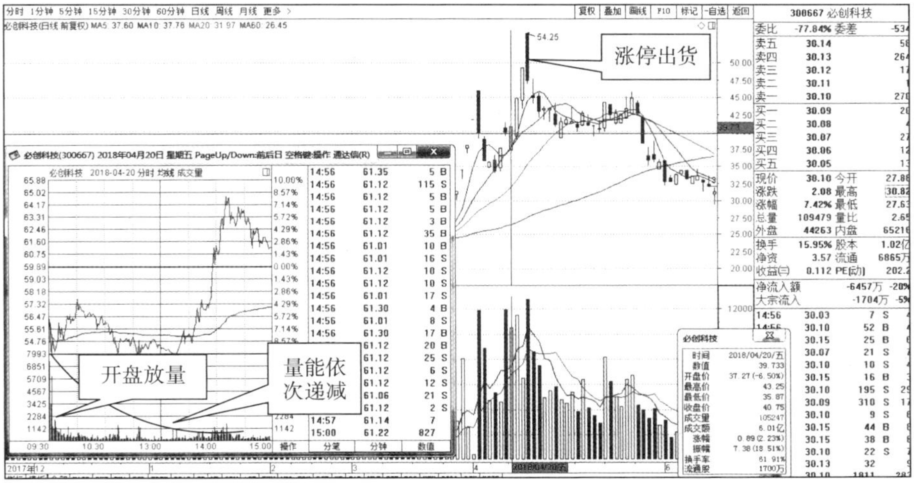

图 6－29　必创科技日线及 2018 年 4 月 20 日分时

者还在惊魂未定时，主力资金又启动了第二波拉升，在第二波拉升的开始阶段，也就是第二个涨停板收盘时开板，这个位置接近前一个涨停出货的顶部位置，而且前面出货的阴线是巨量阴线，从技术角度来说，这也是一个“危险地带”。主力正是利用了这一点，尾盘开板放量，印证了多空双方的分歧，多头看上去仍然很强大，实则已是强弩之末，在准备作最后一搏！次日开盘低开超过 5%，开盘后迅速奔向跌停，但跌停不封板，主力经过这一个大幅的下跌，恐惧资金会争先恐后地出逃，反复跌停又不封死跌停，这种手法收集筹码经常会很奏效。这一点可以图 6－29清晰地显示出来，早上的低开快速下跌量能快速放大，资金外逃。恐慌资金基本上在第一波就已经走了，后面的反弹量能有所萎缩，抛盘没有开盘时那么疯狂，此时主力空翻多开始收集筹码，还有一些想等待的人在小反弹后再次下跌又几次触及跌停位置时短线资金基本上很难坚持。收集筹码到午后主力才发动分时上的拉升，从大跌 10% 形态拉升至最高涨幅 8%，底部卖出时再跟进的可能性并不大，卖出的抛盘经过这一次巨震也基本上出局。从分时后面的拉升可以明显地看到量能并不大，从跌停拉到 8% 涨幅都没有过放大量的情形。这说明浮筹抛盘已经很小，就算还有一小部分，已经不会对主力构成威胁。日线后面一波的涨势看上去虽然凌厉，但大不如前一波，在最后也用了同样的和前一波的涨停出货法，开始强势涨停封板长达一小时，这一小时就是前面讲的主力用一撤一挂单的方式将散户单排在前面。当出货的目的达到，有了高额的利润后开始了不顾一切的砸盘行动，在高位这根大阴线从涨停打开后，也有过两次分时的回拉，均是碰到分时均价线就掉头向下（关于分时的应用我们在前面的章节里已经讲过）。后面开始了长时间、大幅度的下跌，第一次主力涨停出货买入的幸运者，很容易在这里坚信主力还会继续拉升，形成思维固化（一次的侥幸，会鼓励你第二次坚定这种侥幸心理）。但主力就是故伎重演，让你永远站在“高岗”上成为真正的“接盘侠”。如果长时间地持有，只会让亏损变得越来越多，有一次这样惨痛的经历就会让你对股票失去信心。其实，这和股票无关，和主力也无关，是贪心造成的结果。主力赚钱都是利用人性的弱点，以前笔者在机构时专门要学习这一门心理课程。相对来说，高位涨停出货一般都是针对有点技术而又喜欢做强势股的人，他们对技术一知半解。而真正的“小白”，由于这种故意制造的假象很有迷惑性，一个细节没注意到，就容易成为主力的“盘中餐”。

第三种：均线排列散乱的涨停。

均线排列较为散乱的个股一般 K 线走势也是没有规律可循，K 线忽上忽下地跳动，使均线和 K 线看上去杂乱无章。当一只个股在某一阶段均线和 K 线都很散乱，这个阶段就算突然出现涨停板，也没有可操作性。

从图 6 – 29 中元股份中可以看出，在此阶段均线之间互不配合，很少有同时向一个方向的走势，60 日均线向下时，小级别的又突然向上，当 60 日均线走平开始向上拐头时，5 日线、10 日线、20 日线、30 日线又突然向下，在日 K 线的组合上经常看到突然性的上涨和突然性的下跌，很少出现规律性的上涨和下跌。通过 K 线和均线两个方面组成的结构，盘面给出的信号是，市场资金经常意见不统一，张三向左，李四向右，王五向上，马

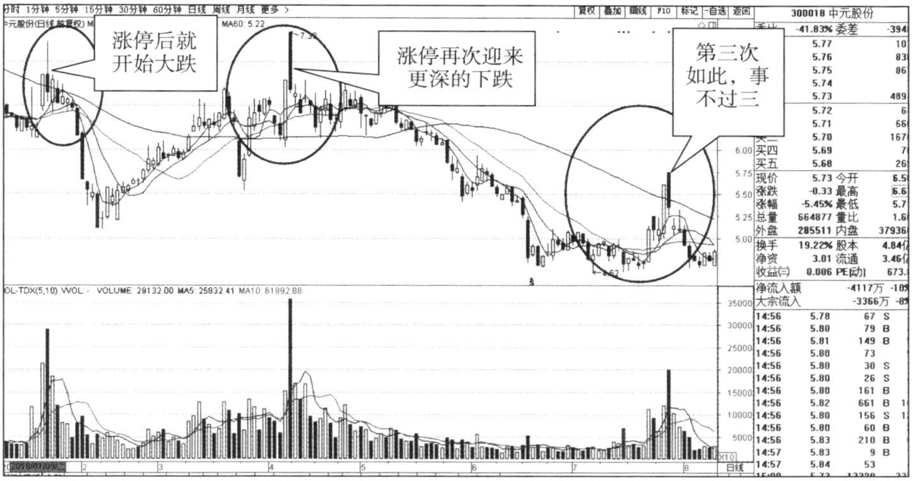

图 6－30 中元股份散乱均线及 K 线排列

六向下。大家相互扯着对方，均线的散乱说明很难形成合力。市场要形成大牛股，均线的组合一定是非常紧密地形成同时向上的攻击形态。从图 6－30中看到的却不然，而是短线的5 日均线和10 日均线都会互掐，更别说短期、中期和长期的大级别均线形态了。K 线上的表现也是如此，好不容易站上了60 日均线，维持不了几天又莫名其妙地跳水跌穿60 日均线，当形态变坏后，又突然上穿，如此反反复复，毫无章法，偶尔的涨停形态也没有任何美观的感受，操作该类型的股票就更是难上加难。

均线 K 线散乱型的股，也叫作弱主力股，是多空长期分歧而导致的走势。

图 6－30 中左边第一个圈处出现了一个涨停，涨停的次日，冲高就出现大量抛盘，多头的热情很快就被浇灭，多头想做涨，有心却无力。最后干脆放弃，空头势力越来越强，涨停次日即出现了放暴量的大阴线，而且还带着长长的“避雷针”上影线。早盘冲高 5% 到收盘下跌 3%，虽然多方在后一天也有过护盘动作，但明显力不从心，接下来的日子就是一波惨烈的下跌，最高 7 元多，短短 10 个交易日便跌回到 5 元附近。经过一个多月的修复重新站回了 60 日线，就在小周期的 5 日、10 日、20 日均线均开始

上移走好时，又莫名其妙地向下跳空跌穿60日均线，多头好不容易做好的结构再一次荡然无存；中间圆圈处再次出现涨停，次日仍然是巨量阴线，均线大小周期走法不一，而这个涨停是以60日均线为支撑起点爆发的涨停，按照强势逻辑后市应当继续上涨，但涨停的次日巨量高开为获利盘提供了逃跑的空间，开盘后便砸盘使股价快速下跌，收出高开低走的巨量实体大阴线，后期又是更深的一波下跌，无论是下跌的空间还是下跌的时间都超过了前一次；图6－30中右边圈处，同样的事情又发生了，本来日线跌出了新低后，用了一个月的时间盘出了一个底部，放量的大阳线夯实了底部的基础，后面的涨停是主力经过长时间的充分准备才发动的，但涨停次日还是逃不过高开低走的魔咒。不仅如此，每次涨停都成为反向下跌的一个转折点，这样的涨停不但不带给人喜悦，而是一次又一次的绝望。俗语云“事不过三”，接二连三的事情重复发生，这就是为不长记性的冲动投资者准备的“大餐”。而这顿“大餐”在K线和均线的排列中其实已经就给出了信号，操作股票的真谛不仅仅因为技术而技术，一定要了解主力的意图和市场逻辑。主力如果齐心合力，形态、结构、量能所有的问题都可以解决。当形成市场合力则可以爆发出超级大牛股。只有当均线靠拢也就是一种多空趋于一致的表现时，出现的上涨才是力度最强、利润最大的机会。

从K线和均线都杂乱无章的个股可以得出一个结论：遇到长期处于分歧的上蹿下跳式的走势一定要敬而远之，这样的涨停操作具有很大的不确定性，失败的概率极高。

以上介绍了三种尽量不参与的涨停板强势结构，即分别在底部、顶部、中部等各种结构进行的逻辑梳理。逻辑梳理明白后，就知其然也知其所以然。股票的操作不仅仅是和市场形态、结构去博弈，最核心的就是人与人之间的博弈。有人欢喜就有人愁！股票只是把人与人之间的这种博弈表现出来，机构是团队作战，散户是单兵作战，虽然散户人多，却很难形成一致的力量，会导致被主力各个击破，这就是大多数人都亏钱的原因！但主力有时候也会有严重的分歧，它们之间也并不是铁板一块，主力之间也会上演“大鱼吃小鱼”的情形，利益才是这一切的主导因素。因此，在股市中有亏损是很正常的事情，但亏损了还不知道自己错在哪里才是最可怕的。就如前面所说的第三种不可操作的涨停，如果自己都不知道亏损的原因，同样的事情就会重演，一次又一次地被伤害，受伤的总是自己。要让自己不受伤害或少受伤害，只能用学习和领悟来改变，别无他法，没有捷径可走！

第六节　涨停板战法的风险控制

在前文讲每一种战法时基本上都强调过止损，之所以这里还将涨停战法风险控制单独列出来，是因为风险控制对涨停板战法来说太过重要了。涨停板战法，是每一个A股市场投资者都追求的终极目标，也是A股在一个阶段的特殊产物，除非以后取消了涨跌停板的限制。涨停板挑战了市场当日的极限利润。既然有大利润就会有大风险，在投资市场上，高利润和高风险是相辅相成的。市场的灵活多变性、政策的突然性、各种突发性的因素导致了涨停战法不可能百分之百都能成功战胜市场。

做股票的目的很简单，那就是赚钱！无论你是技术投机者还是价值投资者、成长投资者，只要处理好买点与卖点的关系即可。“会买的是徒弟，会卖的是师傅，会休息空仓的是大师”，这里的“徒弟”“师傅”“大师”三者相辅相成。笔者的理解是“徒弟”“师傅”“大师”三者的重要性相等。如果没有好的买点，无论你怎么精明会卖都逃不过亏损的结果，只是损失的大小不同而已。这让我想起一个非常智慧的问答，一个孩子和他爸爸的对话。

爸爸：“孩子，你是想出门还是想回家呢？两个答案只能选择一个。”

孩子：“爸爸，我想回家!”

爸爸：“那以后我不让你出门了，你也不许再闹着出去玩了！”

孩子：“你不让我出去，我怎么回家呢?”

这个简短的对话，道出了很深的人生哲学。所以，不要觉得“会卖的是师傅”而轻视买点，也不要因为“会空仓休息是大师”而轻视任何一个到来的机会！没有好的买点，哪来什么好的卖点？没有良好的交易原则，成天空仓休息，不再关注市场，就会对市场失去灵感和准确的判断力！为什么很多人对这句话这么在意，因为买股票实在是太简单了，手指动一下就完成了。很多投资者买股票都没有考虑万一不及预期的处理措施！只觉得我买了它，就应当这么走，把自己的意志凌驾于市场之上，根本没有任何准备就随便操作买入了，至于原因和理由，自己也说不清楚，一旦出现亏损就唉声叹气，抱怨自己运气不好。我曾经不止一次地遇到这样的投资者，抱怨着对我说："唉，反正已经亏了很多了，现在也没办法啦，我也不再看了，随它去吧！"嘴上这么说，实际上天天都在惦记，内心一刻也放不下！谁会不在乎自己真金白银的血汗钱？我们每一个成熟的投资者心中都有自己的价值评估，每个人的理论体系都是决定你在市场中成为赢家还是输家的关键所在。所以，在想做"师傅"和"大师"之前还是先学会把"徒弟"做好。有了好买点，才能谈好卖点，有了好的买卖点才能谈如何空仓。

股市本身并不创造财富，总体就像一个水池，里面的水是有限的，你取走了一瓢水，其他人就少了一瓢水，再加上券商的手续费和印花税等各种额外费用，资金会变得更少。涨停板战法多数来讲是一套精准的短线战法，但同时也是中长线股启动时的最佳切入点战法，具体的止损或卖出要根据自己的资金体量和承受能力来决定。

由于我们的涨停板战法操作的是市场的最强势逻辑，市场给出的每一个信号都要特别注意，前文所讲的每一种涨停战法都有各自的优劣，比如倒锤子星涨停战法，一般出现在底部较多，容易成为一只牛股的起点。但也正因为多数处于底部的原因，有时候还处于主力建仓的初始阶段，可能会面临更多的反复，而不一定是加速上涨！每一种战法只是出现在不同的时期。总体来说，我们追求了市场的极限和强势，就要面对强悍的主力和庄家，每个主力和庄家都不是慈善机构，你要想赚它们的钱，必须要发挥你自己的优势，除了要有很好的技术功底和盘感（倚天剑），还要有很强的执行纪律（屠龙刀）。

笔者的涨停战法体系，除了前面在战法中要求的止损外，还总结了三大必卖要求：

（1）在跌破10日均线后必卖。

（2）高位巨量阴线或长上影线必卖。

（3）高位涨停时分时上反复开板三次以上必卖。

以上三点是习惯式操作的要求，不用去分析和考虑，直接卖出即可 。

第一种必卖：一般来说是股票已经走得非常强势，甚至多数情况下出现了连续涨停板后，开始回落。我们经常看到很多超强势的黑马，在暴力拉升阶段甚至是绕着5日均线上行，很多时候回踩5日线就开始强力拉升或涨停。这类个股也是市场里人气最高的个股，是市场的最强势类型，受大盘影响较小，完全由市场情绪和接力程度来决定。一个超强的走势如果回调破了5日均线，而且还破了10日均线，这就是由强转弱的信号，即前面讲过的盛极而衰、多空转换的道理。此时不止盈或止损，可能会面临更大的回撤或者主力快速出逃，如果没有新的主力进场，就会成为真正的“接盘侠”。10日线是超强股的一个分水岭，超过了就应当坚决果断地放弃幻想卖出！

第二种必卖：如果一只股票连续拉升达30%或连续涨停达三个以上，那么在高位出现放巨量的阴线就是主力出逃的典型标致之一。另外，在高位出现放巨量的长上影线（上影线的幅度超过K线阳线实体部分的1倍以上或上影线幅度超过5%以上均为长上影线）时，则是主力想拉升遇到空头的强力阻击而被迫撤退，或者是故意拉高诱多式出货均会出现这种放量长上影线的痕迹，无论是诱多出货还是拉高遇阻，都是一种不妙的现象，作为投资者此时不要迷信主力还会继续拉高，也不要相信主力无所不能，只为洗你出局。高位巨量一般来说都不是好的现象，至少说明多空分歧严重，战斗很激烈！此时空头的反扑力度越来越强，多头能否再次组织反攻或者说市场能否有新的力量接力是一个未知数。此时，在后市谁胜谁负并不明朗的前提下，必须先出局观望。通过以前笔者的实战总结，一般在高位出现此种情况后，再次继续大涨的可能性极低，最多也就30%的比例，而70%的比例是转为下跌或大跌。所以，高位巨量阴线或长上影线也是一种必须卖出的盘面信号！

第三种必卖：高位涨停时反复开板三次以上必卖，当一只股票经历了大幅的拉升或者连续三个以上的涨停后，在后期的高位会再次出现涨停。但涨停后封涨停的买单不多，或者只有少数散户单，看不到主力大单的踪影，或者有主力的大单挂出来又很快撤掉，这时候盘口上的信息非常关键，这样的涨停板很快就会打开，后面如果再次封板又打开，如此循环三次以上，也必须卖出。笔者总结了一句简短的话："高位涨停不牢，赶紧逃！"高位涨停出现这种情况说明主力或者是在诱多出货，或者就是无力继续拉高，但市场跟进做多意愿不强，只靠散户那不集中、不统一的市场行为是不可能继续强势的。开板三次以上就算收盘封板，第二天也是属于高危品种。这里要注意一个问题，所讲的涨幅和拉升幅度指的是正常拉升，也就是说不包含一字涨停板。一字板三个以上如果第四个涨停出现这种高位频繁开板又封板的情况时有可能存在筹码交换，是否出局要依当时的情况而论。因为一字板虽然有三个以上的涨停，但一字板并没有充分的换手和成交量产生，也就没有筹码的交换，所以高位频繁开板也有可能是机构强势介入，而不是无力的表现。此时的高位板频繁打开三次以上，不管量能是否放大，必须卖出。

以上三种必卖方法是涨停战法风险控制的必然构成要素，当然这不一定是止损卖出，也可能是属于止盈性的利润回撤卖出。在前文每讲一种涨停战法的时候都强调过买点和止损的方法，止盈并没有做太多的讲解，刚讲的三种必卖其实更多的是止盈卖出，这里将其单独列出，同时也解决了我们前文所讲的涨停战法中的止盈。

第七章

A股展望

第一节 下一波牛市具备的条件

投资者都希望能有牛市，牛市就算偶尔让你亏钱，也不至于让你提心吊胆，牛市环境中偶尔的下跌都会涨回去。而熊市与震荡市时，投资者就很难判断是出货还是洗盘。那么要具备哪些条件才能孕育出下一波的牛市呢?

我们不妨先来回顾一下A股的牛市周期，1991年开启了A股的第一轮牛市，当时的牛市很简单就是股票太少、供不应求，买到股票的人很多都一夜致富。这一轮牛市一直持续了一年的时间才出现回调。仅仅5个月就从最高1400点回调到最低400点，但很快用4个月的时间再创新高1558点。这一波牛市到顶后，从1993年3月持续下跌到1994年7月，回调时间一年零4个月即16个月。从1994年8月开始震荡上行直到2001年6月，这一波算不上真正的牛市，只能算是震荡市，2001年7月开始回调直到2005年6月跨度为4年，998点大盘见底！2005年6月大盘见底后，开启了一波大牛市，持续上涨到2007年10月的6124点，这一轮牛市当时只要是股票，不管是不是ST，都有轮翻上涨的机会，再差的股票都可以讲故事上涨，疯狂程度超出想象，当时笔者也是局中人，曾供职于深圳红岭路一家机构，见证了这一轮牛市的整个过程。大盘从2007年10月到顶后，开始了一年的暴跌模式，暴跌时间从2007年10月到2008年11月刚好12个月，从6124点跌到1664点，下跌幅度非常惊人，多少万亿资产灰飞烟灭！2008年11月后虽然有过反弹，但6124点简直就是一座无法攀越的高峰，而后是2008年11月到2014年4月长达6年半的调整是时间。直到2014年5月，在各种杠杆资金入市的情况下，大盘终于迎来了持续一年的上涨，也叫“杠杆牛市”。虽然是2015年6月大盘达到5178点到顶，从月线来看 6 月不能算在上涨周期内。这一波牛市是因为清理各种风险杠杆资金而被人为地压了下去，虽然没有创出新高，也算是“牛性十足”！

下面通过大盘的季度线来分析一下大盘的规律。

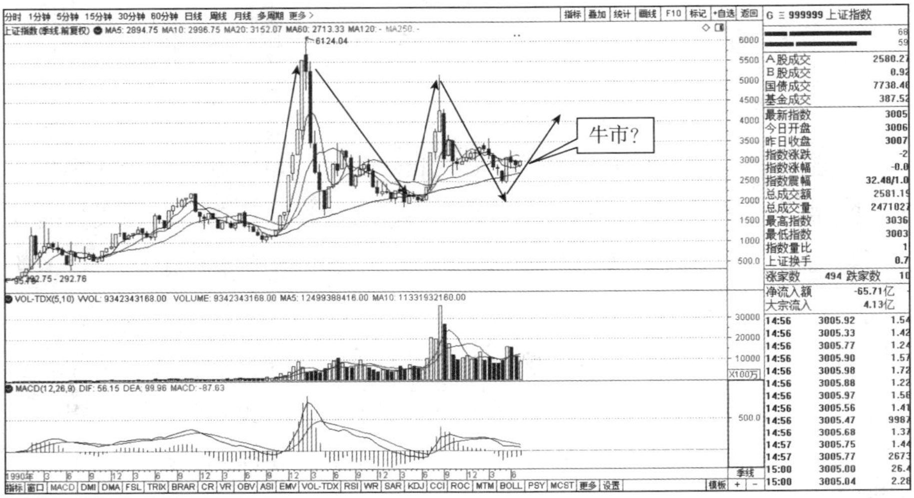

图 7－1　上证指数季线

图 7－1 是大盘的季线图，为了将大盘的历史周期更加直观地在一张图上显示出来，采用了季线图，季度线上我们将 MACD 指标调出，每一波牛市前可以看到季度线 MACD 指标的绿柱由长变短，且逐渐靠拢形成金叉的态势。对于大盘的大级别周期我们用指标来分析更加直观，前文已经讲过，周期越大，稳定性越好，灵敏性越差！而对于大盘下一波牛市大周期，我们要通过季线来分析，要的就是稳定性，不需要灵敏度，因为一波牛市一旦启动，时间跨度会非常长，因此，这里我们不需要灵敏度。大盘的指标特别是大级别的指标，因为是由市场整体的长期多空博弈形成的结果，这是不能忽视的。用日线指标来判断大盘周期稳定性不够，要用季线指标，一根季线是 3 根月线的组合，在前面我们介绍过小周期引发大周期的拐点，而日线在大周期中是最基本的组成单元，周线的稳定性强于日线，而月线的稳定性强于周线，季线则强于月线，而年线在操作中的意义并不是很大，虽然稳定但太过迟缓，所以，季线是大周期中最具有稳定性

的分析周期。大周期的走势并非一朝一夕的多空对决，指标的形成也是主力不能左右的，从图 7－1 中我们可以看到牛市的到来必须在走势图上有所体现，由于是季线的原因，如果等 MACD 金叉形成，可能已经从底部开始启动了一段时间，一个季度 3 个月，只要关注 MACD 死叉形成绿柱变长，白线下穿黄线的敞口变大后，绿柱是否与前一个季度相比是否缩短，敞口是否开始收窄。这两个条件有一个形成，就是空方衰竭、做多动能开始逐步形成的时候。反映在日线上走势就会形成一个震荡向上的完美盘底阶段，也是大盘底部牛熊转换的临界点，底部入场也许不会马上上涨，但下跌空间是有限的，安全性会有更好的保障。先对大周期进行分析后，后面再进行小周期的分析。

下面是比季线小的周期技术面总结：

（1）牛市要启动，最少大盘要长时间（最少 3 个月）处于 60 日均线上方来回震荡走高（3 个月运行在 60 日均线以上，季线就会由弱转强）。

（2）周线底部要有放量的大阳线来夯实底部的基础；最好有日、周、月大级别周期的同时共振拐点向上。

（3）月线最低标准是突破 10 日均线压制，且 5 日均线金叉 10 日均线。

（4）底部放量上涨之前必须有充足的缩量过程。

以上就是技术面判断牛市起点的要求，只要符合上面的技术要求，牛市即将到来，只是级别大小的问题。从 2019 年年末的大盘季线来看，目前仍然处于下跌后的修复阶段，绿柱开始缩短，多方由弱开始变强，而且季线的 MACD 形成死叉后的敞口开始缩小，这是第一个技术面上的特点。再来看季线的 K 线，2019 年的第一个季度走出一根放量的大阳线，最后三个季度 K 线缩量回调，但重要的一点是，回调的幅度越来越小。而且 5 日均线开始拐头向上，2019 年最后一个季度的 K 线是一根缩量的阳线，这是技术面的第二个特点。前文我们讲过操作个股时的一个规律性问题，这里同样可以用在大盘的分析上，季线 K 线的 60 日均线规律支撑着大盘走出了两波大牛市，分别是 2007 年的大牛市和 2015 年见顶的大牛市。也就是说，

60 日均线是大盘季度 K 线的规律性支撑线，这是大盘的第三个特点。有以上三点我们就可以判断大盘不太可能再有大幅的下跌，后市的方向大概率向上。

前文我们也讲过周期越大稳定性越强，而这里笔者用季度线来对大盘进行分析，就是因为我们要求更高的稳定性，而不是像操作个股时要求更高的灵活性，而季度线是我们用在分析中稳定性最强的 K 线。因为大盘一旦走好不是一两天就能结束的，所以我们这里用季度线来分析大盘也是最可靠的。大盘具备以上三个特点都是技术面上的有利因素，也就说明现阶段股市已经是机会大于风险。那么是不是随便买入一只股票放着就行了呢？当然不是！现阶段大盘虽然是底部向好，真正最好的介入时机却不在此，通过大盘季度 K 线前两次在 60 日均线走出两波大牛的同样规律来看，最好的介入时机应当等到大盘的季度 K 线 MACD 走出金叉，此时就是牛市真正发动的时候。

前面这些牛市的成因对我们分析下一波牛市将会大有帮助，第一波、第二波牛市出现时笔者还没有进入股市，所有没有发言权。当时处于股市发展的初期，特别是第一波牛市 1991 年至 1992 年 5 月，完全是因为股票太少，处于供不应求的状态，无论是上涨幅度还是速度都比后面的牛市更强，造富能力非常强大。第二波牛市同样也是股票供不应求，只是相对于第一波来说数量稍多了一些，因此，第二波是震荡型的慢牛结构。第三波牛市就是 2007 年的牛市，当时笔者正好刚进入股市在机构作学徒，这波牛市的启动是因为中国加入 WTO 带来的经济腾飞。当时已经有了很多蓝筹股，但牛市照样很疯狂，中国加入 WTO 让中国的商品走向世界，可以赚取更多的外汇，M2 也快速增长，开启了“印钞模式”！有了充足的流动性作保障，股市不涨都难，这就是 2007 年大牛市的成因。第四波牛市也就是 2014 年到 2015 年 6 月的这一波牛市，国家释放政策性红利，将杠杆发挥到了极致，持续上涨一年，虽然未创新高，但这次资金的利用程度超过了前面的任何一次，从成交量即可看出，以致后来管理层意识到风险后开始清理各种杠杆资金，也就成为这波牛市的终结。直到 2019 年大盘持续下跌，长时间在 3000 点附近运行。

2018 年，在中美贸易摩擦这一历史大背景下，出现了股汇双杀，股市大盘很快便跌破 3000 点，汇市人民币加速贬值，从年初的 6.29 到年末的 6.9 左右，但中国不是拉美更不是非洲，在央行的干预下汇率很快便得到稳定，汇率稳定对股市只有好处，也更利于牛市的培育。当前 A 股指数并不具备大幅下跌的空间，但牛市的到来需要有一个时代性的事件来提供契机。也就是说："万事俱备，只欠东风！"而 2019 年中美贸易摩擦有和解的信号，这是不是所欠的"东风"还不确定，但中美贸易关系缓和就能够为股市的上涨创造有利条件。

下面从宏观政策方面进行分析：

股市的上涨就是资金的推动导致，流动性或 M2（货币发行量）就是股市一个比较直接的数据。虽然改革开放以来中国经济增长速度很快，但是货币发行量的增长速度可以说是超过了经济增长的速度。我们的股市不但没有上涨，反而一直在 3000 点以下徘徊！那么问题来了，这么多钱去了哪里？其实这些年，中国经济增长主要依靠大开发，基建及房地产的高增长就是中国经济这些年发展的缩影，大部分资金都流进了房地产和基建领域。房地产行业如果继续火爆下去，就不可能有股市的春天！

现在国家也开始重视这个问题，全国各地的房地产调控政策相继出台，但房地产市场也是一个商品市场，长期的限购限价都是违背市场规律的行为，只能收一时功效。同时，国家也在酝酿房产税的出台，短暂的调控可以使以前不理智的炒房行为得到控制，但用行政手段不让房价上涨绝不是长久之计。

调控的最终目的是不要"一房独大"、出现全民为房疯狂的现象，并非要把房地产行业逼入死角，这也不是调控的本愿，只要房地产进入健康发展环节即可酝酿股市的牛市行情。要改变这种现状，将来必将实行科教兴国的战略，也就为科创板的设立创造了条件！

接下来的 2020 年重点关注是结构性牛市行情，这个结构性阶段是一个牛市的培育期，结构性牛市在将来会出现越来越多的两极分化，看看香港的股市就知道了，活跃的个股每天成交占用了市场资金的70%，但有很多个股每天的走势分时呈一条横线，交易非常清淡，成交额有的甚至不足1万港元，但活跃的个股每天成交几亿甚至几十亿港元。A股市场虽然是散户占着很大的比例，但在市场扩容后，接下来也会面临同样的问题。因此，接下来对于结构性牛市的选择非常重要，无论是板块还是个股，对于那些被市场边缘化的“僵尸股”，只能敬而远之。市场的资金参与度较高的个股，才是我们应该挖掘的目标。

笔者对未来行情的预期是科教兴国，科创板块将是结构牛市中最值得期待的，只有科技创新才能让中国从经济大国变成经济强国。因此，没有核心技术只能是“人为刀俎，我为鱼肉”。说这些的目的，就是说明接下来的结构性牛市的重点在科技股。科技股将会爆发出很多大黑马。虽然是结构性牛市，总体指数的走势也不会很差，而前文我们已经用技术分析方法分析过大盘，接下来的2020年大盘能否从结构牛市走出大牛市要看“东风”何时来，需要一个大事件作为催化剂。

第二节　设立科创板的意义

2018 年 11 月 5 日，习近平总书记在上海进博会上宣布：中国将在上海证券交易所设立科创板并试点实行注册制。科创板的设立对 A 股的影响将非常巨大，在前面我们讲过，要改变中国“一房独大”的局面，只用调控手段不但违背市场规律也只能是治标不治本！要将资金引向科教兴国战略，中国才能从经济大国变为经济强国！

科创板虽然是一个新鲜事物，但对投资者来说，是一次前所未有的机遇，可能会带来行业的变革；推进速度之快，三周出意见稿，2019 年第一季度首批企业可能挂牌；首批试点企业以高科技企业为主，暂不考虑创业型企业，这一点和创业板有着明显的区别；证监会核发批文，上交所审核，上市企业实行 IPO 定价放开，参与保荐的券商要对保荐企业进行投资，这一点可以避免券商将企业过度包装上市，得对自己的投资负责。这对于 A 股来说是一次革命性的颠覆，因为实行的是注册制，而且 2019 年一季度就挂牌，速度之快超出预期，目标就是首发必中！

对于创业板来讲，科创板会带来“抽血”效应，但“抽血”只是针对那些质地较差的创业板公司，对创业板中优质的上市公司不会有太大影响。作为 A 股最大的“硬骨头”，如果注册制这道坎儿过不去，随着经济的发展，上市企业越来越多，A 股市场就会越来越畸形；过不去这道坎，就只能一直是政策市，不可能有市场化的健康牛市！

从本质上来讲，科创板承载着中国经济转型升级的民族复兴梦！这样既能减少对房地产的依赖，又能激活资本市场，降低企业的杠杆，楼市的泡沫风险自然就得到化解。同时也可以为科技企业提供最直接的融资服务，科技企业发展好了才能让中国从经济大国变为经济强国，真正实现科教兴国的战略！

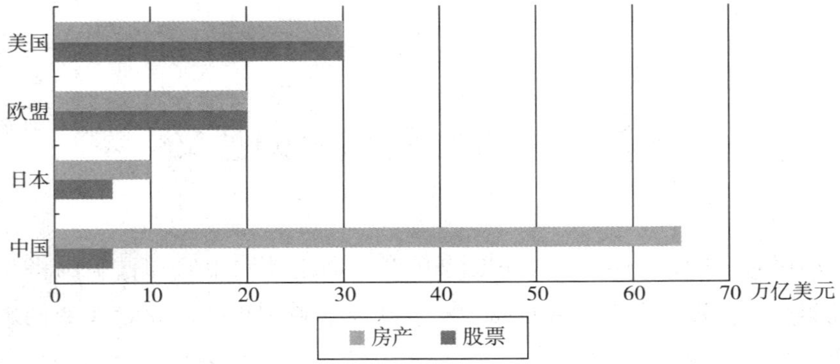

图 7－2　2018 年股票/房产总市值概览

图 7－2 反映了房地产业在中国经济结构中所占的比重，世界各国房地产业所占比重均没有像现在的中国这样“一房独大”。欧美国家的上市企业市值与房地产的市值相当，除了日本的房地产企业市值比股市市值稍高出一部分外，都没有像中国的房地产业有这么大的资金比，长此下去，股市只会越来越弱！特别是那些科技型的公司，在投入大的同时，如果没有强大的资金作后盾，很容易在发展中途就倒下了。如果科创板注册制试验成功，股市转好，奠定了牛市的根基，那么股票市值就会不断增长。因此，相当于在股市再造一个大“资金池”，把富人的资产从房地产业引到金融市场，为科技的发展添加一份力量，同时也能享受到科技发展的红利。

设立科创板和试点注册制的目标包括：

一是针对科创企业的特点和需求，提高对不同投票权架构和企业盈利情况的包容度。提高资本市场支持科创企业和国民经济高质量增长的能力。让境内投资者直接投资科创企业并享受国民经济的成长红利。

二是投资方、融资方双方都能形成比较明确的上市标准和时间预期。

三是从发行到退市环节严格执行规则并强化市场约束，强化市场机构中介责任，让市场发挥资源配置决定性作用。

四是加大信息披露的执法力度和监管力度，显著提高违法成本，健全投资者保护和救济机制。

五是引导境内外长线资金入市，通过立项调节机制改变“牛短熊长”的现状，真实反映国家经济的正向发展。

六是积极探索和完善资本市场基础性制度，为进一步改革积累经验、创造条件、打下坚实的基础。

科创板的注册制虽然是试行，实际上是与国际规则接轨，可以在世界范围内争夺优秀的科技公司，A股市场有了批量的优质上市公司，才能真正让资金沉淀下来，实现真正的价值投资，否则，永远都只能是轮番炒作一些没有价值的垃圾股或者题材概念。炒来炒去都是少数人的狂欢、多数人的眼泪！

对科创板上市企业有一个硬性要求，那就是必须要有自己的核心技术，在行业内有领先的核心主导地位。除了以前的营业收入、利润等还有两个最关键的因素就是研发投入占营业收入的比例和获得专利技术的数量。当然，专利技术如果能以国际专利为标准就更能体现科技的领先程度和企业的实力，笔者认为国家专利数量这一项意义并不大。为什么这么讲呢？用数据来说话。2018年北京市被认定为高新技术企业的家数是2万多家，深圳市1万多家，如果单纯从国家专利来看，北京的专利数量领先全国所有城市，占据绝对优势。但如果按（PCT）国际专利的数量来看，深圳差不多占了45%，也就是说，国际专利数量这一项，深圳1万多家高新技术企业相当于北京、天津、上海、江苏、浙江的总和，这说明了什么呢？因为深圳靠近香港，很多企业一开始便有着国际化视野，开放的程度相对较高。而且，国际专利的申请难度比国家专利要大得多。

科创板要想真正扶持高新企业，就一定要防止伪高新，不能让伪高新骗了国家补贴，也会害了投资者！只有这样才能像上交所总经理蒋锋所说的那样：引导社会有效资本投入科创含量高的技术密集型产业中，使资本市场和科技创新更加紧密地结合。为发展潜力大、带动作用强、成长性高的科创企业注入“源头活水”。进一步提升资本市场服务实体经济的能力，进一步完善多层次的市场体系，将成为连接科创、科技创新者和投资者的枢纽环节，让投资者更好地分享经济发展成果。

科创板就犹如当初改革开放设立经济特区一样，虽然在初期可能会出现一些问题，但长期来看是非常好的，科教兴国战略不会有错。改革开放后设立的经济特区成就了深圳，让深圳从一个小渔村变成了国际大都市和科技创意之都，任何时候都不可忽视科技带来的变革力量。

考验市场的时刻来了，如果注册制能让A股脱胎换骨，也就具备了源源不断吸引资金的能力；反之，如果不能成功，则还是会重踏反复割“韭菜”的怪圈。只要这块试验田在接下来的推行中成功了，注册制就可以在A股市场大力推广，牛市也就不远了！

美国的许多新兴产业科技公司都是在纳斯达克上市之后取得了成功，而投资这些公司的投资者也获得了丰厚的回报。我国在此时推出科创板，实际上就是推出中国的纳斯达克，为我们的那些具有科技创新能力而又无资金支持的新兴科技产业公司提供资金后盾，从而培育出一些具有国际领先技术极具竞争力的科技企业，也让更多的投资者分享到企业成功后带来的红利。

虽然科创板这个新鲜事物在初期的走势可能会有一些波折起伏，走势可能比较极端，上涨或下跌幅度较大。但长远来看，科创板里在接下来的市场中必将出大牛股，可能会创造牛股的新历史！

笔者为何对科创板这么有信心？读者可以去看一下美国纳斯达克那些取得成功的新兴科技企业，如微软、Facebook、苹果等的走势，特别是苹果，创造了万亿美元市值，从1980年苹果在纳斯达克上市到2019年年末股票增值550倍，假设在初期买入1万美元并持有至今，复利年化收益超过110%，不到50年增值550倍，将1万美元的投资不到10年变成550万美元，这样的投资简直就像是买了一台印钞机！

新兴科技公司最缺的就是资金，而现阶段对这种创业型的科技公司的资金扶持力度较弱，很难靠银行贷款来发展，通过上市向社会融资是最便捷的途径。有了资金作后盾，这些科创公司将迎来一个高速发展期，而我们投资者要做的事情便是挖掘这样的具有潜力的优质上公司并对其进行投资，买入并持有它们的股票。科创板现在大起大落并不代表没有未来，有了好的目标就不要轻易放弃。

香港恒生指数成就了腾讯，道琼斯成就了伯克希尔·哈撒韦，上证 A 股成就了贵州茅台，纳斯达克成就了如苹果、微软、Facebook 等一大批科技公司，也走出了一大批超级大牛股。科创板同样会成就一大批科技企业，将来上涨百倍、千倍甚至几千倍的大牛股将产生在科创板中，因为我坚信科技改变未来，正如伟人邓小平所说“科学技术是第一生产力”！

因此，科创板将是下一个造富机器，将造就更多的投资达人！而读者能否在这场财富盛宴中分一杯羹，除了要看你的对待它的态度外，还要看你的学习能力。对个人来说，只有学习能力才能改变未来。股票投资之所以多数人亏钱，就是因为把它看得太简单了，花在股票投资学习上的时间太少。“三年出个手艺人，十年出个投资人”，就是说想成为一名真正的投资者，不但要努力去学习，还要花很长的时间去积累，也说明投资比学其他手艺更为不易。你用可有可无的态度对待投资学习，市场就会用亏钱来回应你！

第三节 A股发展历程及展望

从美股市场、港股市场到A股市场，任何一个市场都要经历初步形成、发展、成熟三个阶段，从各种不完善逐步向完善过渡！A股历史上经历过多次大起大落，多数为“牛短熊长”。1991年建立以来，股市这个新鲜事物带来了多次的财富效应，创造了一个又一个的财富神话，这也使得很多个人投资者蜂拥入市。股市的体量、规模一直在增长，A股的市值目前虽然不及欧美发达国家，但每天多数个股的交易仍然活跃，都与A股市场散户占有很大比例有关！所以，现在A股市场其实也是一个散户为主的市场。

从世界成熟股市的发展史来看，开始都经历了散户占多数慢慢过渡到机构为市场主要投资者的一个演变过程，以港股为例，20世纪初，香港股市还是“四会”时代（香港证券交易所、远东证券交易所、金银证券交易所、九龙证券交易所），开始时是纸质的股票发行，而不是电脑交易。当时港股的炒作，比之现在的A股炒作有过之而无不及！恒生指数以1964年7月1日为基准，当日指数为100点，1970年和1971年分别有25家、16家公司上市，到1971年年底，恒生指数上涨到341点。1972年港股迎来高潮，成交总量是1971年的3倍，很多股票一年的涨幅便达到1～3倍；1969—1972年，恒生指数最高上涨7倍，成交量飙升16倍。港股投资者的身家暴涨。香港“四会”当时是独立运作，竞争相当激烈，导致上市公司质量快速下降，一些空壳公司浑水摸鱼上市，而当时的香港股票市场同样缺乏监管，不规范的操作层出不穷，加剧了盲目炒作。最著名的就是“香港天线跌停倒闭事件”。

1972年港英政府宣布兴建地铁，再添“一把火”，各上市公司都玩起了高送转，市场进入癫狂状态。当时置地宣布 1 送 5，很多股民也不明白除息、除权究竟是什么，争相抢购，置地的股价很快便由 12 港元炒至 67 港元。狂热程度可想而知！恒指也于 1973 年 3 月 9 日冲高到 1775 点历史高位，成交量比平时高出约 30%，也就是放出天量。历史总是惊人的相似，现在的 A 股高送转仍然是炒了一波又一波，是个炒不完的概念题材。

在如此狂吹的泡沫下，大跌悄悄来临。当时因为是质纸股票，市场出现了假股票，股民担心股票变成废纸，导致了抛售潮。到 1973 年 4 月 9 日，恒指一举跌穿 1000 点心理关口，最后恒指最低跌去了 90% 多。因此，笔者反复强调止损的重要性，不要轻易无原则地去抄底。熊市不言底！哪怕是实战过的“V”形反转等战法也是有明确的止损要求，一旦破坏，只能动用“屠龙刀”，没有他选。此后港股几番沉浮，市场结构逐渐蜕变，即使是 20 世纪 90 年代及 2015 年的牛市，也未再有如此巅峰时刻。

发达国家的股票市场现在都是慢慢转化为机构市场，由原来的市场乱象丛生到现在走向成熟，以机构为主的市场相对较为成熟，这是市场发展的必经之路。到 2019 年年中，从持有的市值来看，中国香港的个人投资者市值占比仅为 6.82%，当前 A 股的个人投资者持有市值比占流通值的 40.5%，而美国、日本、英国、法国市场的个人投资者市值比分别为 4.14%、4.59%、2.74%、1.97%。港交所数据显示，个人投资者的成交金额整体呈下降趋势，机构的换手率一般都比较低。当前世界经济下行，不稳定因素增多，很多国家由原来的通胀都进入了通缩，形成了流动性之殇！这样一来，港股市场现在就出现了很多个股零成交现象，甚至一天多达上百只或几百只零成交，还有更多的象征性成交。这些股票的分时图都走出了心电图，零成交个股直接心跳停止，连抢救动作都没有，好像上了个假市，这种情况下股东想要套现非常困难，有时候几千港元或几万港元就能将股价拉升百分之几十。

从图 7－3 中标示的位置可以看到成交金额只有 1 万港元，而股价则上涨 18.75%，这在当前的 A 股市场来说是不可想象的。本书的核心内容就是强势为核心、量价为基础、市场合力情绪为依据来进行精准交易。游资

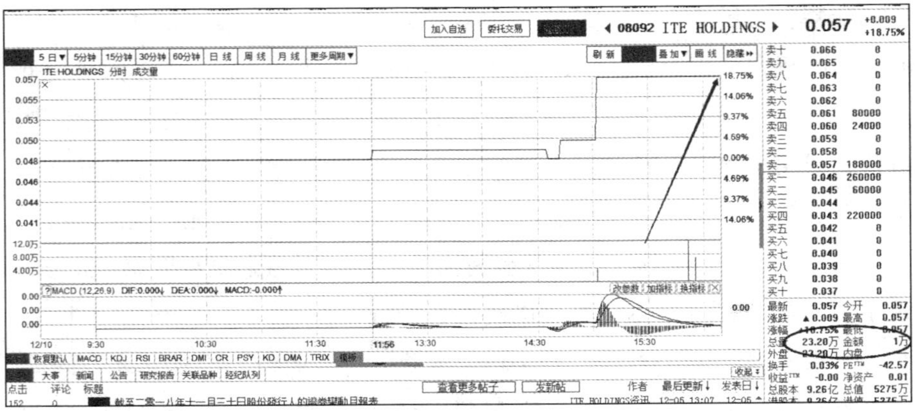

图7－3　港股 ITE　HOLDINGS 分时及成交

也好，基金也罢，即使它们现在可以操纵市场，以后这种操纵市场的行为也会慢慢得到抑制。但股票只有形成了市场合力，也就是市场资金多数的认可，才会真正爆发持续的力量，一旦形成这种力量，就不会再受某个主力的控制。

如果出现了图7－3中这种小金额都能涨百分之几十的行为是不能参与的，一旦参与了就很难退出，不要被操纵者“请君入瓮”。那么是什么原因导致了这种成交低迷现象的发生呢？原因就是流动性枯竭！场外资金遇到这种几千元上万元就能跳动几十个点或者很多的零成交，唯恐避之不及，更别说参与了，然后成交就更加低迷，陷入恶性循环。而这种行为和大盘行情也有关系，在牛市环境下，零成交的比例会大幅降低，随着银行不断加息，市场资金偏紧时，零成交就会愈演愈烈。市场成交的流动性从翻江倒海变成了岁月静好。在成熟的市场上，越是知名的上市公司，虽然市值较大，但成交会更活跃，而一些不为人知的上市公司和一些小型企业在流动性不充足的行情下，成交会很惨淡，冰火两重天的结构会经常上演。因为在成熟的市场，机构投资者对于这种没有任何价值的炒作是不感兴趣的，更准确地说是炒上去了也没办法兑现，因为一个以机构为主体的市场，别的机构只要不认可它的价值，就不可能来接盘。

中小银行股如今在A股市场的问题在于，高度同质化的个股是很难有所表现的。在香港的主板市场中，成交额 TOP 20 的公司就占到了约一半的份额，而剩下的一半成交量则是余下的 1900 多只股票的总和，这个分摊比例差距非常大。而 A 股则相对有些阳光普照、雨露均沾的意思，情况相对好一些，就是因为散户多，有许多是新手入市想赚快钱，导致“垃圾股也有春天”。这也是当前 A 股为什么有些游资专门炒作一些垃圾股连续起飞后，散户就往里面钻，而游资全身而退，“韭菜”被割了一茬又一茬。老股民或者重伤退出股市江湖，或者做价值投资账户成为“僵尸户”，摆出一副“死猪不怕开水烫”的架势，老股民都有自己的思维定式，要想改变非常困难。

如今美股市场、港股市场都已经成功从散户市场逐渐转化为机构市场，也就是从不成熟市场走向成熟的市场，国际化程度较高的市场均是以机构为主的市场。这样一来，那些垃圾公司上市就没有前途，因为机构专业性较强，不会参与这些无价值的炒作。且机构都偏好龙头企业，那些落后的夕阳产业和没有竞争力的公司自然不受待见，市场就会自然形成价值投资的理念，而不需要用行政手段来引导。在将来，一些“僵尸股”和经常被无端炒作的“老千股”可能会被市场淘汰；只有头部公司和一些新兴科技企业才能得到众星拱月般的待遇。

股票投资需要站对大方向，一边是人声鼎沸的闹市，另一边是门庭冷落街市，选择站在哪边不言自明，会导致两种截然相反的结果。

第四节　投资觉悟

巴菲特曾说过："投资就是投国运。"国家强大到一定程度，经济繁荣到一定程度，股市长期来看自然也会有春天。纵观全球股市，那些经济发展较慢且不稳定的国家，股市的风险级别更高，具有代表性的就是亚洲金融危机时的东南亚国家如泰国、菲律宾、阿根廷等；而那些经济发展稳定的国家，股市相对也较为稳定且总体处于上涨趋势，具有代表性的是德股DAX30 指数、中国香港恒生指数（因为香港是国际公认的金融中心，内地经济发展让香港受益）、美国道琼斯指数。

受 1990 年股市、楼市泡沫破灭的影响，日本经济倒退了 20 年，很久恢复不了元气。危机前的泡沫非常美妙，而危机后却要花很长的时间去恢复。我国已吸取了教训，现在开始由经济的粗放型发展进入了高质量发展阶段。

投资人必须是爱国者。中国近代史上有一批老一辈"红色资本家"，如荣毅仁、霍英东等都是爱国者。荣毅仁在上海解放的关键时刻，不畏国民党的威逼利诱，坚决留下共克时艰，让申新各厂的纱锭运转起来，有力地支援了国民经济的恢复，最后把自己的商业帝国交给了国家，支持中国的工业化；霍英东则在抗美援朝期间，冒着风险将战略物资运到中国，有力地支援了前线的志愿军战士。他们就是将自我价值与国家未来命运绑在了一起。

而我们作为一名普通投资者，也必须是一名爱国者！投资得当也可以享受国家高速发展的红利。只有更多地投入科技创新领域，才能打破科技壁垒和行业垄断，这样才能享受真实的科技创新带来的红利。

资本追求利润无可厚非，钱生钱是一门高超的投资艺术，很少有人能抵挡这种诱惑。在中美贸易博弈的大背景下，我们更应当将资本投向有创新能力的科技企业。每一个聪明的投资者，都应当选对行业，并对国家的未来充满希望。因为这是生养我们的祖国。所以，对于每一个投资者来说，投资就是投未来！

A股现在很多地方的表现虽然不尽如人意，但点位一直在3000点上下波动，总体上机遇大于风险，要相信科技能改变命运，投资未来科技，能让投资变得更有意义！笔者预测，未来两年将是科技股的盛宴，科技股中将会爆出很多黑马。将来也许只有走出像贵州茅台一样能成为A股市场的一面旗帜的科技股时，我们就能真正引领世界科技的创新和变革，我国也将由经济大国变成真正的经济强国！这也是我们每一位投资者应该具有的眼光和觉悟。

第八章 心得

第一节　股票交易精髓

股票交易的精髓在精不在多！股市投资的每一种交易法则都有它的长处和短处，其实交易最难的是执行交易纪律，技术知识掌握起来只要肯努力并不难。其实要做到精准的交易和盈利，并不需要全部都要懂，而要专门精于一种交易，符合要求时就按交易纪律去执行，不符合要求时就要耐得住寂寞，控制得住情绪，不对别人的涨停动心，也不因跌停影响心情！当每一种方法练到炉火纯青时，就犹如古代的江湖高手，凭一种绝招走遍天下！所以，不要小看一种方法，当一种方法爆发出强大的成功率时，积累起来的利润是相当可观的。股票市场同样会青睐那些执着且专注的人，看上去不露声色，甚至有几分傻，实则是大智若愚！

投资者很多都有过这样的经历，选了10只票放在股票池里，感觉都挺好，选择它们的理由各不相同，有的是放量了，有的是涨停了，有的是听消息来的，有的趋势很好，有的看上去适合中线，有的适合短线，有的业绩非常好，等等。看上去都挺好，哪一只都舍不得舍弃，但真的要操作起来是没有这么多资金的，只能买其中的一只或几只，但买入后就会发现，没买的都涨了，而买入的不涨反跌！在选股章节中已经强调过这方面的重要性，就是精准度不够，其实好坏从选股时就决定了，选择多了反而跟没选择一样，目标多了就根本不知道哪个是重点。

本书中的这些战法都是笔者亲自操作过而且统计过数据的成功率，并不断加以改进后总结出来的，并不是每一种方法都适合于每一个人，适合自己的才是最好的，笔者也不希望每一位读者把所有的战法都学得似懂非懂、一知半解。而是希望将其中一种方法用到极致。要做到一种战法的精益求精，必须要在实盘上下功夫。记住：一定要实盘，不要用模拟盘来锻炼自己的操作能力，并且要作好一些止损的准备，并不断地总结自己操作的每一笔成功与失败的原因。千万不要在同一个阶段同时实战多种方法，那样就会有违初衷，准确性就会大打折扣。学习是无止境的，当一种方法运用到了很高的境界之后，再进入另一种方法的训练，但都是在一个阶段专注于一种方法的运用，毕竟勤能补拙！不要觉得自己很笨，聪明的人在股市里不一定能赚钱，除了专业知识外，德行和格局才是成功的根本！只有这样，在股市中你才获得出丰硕的成果！

涨停战法，具有一定的时代局限性。随着资本市场的成熟，以后可能会取消涨跌停制度，但强势的分析逻辑在任何股票市场都是适用的。因为，强势逻辑是股市运行自身具有的规律，不会因哪个市场而改变。到了真的取消涨跌停制度的那一天，只要加以变通即可。量价分析是股市永远不变的铁律！

第二节 股票交易心理

很多散户投资者买入股票后的心理变化过程是，无论何种原因买入一只股票，上涨一点后很容易骄傲自满，以为自己的判断有多准确。其实在每一次上涨时，我们都要注意风险的来临。“风险是涨出来的”，微利变巨亏的事在股市里数不胜数，就是因为过于轻视风险的存在，开始有了浮盈，很多人做不到最后小亏损出局，于是就和市场赌气，非要赚钱才走。这就失去了理性的分析和判断，情绪左右了“屠龙刀”，最终导致了不可收拾的局。“割肉”虽然很痛，但总比“变残”要好得多。

另一种心理就是想着来股市狠狠赚一笔，很少考虑买卖股票的时机与个股的选择是否正确。在投机市场中，一个人赚钱还是亏钱的因素，取决于他看待事情和处理事情的方法。真正的高手关心的是这件事情做得是否正确，不是关心赚钱，他知道如果其他事情都做好了，利润自然会出现。在买入一只股票时，必须要清楚买入它的理由是什么，是否符合我们买入的所有条件。在我们前面所讲的所有战法中，每一种战法都有它形成的条件，每一种方法的交易都是枯燥而又寂寞的，很多时候要等到全部条件满足的市场信号，要像狼守候猎物一样要有足够的耐心。

冲动性地投资，想让股市为你的房子、车子埋单，是非常错误的行为。有这种想法的人很多，如果真有这么容易实现，股市就不再是转移财富的地方而是创造财富的地方了。股市的“一赚二平七亏”的定律是不会改变的，特别是像中国这样的散户占主体的市场结构，多数人只能充当“炮灰”和“韭菜”的角色，特别是那些不爱下功夫而喜欢道听途说的人。一名交易者在交易中要客观、公正地看待问题。一名交易者如果长年累月地在市场上交易，会学到一种对盘面习惯性的直觉，这就是实战时的盘感!

要做到遵守严格的交易纪律，也就是我们前面所说的拥有“屠龙刀”这个法宝，必须刻苦训练，彻底改变自己的随意性交易的恶习。要做到在交易时，只讲操作的正确与错误，不讲盈亏！严格执行交易纪律才能小亏大赚。股票市场存在100%的安全买点吗？笔者负责任地告诉你：“没有!”存在100%的无风险的交易系统吗？还是“没有!”我们只能用严格的交易纪律来应对很多不可预知的潜在风险，特别是在A股市场这样上市公司质量参差不齐、鱼龙混杂的情况下，谁是“鱼”、谁是“龙”，最终还是得由市场资金来说了算。我们能做的只有提高交易的正确率，来保障自己的资金安全。在严峻的市场环境下，少亏不亏就是赚，由于股票的复利性质，谁的股票都不可能每天都在上涨，牛市时都不可能，更何况是震荡市场和熊市。只有做到积少成多、积沙成塔，才能在股市中让你的资金活得更久，赚得更多。

巴菲特说过：“一定要保护本金的安全!”很多时候我们看着的是主力将来拉升的利润，而主力看中的是我们的本金，当上涨已经乏力、主力已经出货、潮水退去时才知道谁在“裸泳”。所以我们想在市场获取利润时，也要准备好损失的准备，对市场永远怀着敬畏之心，市场就是战场，有了很好的技术基础和快速的盘面反应能力就有了行走股市的“倚天剑”；有了很好的执行纪律和对市场的敬畏之心，就同时拥有了股市的“屠龙刀”。两者都具备了也就能更好地保护我们的本金，而又不失去该得的利润。

主力对股票的操纵往往就是利用了人性的贪婪与恐惧，在股市的交易中，人性的这两个弱点经常被无限放大。当一只股票涨了几个涨停或数个涨停后，多数人的想法都是跌下来我就进去，但一等再等，股价越涨越高，这就是因为恐惧占据内心，让自己与牛股失之交臂；反之，一只股票下从50元跌到30元，认为已经很便宜了，于是就放手买进，自认为不可能再跌了，结果30元盘整一阵子后继续跌到15元，才发现错误，但由于没有明确的操作逻辑和纪律，都是凭想象和感觉在作决策，发现了错误还将错就错，自欺欺人。行情一旦有所起色，别的个股连续上涨，而自己的个股原地踏步或仍然“跌跌不休”，于是忍无可忍在底部斩仓出局。

过度自信是普遍存在的一种心理偏差，在投资决策中发挥着重要的作用。人们过多地相信自己的精明，而不是凭原则和纪律去执行条件，特别是在获得一连串的成功后更会增加这种带着几分“骄傲”的自信。这种过度自信带来的偏差很容易造成过度自卑或者自我恐慌的结果。

下面来看一个实例。

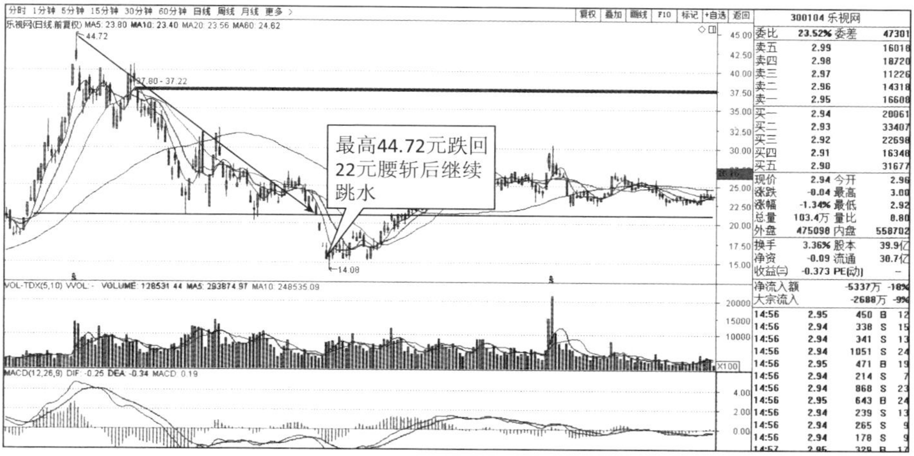

图 8－1 乐视网日线

图 8－1 乐视网的前复权价从 44.72 元跌到 22 元附近时很容易让散户投资者误认为是抄底的好时机了。因为多数人的思维都是贵的股票变便宜了，就该去抢。在 22 元附近盘整一段时间后，又开始了大幅下跌，跌幅和跌速都比前一次更大。跌出了新底后，盘整了 1 个月，这个时间足已让很多投资者忍受不住而出局，可能有的人会说我坚持住不就行了，后面不是涨回来了吗？前文讲过如果有一次侥幸而赚了一点小钱，总有一次会让你再无翻身的机会，那时候就是“割肉截肢”的问题！这不是危言耸听，笔者有过这样的操作经历和案例，有过这种刻骨铭心的痛，因此才会这样反复强调：不要因为一次的侥幸心理回本或盈利，而造成下一次失败的开始。所以，这样的利润我们根本就不需要在乎，这样的操作只能让我们越来越多地放弃纪律和规则、凭感觉做事。下面笔者就用一个操作过的失败

案例来讲解。

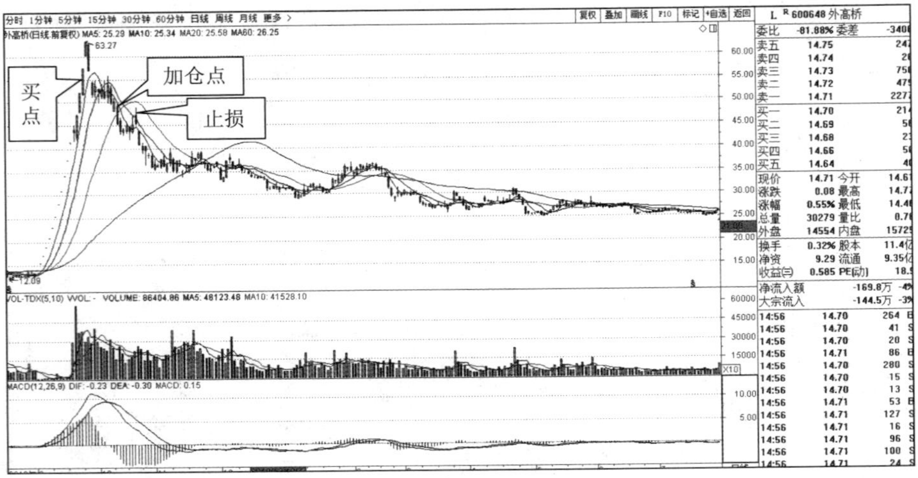

图 8－2　外高桥交易过程

图 8－2 中因 2013 年 7 月国家宣布在上海建立自贸区，受这一消息的刺激，很多上海本地股均鸡犬升天，领头的就是外高桥。需要说明的是，我的买点并不是为了回撤后图便宜，53.8 元买了后开始还赚了近 18%，但是对于妖股不言顶的逻辑和对龙头的信仰，并没有止盈，也没有出现明确的顶部信号，随后就给了两个跌停板，在第二个跌停时开盘就破了 5 日均线，这本来对于牛股来说是一个非常危险的信号，但当时笔者还没有总结出这个战法的精髓，认为在 10 日线支撑后还是会上行，这里就带有了自己的经验和主观逻辑，确实在 10 日线震荡了几天，开始并未连续下跌，而这种大牛股多空转化的分界线是 30 日线，普通股的多空转化分界线是 60 日线，因此并未作止损处理。在 2013 年 10 月 11 日二次冲锋涨到 8.8% 而无力封板时，二次危险信号已经出现，但我还是没有作止损处理，寄希望于 20 日均线支撑在 46.85 元反而加仓，想着一个涨停就可以全身而退。这就是捡便宜的思想在左右着自己，因为超强股从 63 元跌到 46 元中间没有过像样的反弹，在这里加仓让仓位变得重起来，本意就是搏一个冲锋。结果是连续两天的大跌，股价跌到 43 元附近，基本上是 6.5 成仓位套牢。终于

下到30天线再次支撑，出现了连续两天的冲高，但量能始终无法放大，2013年10月24日高开后冲高很快便回落，这时已经知道大势已去，在47.88元全仓止损。现在回头来看，如果当时仍然不止损后果真是不堪设想，直到2015年的牛市，该股也未再涨回到50元，如果持有外高桥不止损，那么2015年的牛市和我就没有任何关系，所有的个股都在涨，该股仍然举步维艰，这样就会白白浪费掉一波大牛市。所以一定要记住，宁可要交易纪律内的适度亏损，也不要侥幸的利润！

操作股票本来是一种枯燥而又程序化的交易，但这种机械化更多的是操作者自身，只有人的思想与行为达到一致时，也就是知行合一时，才是真正决定操作的关键所在。在此之前，首先要掌握的就是如何将自己训练成程序化的交易者。

第三节　警惕高位唱多与低位唱空

股票投机永远不会消失，大众也不希望它消失！很多时候它让人又爱又恨，只靠风险提示很难阻止投机，不管你有多能干或多么经验丰富，都无法防止做错的可能，小心安排的计划有时候也会失败，但我们并不会为了避免失败而不作计划，股票投资或投机者都必须要具备一种信息处理能力。这种能力就是让我们能够尽力辨别是非，一些信息在给你希望的同时也会让你陷入绝望，因为这里有一种魔法似的力量吸引着每一颗无法控制的心。

在股市这些年，听说过各种各样的关于个股的消息，但笔者从来没有依靠某个消息狠赚过一笔。一般人都希望有内幕消息来进行交易，不管是口头上的还是其他媒体上的，只要是最直接的个股消息，很多人都渴望得到。例如，一个重量级的大神或者说某个证券公司的老总很神秘地告诉你他买了什么股票，可能他真的出于好心，告诉你这个消息很可靠，如果刚好此时手上有一笔钱，你会怎么办？如果这个人的身份地位很高，又很神秘，我觉得很多人会选择相信，跟着买进。当然这种情况很少见，更多的是各种媒体对于个股的吹捧或利空式的打击。一次不信，两次，两次不信，三次，直到你相信为止。

要知道现在是信息时代，信息的传播非常快。传播途径有电视台、报纸、网络等，其中最快的就是网络传播。假如一只股票从 5 元涨到了 20 元，涨了 4 倍。此时主力想获利了结，不想继续做了，有时候上市公司会成为它们的“帮凶”，配合它们不断地出利好。如果进行 10 送 10 的高送转，股价很快便回到了 10 元，看上去股价又便宜了，他们要想快速地全身而退怎么办呢？这时候很多媒体会出来摇旗呐喊，开始助力唱多，各种利好消息不断。为它呐喊的人很多都是具有一定市场影响力的人，这样一来，大多数散户都会选择试探性地买一点，虽然也许你买得并不是很多，就算买10手，1000股也就是1万元，中国有2亿多散户，就算有10%的人相信了，一人买1万元，这是什么概念？2000万人一人1万元，足足2000亿元，就算再少一点，只有1%的人买，也有200亿元，主力难道还不能全身而退吗？主力走了，余下的就是散户的博弈。这笔账是笔者在机构时测算过的，虽然简单，但很少有人去算这笔账。

如果你经常关注股市消息，打开任何一天的财经版面，会惊讶地发现，报纸、电视台、权威网站有很多暗示性的信息，也有一些是某权威人士，或“重量级内部人士”或公司高管等关于某只股票的信息，我们在看到这类消息时，一定要从个股的逻辑上去分析是否具有操作的意义。如果一家公司真的走出了低谷，业务开始好转，那么最先知道的是谁呢？当然是公司的领导和核心人员，其次就是机构的一些调研人员，这些核心人员不会轻易地将消息透露出去，而是他们自己开始不断地买入，这种买入可能会使得股价出现较大的波动而引起投机客的跟风，此时他们不但不会说这家公司的情况好转，反而还会大力唱空，媒体上也会出现各种对这家公司不利的信息，引起投资者的恐慌而抛出手中的筹码，然后他们会将这些筹码收入囊中！直到他们“吃饱”为止！

下面用笔者实战例子来讲解。

图8-3是华数传媒2012年10月到2013年6月的日线图。2012年10月19日，华数传媒借壳ST嘉瑞上市，9时20分便在12.5元挂出了笔者的买单，当时除了从盘面看上去比较暴力的买单较多外，基本面上当时流通盘较小，不超过1亿流通股，符合小盘股选股原则，价格不超过15元，也符合低价股原则。对于基本面来说，当时最难看的就是业绩了，因为盘面信息的滞后性，显示当时的收益每股只有0.01元，虽然实际上“脱胎换骨”了，但盘面上仍然难识庐山真面目。第一单买入后由于当天不受涨跌幅限制，收盘时已经达到14.42元，盘中还几次被强制临时停止交易。当时笔者也是第一次操作这种类型的股票，除了对盘面的敏感和量能承接

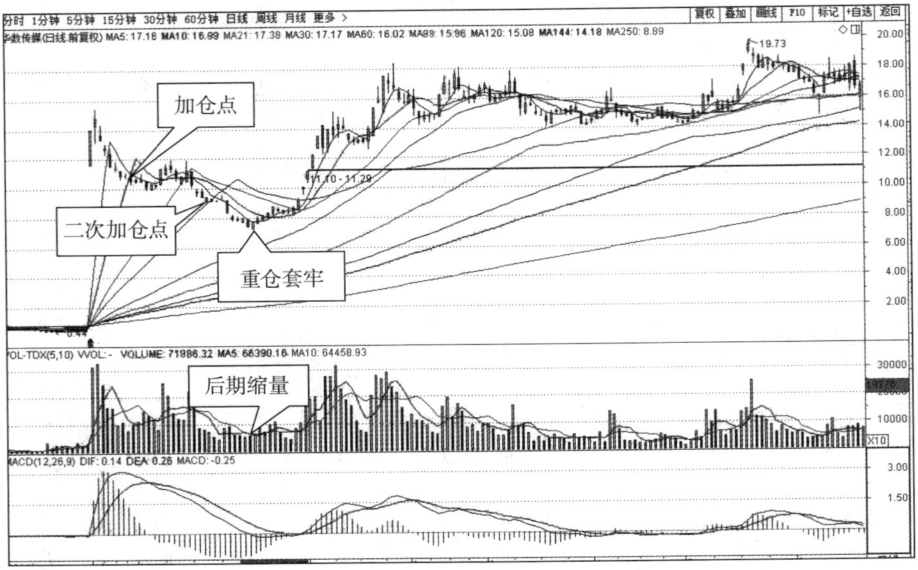

图 8 -3　华数传媒的操作历程

的判断之外，也没有太多的方法。果然，在 10 月 22 日震荡上行，最高打到涨停 15.86 元，当天量能非常大，换手超过 50%，连续两天换手在 50% 左右，这说明了什么呢？说明所有的流通股都交易了一遍，这么充分的承接力度不可能是散户所为，一定有大财团、大资本在运作，这就是笔者当初的判断法。

因此，虽然当日收盘涨停打开，但笔者并未了结自己的利润，而是持有等待，10 月 23 日就以跌停开盘，盘中打开几次跌停板最终都处于回落状态，收盘仍然封死跌停。此时我仍然未改变初衷，继续持有。接下来几天均是连续大跌，很快股价便从最高时的 15.86 元到 10 月 30 日便跌到了 11.21 元，笔者最初的仓位由大赚变成了大亏。10 月 30 日由于在 10 日线附近缩量走出小阳十字星，经过连续的大跌后，判断它是企稳的一个信号，因此在图 8 -3 中笔者标注了此处成为加仓点，但随后一个星期股价再次连续下挫到 10 元附近。此时，散户焦虑症开始显现，于是开始在网上搜索关于华数传媒的消息，可是除了官方一些不痛不痒的公告外，根本找不到任何有利好价值的信息（找消息表明自己的信心开始动摇）。

当笔者准备寻找下一个补仓的位置时，股价开始回升，于 2012 年 11 月 8 日打出了一个涨停板，股价回到了 11.73 元，离我补仓后的成本 12 元已经不远，接下来的几天均在我的成本上下波动，偶尔有赢利但空间都很小，11 月 15 日最高仍然冲击涨停板，但在涨停处看得很清楚，不到三秒的时间连续几笔万手抛单出现，将股价快速砸开涨停，随后再一次回落，收盘仍然在成本 12 元以下，接下来 3 个交易日的走势最为痛苦，股价最低下探到 9 元附近。在 30 日线附近走出了小阳线，于是在 30 日线处选择了二次加仓，总仓位接近 8.5 成仓位，结果是 30 日均线毫无反抗，没有起到任何支撑作用便很快开启了大跌模式，真是一言不合便跌停，从顶部 15.86 元开始下跌以来，每次上涨都伴随着高成交量和高换手率，这一直是我坚信后面有“大肉”的原因。但二次补仓后仓位确实过大，自己也有点像杀红了眼的赌徒，当股价下跌到 8 元时，我将余下的仓位又补了 0.5 成，共有 9 成仓位，而且将其他股票通通卖出，还准备了 1 成仓位的资金，因为我的心里极限价就是 8 元。主力为了收筹码真是不择手段，要知道从 15.86 元跌到此处已经接近 50% 的幅度。12 月 3 日股价跌破 8 元的时候，跌破了笔者的心理价位，余下的 1 成资金想补也不敢补了，甚至有点想认输了。于是我再次从网上到处查找关于华数传媒的消息 。果然，在财经栏目和一些文章中看到了关于华数传媒的消息，但并不是什么好消息，而是说由于业绩很差，一直以来公司经营都是资不抵债，一个“破烂”变成另一个“破烂”，言外之意，就是永无休止的亏损就是它的宿命。总之，都是很负面的信息，这些信息不知道还好，看了真的很有一种让人割肉的冲动！这些信息传达出来只有一个目的，就是将它说得一无是处，让持有它的人产生恐慌情绪而不计代价地卖出，而有一股力量就在等着吃进这些血腥的筹码。

在此之前，虽然笔者也经历过很多股市的大风大浪，但全部身家性命集中在这样一只股票上还是第一次，有些无助甚至绝望！后来自己也有点怀疑开始的自信是否正确。从量价的逻辑来看，从高位 15.86 元跌到最低 7.64 元用了 32 个交易日，虽然 12 月 4 日走出了一根光头光脚的中阳线，但与前面的大阴线比起来仍然觉得希望渺茫，加上前两次补仓引来的暴跌，这次更加不敢轻举妄动。但也没有割肉出局，笔者不割肉的理由在于，这一波下跌有一个非常明显的现象就是每次大阳线上涨时量能和换手率都非常大，换手率在上涨时一般都会超过15%以上的日换手率，而下跌时幅度虽然很大，量能明显缩小很多。而从10月22日跌到12月4日，都伴随着放巨量和高换手的行为，这么长时间的高换手、放大量是任何散户都不可能做得到的事情，既然散户做不到那还能有谁有这么大力量呢？当然是有一帮“吸血鬼”在操纵这只股票的走势，不然走势也不会如此极端！极端的走势就是要拿更多的带血筹码，将持有该股的普通投资者赶尽杀绝！而且最后一波下跌量能明显萎缩，该抛的都已经跑了，留下的也不可能轻易出局，这是技术面的分析。另一个更加让笔者坚定判断的就是前面刚说过的负面消息，因为笔者以前有过在机构工作的经验，知道它们的套路和手法，越是在底部这么卖力地唱空，阴谋就越明显。而且配合量价的分析，就更加坚定了笔者坚持的信心。这就是笔者当时没有恐慌性割肉的原因。

最后，终于熬到了2012年12月17日星期一，股价回到了9.48元收盘，晚上发布了停牌公告。当时的公告是讲关于华数传媒资产变更的一些说明，其实笔者当时也没有看出太多有价值的内容，这些都是主力惯用的伎俩，公告经常都是说得很含糊。而此时笔者也做好了再次下跌打持久战的准备！2012年12月31日该股复牌，复牌高开接近9%，小幅下探后便封死涨停价10.43元，但涨停不久便又打开涨停，随后两次、三次打开封死，无论它们怎么表演，笔者已经稳住了自己（这种频繁打开涨停出现在上涨初期不是坏事）。2012年最后一天以涨停结束，笔者仍然是亏损状态，2013年1月4日开盘分时走势仍然是高开下探再封死，涨停—打开—封死反复循环。而2013年的第一天交易涨停价11.47元，我的成本11.5元，虽然没盈利，但经历了这么长时间的折磨心里还是有一点想减仓的冲动，在第二次打开涨停时，便试探性地在涨停价卖出1000股（只是测试一下盘面反应），假如主力真是要出货了是无论如何也不会再上去吃这一单，那么在收盘时哪怕是亏损笔者会减掉更多，但在10时45分封死涨停后便全天不再打开，虽然中间也有一些抛单，主力意志很坚决，虽然出掉了1000股，但对次日的上涨多了一份信心。下面看华数传媒当时的周线图。

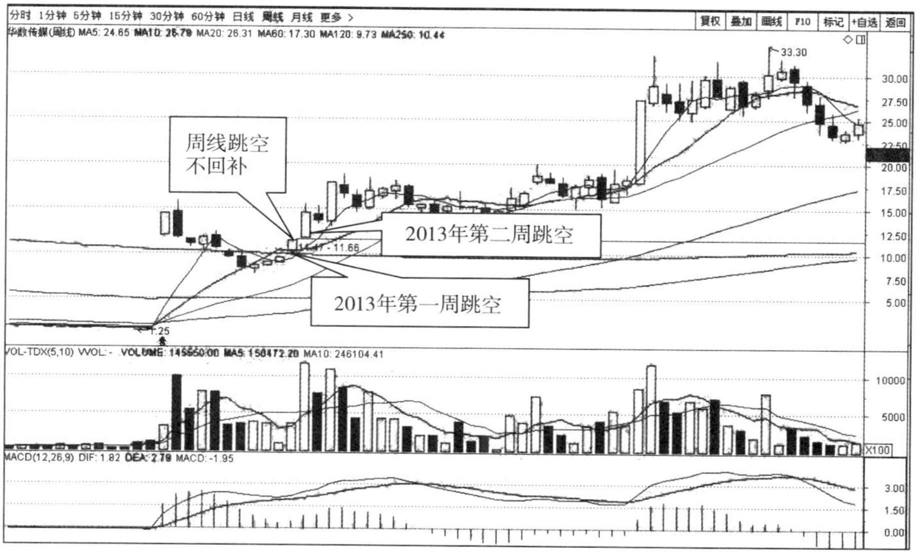

图8－4　华数传媒2013年周线

从图8－4中可以看出，华数传媒进入2013年后周线便开始跳空上涨，第一个周线跳空上涨接近笔者的成本价，第二周跳空上涨也就是在日线上的第三个连续涨停日，笔者也来个故伎重演，早上10时便挂了1000股在涨停价做测试性地卖出，在11时12分大单狂扫封死涨停，股价达到12.62元，此时开始全仓由巨亏变为盈利，而且从强势度来看，上涨动力仍然强劲。果不其然，1月8日仍然高开快速高走，10点前便封死涨停，但量能明显不如前几日，走出了加速板。连续四个涨停后，股价已经涨到13.88元，也接近前期开始买入时的高点位置，四连板的次日股价一如既往地高开，但很快便直线回落（因为前期实在套得太深，有过最痛苦的一段经历），在收盘时该股仍然大跌6%，而且量能和换手率放大，日换手率达43%，对于能否顺利突破前期高点的位置信心有些动摇。因此，在收盘前13元果断减仓一半，锁住这来之不易的利润；大阴线后1月10日该股又走出了涨停，强势反包，量能、换手率与前一日放量下跌时持平，多空争夺非常激烈。

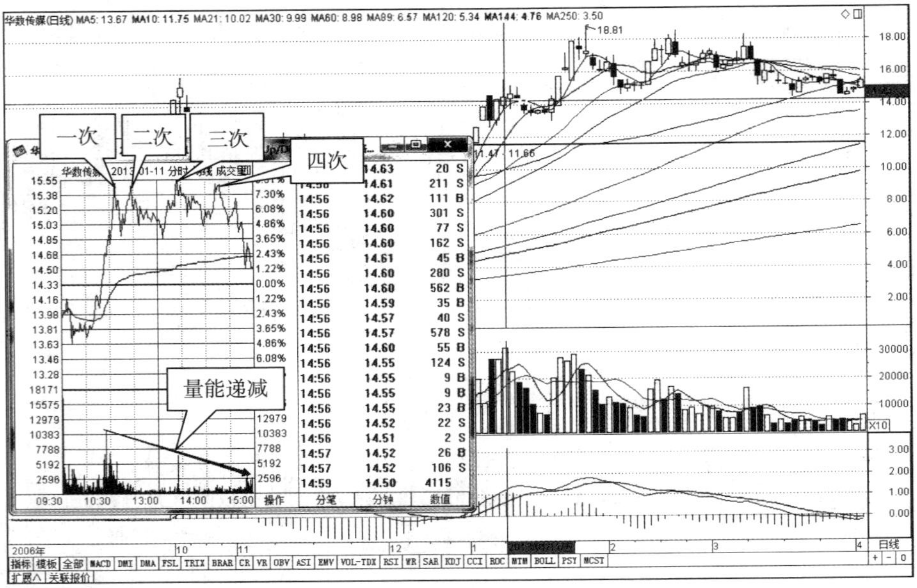

图 8－5　华数传媒 2013 年 1 月 11 日分时

从图 8－5 中可以看出，反包后次日即 1 月 11 日再次放出巨量，盘中最高价格打到 15.6 元也接近前高 15.86 元的位置时，分时上四次冲高也无法创新高封涨停板，压力非常明显！由于已经盈利，分析和判断也相对更加冷静。分时图中有一个明显的现象就是后面的每次冲高量能不足，下午的第一次冲高有放量，但放量程度仍然比第一次小，事不过三，本该一鼓作气而涨停，却再而衰，三而竭！三次还不能战胜空头，日内疲态非常明显。因此，笔者在 15.2 元附近将手中余下的半仓全部卖出，果然尾盘跳水。虽然后期又创新高，此时已经与我无缘。

这只股票是笔者股市生涯最惊心动魄的一次，经历了晴转多云再转狂风暴雨最后结果是雨过天晴！华数传媒后期持续上涨到 20 元附近也操作过一次，这次是前文我们讲过的对涨停战法的运用。等股价已经高达 50 多元时，真正的利好消息才出现，华数传媒被阿里完全收购了！这时候的利好消息也比较多，用意不言自明。

之所以在这个例子上讲了这么多，并不是为了说明笔者的这个操作有多好，而是将当时的判断标准都写出来，让投资者遇到同类问题时，多一分沉着、少一分浮躁！用我的实战经历告诉投资者一定要谨防那些高位唱多、低位唱空的行为。投资者一定要有自己的判断，对信息一定要加以过滤，不能盲目轻信。

最后，送读者几句话：

（1）股市里没有专家，只有输家与赢家。

（2）无论专家还是行家，任何高深的理论于实战无益就是渣！

（3）存在即合理，不要为一只股票的暴涨找理由。市场出了进场信号则毫不犹豫地进场；市场给出了离场的风险信号要果断离场！不违初心，方得始终！

（4）机会只给有耐心、有敬畏、有感恩、有准备的人！

（5）一个人能走多远，关键得看是与谁同行！

后 记

本书即将完稿之时正逢2019年冬季，股市行情正如深圳的天气一样，开始回暖！随着国家的开放程度越来越高，很多制度也会慢慢与国际接轨，我相信A股市场将来的机会很多，短期的困难并不能代表未来没有潜力。过去的2019年是股市的转换之年。2020年年初，正值本书付梓之际，新冠病毒肺炎疫情爆发，没多久疫情阴霾笼罩全球，加上2020年3月沙特与俄罗斯石油减产谈判失败后，沙特宣布每日增产至1200万桶石油引起石油价格暴跌，使得全球金融市场持续动荡，全球股市大幅波动，美股更是走出了前所未有的四次熔断。虽然A股不能独善其身、置身事外，但A股市场相对于其他国家的股市来说，总体还是比较健康的。而且当前A股的估值在全球算是价值洼地，而一个国家的股市泡沫程度高不高、能否得到资本的青睐，主要就是看它的估值。况且中国是世界上最早高度重视并控制住疫情的国家，这对于资本来说，肯定会是最安全的地方。虽然短时间内A股也会受国际市场波动的影响，但相对来说走势非常独立。很多投资者此时会有一定的损失，可能会动摇信心，从而做出不理智的行为。这里笔者想说的是：A股的未来志在高远！A股的未来不仅仅是一种简单的投资，而是一种安全资产投资。因为“聪明”的资本嗅觉都是非常灵敏的，2020年3月3日，摩根士丹利就调高了对中国股市的评级：“A股成为全球投资者的避风港”。其实，外资此时已经在大幅买入A股，成为它们的重要资产配置。所以，投资应将眼光放长远一些，短期的波动算得了什么呢？不应将手中的优质筹码随便丢掉。2020年将是一个新的开始，前文我们已经有过技术分析，上涨已经不远。

本书的一些战法随着时代的进步，在将来也需要变通，以后大批的散户将会消失，从散户时代变为机构时代，市场趋于成熟，更加规范化、制度化，将来可能取消涨跌停板制度或者“T+1”制度，那时涨停战法的一些方法就要变通运用，因为笔者战停战法体系的核心是量价和强势原理，在任何市场都不会改变！笔者当前也在操作港股，对于成交活跃的个股来说，运用量价和强势的原理效果要更好一些。现在A股市场炒垃圾股与炒高送转等手法从本质上来说都是投机多于投资，在将来的市场中可能会被淘汰。但操作的原则是市场至上，无论你是投资还是投机，在股票市场赚到利润的才是赢家。所以，只要在合法的原则下，该投机的时候就投机，市场变成了投资为主时就专业性地投资。要成为一个成熟而专业的投资人士，需要经历市场的磨炼！再成熟的市场都有市场操纵行为，因为资本都是逐利的，要完全杜绝市场的炒作既不现实也不符合市场规律。

就当前的A股市场来说，涨停板不一定会引发大牛股，但大牛股一定是从涨停的节奏开始。选股如生活，如果你选择的是一些不温不火、毫无生趣的一些人做朋友，那你将同样变得毫无生趣；而身边如果都是朝气蓬勃、生龙活虎的精英朋友，他们会让你的生活充满阳光！因此，股票操作必须要以强势股为主，无论是投资派还是投机派，只有当股票由弱变强，有大资金行动了再跟进，作为普通投资者要做的就坐上财富的“顺风车”，不作潜伏党，笔者在市场战斗十余载，潜伏的成功率不到20%；摒弃主观的认识，采用客观的逻辑和态度来看待市场，用条件和量化的数据来执行操作纪律。

股市是一个既充满诱惑而又让无数英雄尽折腰的地方，很多人来时信心满满，离开时带着太多的伤感。其实，股市并没有新内容，历史一次又一次地重演！涨多了跌下去，跌多了涨上去！而这些与经济周期、企业本身和流动性等都密切相关，更多的则是人性的博弈，而散户经常都是好了伤疤忘了痛，很多时候都是在犯同样的错误。虽然做投资是一门高风险的活，只有当你成功登顶的一刻，才知道“无限风光在险峰”！

2018年退市个股达到5家，2019年退市家数再一次上升。据统计，2019年被强制退市或公告将被强制退市的A股公司多达12家，数量超过过去三年数量总和，为近十年来最高。其中，重大违法的有 3 家，面值退市 6 家，财务问题 3 家。值得提醒的是那些股价逼近 1 元的股票，它们的风险系数非常高，因股价连续 20 个交易日收盘价低于 1 元每股的“面值退市”案例 2019 年也出现过。虽然还是较少，但已经是一个进步！市场开始了优胜劣汰，如果注册制在科创板取得成功，那么将来会有更多的上市公司被淘汰，特别是那些只讲故事不干实事的上市公司、业绩长年累月处于亏损且越亏越多的上市公司、那些靠坑蒙拐骗上市后恶意套现走人的上市公司。投资者都会“用脚投票”！随着市场的成熟它们都将现出原形！这里给投资者提一些未来的建议：后市在选择股票重视量价的同时，也要关注上市公司的质量，虽然信息有滞后性，但如果长期亏损、时常改行、没有核心业务、对社会造成公害没有社会责任感的都要尽力回避。炒作之风以后将会回归本质，之所以现在很多机构炒作垃圾股，就是因为有大量的散户群体不明原因时会有跟风效应。随着大数据的应用越来越广，监管追查也较为容易，这些恶意炒作的行为会慢慢得到抑制。

笔者才疏学浅，书中难免会有疏漏之处。笔者不断告诫自己，要尽力将自己的体会和实战的心得及技巧准确地表达出来。用心写好每一个字，目的就是希望能在这个残酷的股票市场中能为读者朋友提供一些帮助。欢迎批评与指正！也欢迎志同道合者共同探讨。

本书得以出版，非常感谢我的朋友杨振胜，在我有几次都想放弃的时候给了我很大的支持和帮助，同时也非常感谢中国经济出版社的编辑和各位工作人员的辛勤付出。

廖丁霖

2020 年 3 月